———————————— 님의 소중한 미래를 위해

이 책을 드립니다.

비트코인 초보자가
가장 알고 싶은
최대질문
TOP 64

비트코인 전문 기자 이정훈의 암호화폐 읽기

비트코인 초보자가 가장 알고 싶은 최다질문 TOP 64

이정훈 지음

메이트북스

메이트북스 우리는 책이 독자를 위한 것임을 잊지 않는다.
우리는 독자의 꿈을 사랑하고,
그 꿈이 실현될 수 있는 도구를 세상에 내놓는다.

비트코인 초보자가 가장 알고 싶은 최다질문 TOP 64

초판 1쇄 발행 2021년 11월 10일 | **초판 3쇄 발행** 2024년 3월 20일 | **지은이** 이정훈
펴낸곳 ㈜원앤원콘텐츠그룹 | **펴낸이** 강현규·정영훈
편집 안정연·최주연 | **디자인** 최선희
마케팅 김형진·이선미·정채훈 | **경영지원** 최향숙
등록번호 제301-2006-001호 | **등록일자** 2013년 5월 24일
주소 04607 서울시 중구 다산로 139 랜더스빌딩 5층 | **전화** (02)2234-7117
팩스 (02)2234-1086 | **홈페이지** blog.naver.com/1n1media | **이메일** khg0109@hanmail.net
값 18,000원 | ISBN 979-11-6002-357-2 03320

모두가 어떤 자산에 리스크가 있다고 믿어서 매입을 꺼려하면,
결국 자산 가격은 리스크가 전혀 없는 수준으로 떨어진다.
가격에 포함되어 있는 모든 낙관론이 배제되고,
부정적인 의견이 확산되면, 리스크가 가장 적은 투자가 될 수 있다.

• 하워드 막스(월가의 가치투자자) •

코린이의 입장에서 궁금한 점들을 담았습니다!

전 세계 금융의 중심지라고 하는 미국 뉴욕에서 2011년부터 2014년까지 특파원 생활을 하면서 처음으로 비트코인이라는 신문물을 접하게 되었습니다. 솔직하게 얘기하자면, 당시만 해도 미국에서조차 비트코인에 관한 얘기들은 주로 토픽거리로 다뤄지던 때라 기사들을 제대로 읽어보지도 않은 채 '아, 이런 신종 수법의 금융 사기도 있구나' 했었죠. 지금 생각하면 참 무지했고, 무관심했던 때였습니다.

본의 아니게 기자 생활을 하면서 주식과 채권, 외환, 선물과 옵션, 각종 장외 파생상품, 원자재까지 두루 취재하며 기사를 써왔습니다. 그래서인지 투자에 대한 관심을 늘 갖고 살아가는 기자이자 생활인이었죠. 증권시장부장이라는 역할을 2년 이상 하고 있던 2017년은 국내에서도 비트코인과 가상화폐에 대한 관심이 높아지기 시작하던 때였고, 마침 회사에서 신설하려던 전문기자에 지원해 가상화폐와 블록체인에 대한 취재를 시작했습니다.

시중에 나와 있는 가상화폐와 블록체인 관련 책들을 읽고 책을 쓴 저자들에게 연락해 인터뷰를 하기 시작했습니다. 가상화폐 거래소를 찾아가 관계자들도 만났습니다. 속된 말로 '맨 땅에 헤딩'을 시작하려는 나이 먹은 전문기자에게 길라잡이가 되어줄 취재원을 찾기 위해서였죠.

그런데 그 과정에서 이런 생각이 들었습니다. '이 분야에 전문가라고 할 만한 사람이 참 없구나.' 그래서 무턱대고 '이정훈의 암호화폐 읽기'라는 연재 기사를 쓰겠다고 마음 먹은 후 여기저기서 구한 출처들을 학습하면서 정리하기 시작했습니다. '기자는 기사를 써봐야 비로소 그 분야를 제대로 배우게 된다'는 평소 신조를 행동으로 옮겨야겠다고 결심하자마자 1편 기사부터 썼습니다. 2편에서 어떤 내용을 다룰지도 정하지 못한 채로 말입니다.

다행인지 불행인지 1편 기사가 나가자마자 독자들의 반응이 뜨거웠습니다. 매주 두 편씩 기사를 써야 한다는 압박감이 더 커졌지만, 그 기분 좋은 압박감이 40회 완결이라는 성과로 이어질 수 있었습니다. 그 연재는 제가 독자의 입장에서 가상화폐에 대해 궁금한 점들을 친한 친구에게 설명하듯이 기초부터 차근차근 써내려간 기사입니다.

그리고 그 동력으로 '이정훈의 블록체인 탐방'이라는 연재를 다시 이어가며 이번에는 가상화폐와 블록체인을 하나의 비즈니스 모델로 구현했거나 구현하려 하고 있는 스타트업과 기존 기업들을 직접 찾아가 인터뷰를 통해 그 내용을 전달했습니다. 이는 '그래, 이제 가상화폐라는 게 뭔지는 알겠는데 이게 정말 실제로 구현 가능한 건가?'라는 의문을 가진 독자들에게 답을 드려보고자 쓴 기사입니다.

부끄럽게도 2017년부터 2018년까지 그 1년의 시간이 저에게 '가상화폐 전문기자'라는 과분한 타이틀을 부여했습니다. 많이 모자라지만, 그런 칭찬이 담긴 타이틀이 부끄럽지 않도록 이후에도 다른 업무를 보면서 계속 가상화폐시장을 들여다보고 있었습니다. 업무 이외의 시간을 이용해 기사도 긁적여봤고요. 이 책은 그런 우연찮은 인연의 결과물입니다.

이 책의 출간에 즈음해 개인적으로 기분 좋은 건, 2017~2018년 당시의 가상화폐 상승랠리와 2020년부터 시작해 지금까지 이어지고 있는 상승랠리가 확연히 다른 모습을 보이고 있다는 점이었습니다. 일부 투기적인 투자자야 어떤 시기든 어떤 시장에서든 존재하는 것이니 차치하고요, 이번 상승사이클은 가상화폐가 하나의 투자자산으로서 인정받은 것을 넘어 주류(Mainstream) 시장에 편입될 수 있는 가능성을 보여주고 있습니다.

다만 2020년 코로나19 팬데믹(감염병 대유행) 이후 국내외 금융시장에서 봇물처럼 늘어난 '초보 개인투자자'들이 이 코인시장에도 꽤나 많이 유입되었고, 그래서 2017년에 제가 처음 이 시장을 접하면서 가졌던 문제의식이 지금 이 시점에서도 유효하다는 생각입니다.

비트코인이 무엇인지, 가상화폐는 무엇인지, 그 기저에 있는 블록체인은 무엇인지부터 알아야만 시류에 휩쓸리지 않고 최소한의 주관을 가지고 시장을 판단할 수 있을 것이라 믿습니다. 특히 가상화폐시장 참가자들이 주로 정보를 접하는 소셜네트워크서비스(SNS)나 유튜브 등에서는 과도하게 투기를 부추기거나 특정 가상화폐 거래소나 코인을 홍보하려는 목적의 콘텐츠들이 넘쳐나고 있습니다. 저는 어떠한 이해관계도 없는 기자인지라 이 책에서 코인투자의 위험성과 리스크를 최대한 균형감 있게 전달하려고 노력했습니다.

모쪼록 이 책이 가상화폐를 처음 접하고 코인투자를 처음 시작하는 분들이 편견 없이 받아들일 수 있는 안내서가 되었으면 하는 바람입니다. 끝으로 이 책을 쓰는 데 도움을 주신 메이트북스 관계자들과 〈이데일리〉의 선배·동료·후배님들, 그리고 무더웠던 여름 내내 글에만 매달려 있던 남편과 아빠를 묵묵히 응원해준 아내와 두 아들에게 감사의 인사를 전합니다.

이정훈

차례

법정화폐와 그 법정화폐를 주축으로 유지되는 금융시스템에 반기를 들고 나타난 비트코인은 탈(脫)중앙화한 블록체인 네트워크를 돌리는 데 자발적으로 기여한 참여자들에게 '채굴'이란 이름으로 지급되는 보상입니다. 이 비트코인에서 출발한 가상화폐는 보다 빠르면서도 효율성 높은 알트코인으로 발전하고 있고, 이제는 화폐의 역할을 뛰어넘어 다양한 역할을 수행해내고 있습니다.

1장

코린이라면 꼭 알아야 할 가상화폐의 기본 개념 8가지

가상화폐·가상자산·암호화폐,
어떻게 불러야 하나요?

요새 가상화폐니 비트코인이니 하는
단어들을 참 많이도 들어봤을 겁니다. 관련된 뉴스의 양도 어머어마한 데다 주
변 사람들을 만날 때에도 가상화폐가 얘깃거리가 되는 경우가 잦다 보니 새삼
'가상화폐가 화제긴 화제구나' 하는 생각이 듭니다.

그러면서도 특이한 점은, 가상화폐가 이 정도로 대중화되었음에도 얘기하는
사람들마다 이런저런 단어를 뒤섞어 쓰고 있다는 겁니다. 많은 사람이 가상화
폐라고 말하지만, 다른 누구는 암호화폐라고 하고, 또 다른 누군가는 가상자산
이라 합니다. 아예 디지털화폐라고 하는 사람도 있습니다.

사실 일반적으로 이 명칭들은 같은 뜻으로 쓰이고 있고, 어떤 식으로 불러도
굳이 틀렸다고 할 수도 없습니다. 다만 가상화폐에 대한 최소한의 이해 정도는
가져야겠다고 생각한다면 각각의 용어가 어떻게 쓰이고 있는지는 한 번쯤 짚어

법정화폐와 디지털 화폐, 암호화폐 비교 ‖‖‖‖‖‖‖‖‖‖‖‖‖‖‖‖‖‖‖‖‖‖‖‖‖‖‖‖‖

	현금(법정화폐) Flat Currency	디지털 화폐 Digital Currency	암호화폐 Cryptocurrency
	은행	은행	P2P 네트워크
화폐 형태	주화(금속) 또는 지폐(종이)	디지털	디지털
화폐 구분	법정통화	법정통화	암호화폐
적용 법규	○	○	X
사용처	모든 거래	가맹점	가맹점
발행기관	중앙은행	금융기관	X
법정통화와의 교환성		법정통화로 충전. 잔액은 법정통화로 환급 가능	법정통화와 자유로이 교환됨

출처: 한국은행, 피넥터, 유진투자증권

볼 필요가 있습니다.

우선, 가상화폐와 가상자산처럼 앞 머리에 '가상(假想)'이라는 단어가 붙는 경우는 그 강조점이 '가상'에 있습니다. '가상'이라는 단어를 표준국어대사전에서 찾아보면 그 뜻이 '사실이 아니거나 사실여부가 분명치 않은 것을 사실이라 가정하여 생각함'이라고 되어 있습니다. 영어로도 가상은 'virtual'이라고 해 '실제가 아닌 허상의 것'이라는 뜻이 강합니다. 결국 현실에선 그것이 화폐든 자산이든 간에 실제로 존재하지 않는다는 부정적인 뉘앙스가 강합니다.

특히 비트코인이 국내에서 본격적인 관심을 끌었던 지난 2017년부터 가장 흔하게 불렀던 '가상화폐'라는 단어는, 'cryptocurrency'라는 영어 표현을 그대로 번역하지 않고 굳이 '가상'이라는 부정적 수식어와 결합시켰다는 점에서 의도성을 엿볼 수 있습니다. 이때의 가상화폐는 우리가 실제 경제활동에서 사용하는 법정화폐와 대비되는 개념으로, '진짜가 아닌데도 진짜인 것처럼 행세하는 가짜 돈'이라는 인상을 주다 보니 가상화폐에 대한 대중들의 부정적 선입견을 조장하기도 했습니다.

많은 사람들이 기억하고 있고, 최근까지도 가상화폐 이슈가 있을 때마다 소환되는 유시민 씨의 가상화폐 발언이 대표적입니다. 지금으로부터 3년도 넘은 2018년 1월, 지금처럼 비트코인이 국민적 관심사였던 당시 긴급 편성된 한 TV 토론회에 나와 "가상화폐는 실제 거래 수단으로도 쓰지 않으며, 설령 그러려고 해도 가치가 안정되어 있지 않아 결코 화폐가 될 수 없다"면서 "결국 비트코인은 사기이며, 바다이야기와 같은 도박일 뿐"이라고 했던 유시민 씨의 발언은 바로 이런 지점을 공략한 셈입니다.

이런 이유 때문인지, 최근엔 가상화폐보다 가상자산이라는 단어가 조금 더 정확한 표현으로 받아들여지고 있습니다. 가상화폐와 달리 가상자산은, 비트코인이나 이더리움이 아직까지 화폐의 역할을 하진 못해도 적어도 자산으로서는 어느 정도 역할을 하고 있다는 인식을 전제로 한 것입니다.

더구나 이는 국제적인 공인을 받은 용어이기도 합니다. 가상화폐에 대한 국제적 기준을 만들어보겠다며 2018년 말에 모였던 주요 20개국(G20) 재무장관들은 'cryptocurrency' 대신에 'virtual asset'이라는 용어를 쓰자고 의견을 모았습니다. 물론 비트코인의 자산가치를 인정했다기보다는 컴퓨터 하드디스크 상에 정보 형태로만 존재하고 내재가치도 없는 코인에게 '화폐'라는 단어를 감히 붙여줄 수 없다는 관료들의 거부감이 만든 이름인데요, 이후로는 국내에서도 정부와 한국은행을 중심으로 가상화폐 대신에 가상자산이라는 용어를 주로 쓰고 있습니다.

반면 해외에서는 가상화폐가 블록체인을 기반으로 한 암호화 기술을 활용해 만들어졌다는 점에 초점을 맞춰 '암호화폐'라 부르는 것이 일반화되어 있습니다. 암호라는 수식어가 블록체인이 가지는 보안성과 익명성을 강조할 수 있고, 지금 당장은 아니어도 나중에 어느 시점이 되면 화폐로서의 역할까지도 할 수 있다는 잠재력을 부각시킬 수 있다는 점에서 개인적으로는 암호화폐가 가장 적절한 명칭이라고 생각합니다.

한술 더 떠 가상화폐나 가상자산, 암호화폐가 아닌 '디지털화폐'로 부르는 사람들도 더러 있습니다. 그러나 이는 가상화폐와 동일한 개념은 아닙니다. 디지털화폐는 가상화폐까지도 포함하는 조금 더 넓은 개념으로, 일반 기업들이 발행하는 전자화폐나 중앙은행이 발행하는 디지털화폐(CBDC)*까지 한꺼번에 포괄해서 부르는 명칭에 가깝습니다.

사실 이런 용어가 뭐 그리 중요할까 싶긴 하지만, 첫 가상화폐 거래소가 생긴 지도 10년이 다 되어가고 있고, 국내에서만 최소 500만 명, 전 세계적으로는 무려 1억 명 이상이 투자하고 있는 자산인데도 아직까지 하나의 통일된 이름조차 갖지 못하고 있다는 건 참 안타까운 일이긴 합니다. 아직도 우리 사회가 가상화폐를 제대로 이해하지 못하고 있고, 이를 중요치 않게 여기고 있다는 현실을 여실히 보여주는 증거일 수 있습니다.

그러나 뒤집어 생각해보면, 아직까지도 하나의 단어로만 규정짓기 힘들다는 사실은 가상화폐가 가지는 혁신성과 무한한 발전 가능성을 보여주는 대목이기도 합니다. 비트코인은 법정화폐의 대안으로 처음 고안되었지만, 이제는 자산으로서의 역할을 해내고 있습니다. 그 후배들인 이더리움을 비롯한 알트코인들은 비트코인도 해내지 못하고 있는 화폐 역할에 도전하고 있고, 심지어는 플랫폼으로서의 기능도 조금씩 해내고 있습니다. 가상화폐가 앞으로는 어떤 역할로 확장될지 가늠하기 어려울 정도입니다. 그런 점에서 가상화폐라는 단어 역시 아직 최종적으로 확정되지 않은, 과도기적인 명칭일 수도 있습니다.

비트코인 초보자를 위한 꿀팁

가상화폐는 가상자산, 암호화폐, 디지털화폐 등 여러 용어로 혼용되며 아직까지 통일된 표현을 갖지 못하고 있습니다. 이는 우리 사회가 가상화폐에 대해 아직 낮은 이해도를 가지고 있음을 방증합니다. 그러나 가상화폐가 가지는 혁신성과 진화 가능성을 감안할 때 이런 과도기적 현상은 오히려 자연스러운 일로 받아들일 필요가 있습니다. 앞으로도 가상화폐에 추가될 여러 기능들에 따라 더 많은 용어들이 등장할 수도 있을 겁니다.

가상화폐란
대체 무엇인가요?

우리가 당분간 가상화폐라는 단어를 쓰겠다고 합의했다면, 이젠 가상화폐가 대체 무엇인지 대략적으로나마 살펴봐야 하겠습니다. 앞서 이야기한 대로, 가상화폐는 법정화폐와 대비되는 개념입니다. 즉 지폐나 동전 등 실물로 존재하는 법정화폐와 달리, 가상화폐는 온라인 또는 디지털 상에서만 존재하는 개념입니다. 그러면서도 일반적인 화폐처럼 거래되고 현금화할 수 있는 결제수단을 말합니다.

이렇게만 설명하면 너무 막연할 수 있으니 리니지 게임 유저들이 아이템을 사고팔 때 쓰는 '아덴'이나 과거 싸이월드에서 사용하던 '도토리'를 생각해보면 좀 더 쉽게 와 닿을 수 있을 듯합니다. 아덴이나 도토리는 눈에 보이거나 손으로 만질 순 없지만, 자신의 게임이나 SNS 계정 상에 숫자로 표시되고 그 숫자만큼의 권리를 가질 수 있습니다.

특히 아덴은 리니지 게임을 만든 엔씨소프트가 발행한 사실상의 '리니지 코인'이라고 할 수 있을 정도로 비트코인과 많이 닮아 있습니다. 아덴은 리니지 네트워크 안에서 열심히 게임 활동을 한 유저에게 보상으로 지급됩니다. 심지어 직접 게임을 하지 않고 컴퓨터만 돌려서 게임 시간을 채워 아덴을 받아가기도 합니다. 물론 게임을 할 시간과 여력이 없다면 친구나 다른 개인들에게 송금을 통해 얻을 수도 있고, 아예 직접 현금을 주고서 아덴을 살 수도 있습니다. 이렇게 모은 아덴을 가지고서 게임에서 쓸 아이템을 살 수 있고, 다른 개인에게 팔 수도 있지요. 심지어는 법정화폐인 현금으로 바꿀 수도 있습니다.

비트코인이 아덴이라면, 비트코인이 작동하는 블록체인 네트워크는 리니지 게임과 같습니다. 비트코인도 네트워크 상에서 열심히 활동해 그 보상으로 직접 얻을 수 있죠. 혹은 다른 개인에게 송금을 받을 수도 있고, 가상화폐 거래소에 가서 직접 돈을 주고 살 수도 있습니다. 이렇게 가진 비트코인으로 상품이나 서비스를 구입할 수도 있지요.

아울러 비트코인과 아덴 모두 전체 발행량을 제한함으로써 이를 무한정으로 찍어내 나중에 그 가치가 폭락하는 상황을 막을 수 있는 안전장치까지도 마련해두고 있다는 점에서 무척이나 비슷한 구석이 많습니다.

다만 아덴이나 도토리가 리니지라는 게임이나 싸이월드라는 SNS 등과 같은 자체 가상세계 내에서만 사용하는 용도로 만든 결제수단이라면, 비트코인과 가상화폐는 실물경제에서 법정화폐를 대체하겠다는 거대한 야심을 가지고 만들어졌다는 게 결정적인 차이점입니다.

그래서 비트코인은 아덴과 도토리에 비해 거대한 확장성을 가지고 있습니다. 아직 보편적이진 않지만, 비트코인은 디지털 세계에서 나와 현실생활에서도 하나의 지급결제 수단으로서 사용 가능합니다. 비트코인이 들어 있는 스마트폰

기존 중앙집중형 거래기록 방식과 블록체인 거래기록 방식의 비교 ||||||||||||||||||||||||||||||||||||||

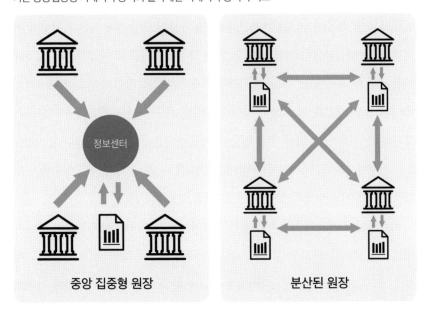

중앙 집중형 원장   분산된 원장

출처: 한국은행

이나 태블릿PC 등에 전자지갑(월렛)을 가지고 다니면서 음식점이나 술집, 헤어샵 등에서 실제 제품이나 서비스를 구매한다는 얘기를 많이들 들어봤을 겁니다. 일본이나 미국 등에서는 이미 7~8년 전부터 일상에서 비트코인 결제가 쓰이기 시작했고, 최근 미국에서는 비트코인과 현금을 교환할 수 있는 현금지급기(ATM)도 대도시에서 그리 어렵지 않게 찾아볼 수 있습니다. 우리나라에서도 일부 결제 가능한 곳들이 생기고 있고요.

　다소 어려울 수 있지만, 기술적으로 가상화폐를 설명하자면 '블록체인이라는 네트워크, 암호화 기술, 분산원장(공공장부), 채굴(Mining)', 이렇게 네 가지 키워드는 반드시 알아둬야 하겠습니다.

26

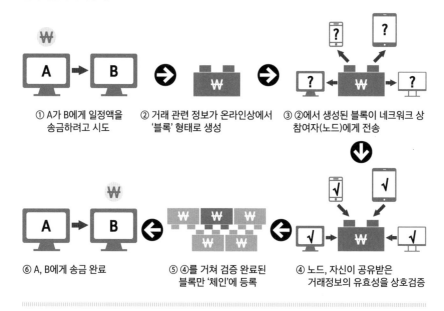

① A가 B에게 일정액을 송금하려고 시도

② 거래 관련 정보가 온라인상에서 '블록' 형태로 생성

③ ②에서 생성된 블록이 네크워크 상 참여자(노드)에게 전송

⑥ A, B에게 송금 완료

⑤ ④를 거쳐 검증 완료된 블록만 '체인'에 등록

④ 노드, 자신이 공유받은 거래정보의 유효성을 상호검증

출처: 삼성뉴스룸

　　예를 들어, 블록체인 네트워크에 100명이 참여하고 있다면 이 100명은 노드*(네트워크 참여자)들의 모든 거래내역을 기록한 장부를 모두 각자 보관하고 있습니다. 이 중 2명이 거래할 때, 거래 당사자들은 각자 장부를 나머지 98명이 보관하고 있는 장부와 동일한지 대조합니다. 이때 장부 내용에 대해 과반수 이상이 동일하다고 승인해주면 거래가 이뤄집니다. 물론 과반수 이상이 확인해주지 못한 거래는 자동 폐기됩니다.

　　이렇게 둘 간 거래가 이뤄지면 그 거래내역은 하나의 블록에 담깁니다. 이

> **노드(Node)**
> 블록체인 네트워크를 유지·관리하는 데 참여하는 개개인의 서버 또는 그 서버를 가진 참여자

블록은 10분간격으로 만들어지고 거래가 확인되면 모든 거래기록이 담긴 블록들과 연결되어 일종의 커다란 창고에 들어가서 저장되는데, 이렇게 체인처럼 블록들이 연결되어 있다고 해서 '블록체인'이라고 부릅니다. 둘 사이의 사적 거래라도 그 내역은 블록체인을 이용하는 사람들 모두에게 기록되어 저장됩니다. 이 때문에 블록체인 거래내역이 담긴 장부를 '분산원장'이라고 합니다. 물론 그 거래내용이 뭔지, 거래 당사자들이 누구인지 보호해야 하기 때문에 그 거래기록은 암호화된 형태로 저장하게 됩니다.

그리고 거래내역을 블록에 기록하는 번거로운 작업을 한 노드에게 그 보상으로 가상화폐를 지급하게 되며, 이렇게 가상화폐를 받아내는 행위를 '채굴'이라고 합니다.

이처럼 블록체인 네트워크 상에 존재하는 공공장부가 있기에 은행과 같이 중앙에 있는 제3자(a third party)가 개입해 은행에 중앙화한 장부를 만들지 않아도 거래가 가능해지는 것입니다. 또한 암호화가 이뤄지기에 거래의 안전성이 담보되는 것이며, 보상으로 가상화폐를 지급하는 채굴이 있기에 이 네트워크는 자발적으로 계속 돌아갈 수 있는 것입니다.

비트코인 초보자를 위한 꿀팁

가상화폐는 리니지 게임에 나오는 아덴이나 싸이월드 도토리처럼 네트워크 내에서의 활동에 따른 보상으로 받아서 다른 아이템을 구매할 수 있는 포인트와 유사합니다. 그러나 가상화폐는 암호화된 방식으로 공공장부에 거래를 기록하는 방식을 통해 화폐로서 활용될 수 있는 확장성을 가지고 있는 만큼, 이들과는 비교할 수 없을 정도의 가치를 지닐 수 있습니다.

비트코인은
어떻게 탄생했나요?

　　　　　　　　　　　　　　가상화폐라는 단어를 들어보지 않은
분은 있을지라도 비트코인이라는 단어를 들어보지 않은 분은 거의 없을 겁니
다. 이처럼 비트코인은 가상화폐와 사실상의 동의어로 쓰일 정도로 우리에게 친
숙한 단어인데요, 그 이유는 비트코인이 가상화폐의 원조이면서도 시장 내에서
가장 큰 영향력을 가지고 있는 코인이기 때문일 겁니다.

　　전 세계엔 1만 개가 넘는 코인들이 난립하고 있다고 하지만, 사실 아직까진
비트코인이 곧 가상화폐이고, 가상화폐가 곧 비트코인이라 해도 과언이 아닐 정
도입니다. 그런 점에서 비트코인의 역사를 안다는 건 가상화폐의 역사를 아는
것과도 같습니다.

　　앞서 설명한 대로 비트코인은 채굴이라는 방식으로 직접 캐낼 수 있고, 이를
통해 은행이라는 매개체 없이도 직접 거래가 가능하도록 탈(脫)중앙화한 방식

빅 브라더(Big brother)
소설가 조지 오웰의 소설 『1984년』
에 처음 등장한 용어로, 정보 독점
사회를 통제하는 중앙의 권력을 지
칭한다

으로 고안된 획기적인 화폐시스템입니다. 특히 법정화폐를 발행하고 그 유통량을 조절하는 정부와 중앙은행이라는 '빅 브라더(Big brother)'*와 같은 존재를 부정하고, 거래에 있어서도 은행을 배제한다는 점에서 비트코인은 혁신적이다 못해 혁명적인 개념이라 할 수 있습니다.

'화폐 주조차익(Seigniorage·시뇨리지)'이라는 경제용어가 있습니다. 중앙은행이 법정화폐를 발행해 얻게 되는 이익을 말합니다. 쉽게 말해, 한국은행이 단돈 300원도 안 되는 제조원가를 들여 1만 원권이라고 쓰인 지폐 한 장을 찍으면 최소 9,700원에 이르는 이익을 단숨에 얻게 된다는 것이죠. 이런 점에서 중앙은행이 가지는 독점적 발권력 또는 화폐주조권을 부정하는 가상화폐는 중앙은행에 대한 도전일 수밖에 없습니다. 정부당국의 계속되는 가상화폐 견제와 핍박은 이런 배경에서 출발하는 것입니다.

이처럼 발칙한 가상화폐 개념은 1980년대 중반 미국을 중심으로 등장한 사이퍼펑크(Cypher Punk) 운동에서 그 기원을 찾을 수 있습니다. 사이퍼펑크는 그 이전 세대인 히피족(族)처럼 주류 사회에 편입되지 않은 채 자유로운 삶을 누리려는 공통적인 성향을 가지고 있었지만, 고도의 컴퓨터 능력을 갖추고 이를 개인의 자유와 프라이버시를 보호하는 데 적극 활용하려 했다는 결정적 차이도 있습니다. 특히 이들은 가상화폐를 통해 국가가 개인 정보에 함부로 접근하지 못하도록 하면 국가기능이 약화될 것이고 이는 정치·사회적 변화를 만들 것이라 믿었습니다.

그런 첫 시도는 미국인 컴퓨터 과학자인 데이빗 차움(David L. Chaum) 전 뉴

데이빗 차움

닉 재보

욕대 교수로부터 시작되었습니다. 그는 1990년에 디지캐시(Digicash) 라는 초기 가상화폐를 만들어 상업적으로 일부 결실을 맺었습니다. 그러나 미국 정부의 눈치를 보던 금융회사들이 투자를 망설인 탓에 좌초하고 말았습니다. 이후 로스쿨을 나온 컴퓨터 과학자 닉 재보(Nick Szabo)는 사실상 비트코인의 원형으로 불리는 디지털 화폐인 비트골드(BitGold)를 고안했지만, 이 역시 실제 발행까지 이어지지 못한 채 사라지고 말았습니다.

그러다 글로벌 금융위기가 발발하면서 중앙의 금융권력에 도전하고자 하는 또 다른 가상화폐의 도전이 부활했는데요, 금융위기의 기운이 여전하던 2008년 10월 31일 오후 2시 10분 사토시 나카모토(Satoshi Nakamoto)라는 익명의 개발자가 암호학 전문가들과 아마추어 수백 명에게 보낸 이메일에 첨부된 〈블록체인이라는 기술을 이용한 P2P(개인간) 거래방식〉이라는 제목의 논문을 통해 비트코인 개념이 처음으로 세상에 알려졌습니다.

이 논문에서 사토시는 "(글로벌 금융위기로 인해) 중앙은행이 화폐가치를 지켜

줄 것이라는 믿음은 배신당했다"고 선언했습니다. 그로부터 두 달 뒤인 2009년 1월 3일 사토시는 최초의 블록인 제네시스 블록(genesis block)을 생성하면서 그 보상으로 50개(BTC)의 비트코인을 채굴했고, 이것이 최초의 비트코인 발행이었습니다.

그러나 디지캐시나 비트골드 등 선배 격인 디지털화폐들의 실패를 목격했던 전문가들은 한동안 비트코인에 냉담한 반응을 보였습니다. 이때 사토시를 지지해주는 두 번째 노드가 네트워크에 참여하면서 비트코인은 그 명맥을 유지할 수 있었습니다. 바로 할 핀니(Hal Finney)라는 정보보안 프로그래머였는데, 이 사람은 비트코인 프로그램을 다운받아 채굴을 시작했고, 나중에는 사토시와 이메일을 주고 받으면서 비트코인 시스템을 개선하는 데도 큰 역할을 했습니다.

이후 비트코인에 관심을 가지게 된 사람들이 하나 둘 네트워크에 참여했고, 이들이 모여 2009년 11월에 비트코인 포럼(bitcointalk.org)을 만들게 되었습니다.

그로부터 반 년쯤 지난 2010년 5월 18일 저녁, 이 포럼 멤버인 라즐로 헤인네츠(Laszlo Hanyecz)라는 프로그래머는 '피자 두 판을 주면 비트코인 1만BTC*를 지불하겠다'고 제안했고, 이 포럼에 있던 다른 회원이 이를 수락해 파파존스 피자 두 판과 1만BTC를 서로 주고받는 일이 일어났습니다. 이는 역사상 처음으로 비트코인을 실제 거래를 성사시킨 사건으로 기록되어 있습니다. 재미있는 건, 헤인네츠가 당시 피자 두 판을 샀던 가격을 2021년 10월 22일 기준 비트코인 가치로 환산하면 무려 6억 3천만 달러, 우리 돈으로 7,430억 원에 이른다는 겁니다. 그 두 판의 피자는 아마 인류 역사상 가장 비싼 피자였을 겁니다.

이렇게 채굴과 개인 간 거래로만 이

BTC
우리나라 원화를 표기할 때 'KRW'라고 쓰듯이, BTC는 비트코인을 표기하는 통화 심볼이면서 비트코인의 개수를 헤아리는 단위임

룼지던 비트코인 거래는 2010년 7월 17일 문을 연 세계 최초의 가상화폐 거래소인 일본 마운트곡스(MtGox)로 인해 거래소를 통한 투자 시대로 이어지게 됩니다. 한국에서는 지난 2013년 4월에 설립되어 지금도 운영되고 있는 코빗(Korbit)이 최초의 가상화폐 거래소입니다. 비트코인을 가지고자 하는 수요가 폭발적으로 늘어나다 보니 채굴만으로는 그 수요를 다 감당할 수 없는 지경이 된 것입니다.

비트코인 초보자를 위한 꿀팁

비트코인은 중앙은행의 역할이 한계가 다다른 것으로 보였던 2008년 글로벌 금융위기 당시, '빅 브라더'와도 같은 중앙은행과 은행을 매개로 한 중앙화된 금융시스템에 반기를 든 사토시 나카모토라는 익명의 개발자가 만든 탈중앙화 한 화폐시스템입니다. 그런 점에서 기존 금융시스템이나 금융 기득권에 대한 도전이나 저항의 개념으로도 받아들여지고 있습니다.

질문
TOP 04

알트코인이란
무엇인가요?

지금까지의 내용을 읽고, 비트코인이
최초의 가상화폐이고 가상화폐의 표준이긴 하지만 가상화폐 얘기가 너무 비트
코인 중심으로 흘러가는 것 아니냐는 생각을 하는 분들도 있을 것 같습니다. 이
가상화폐 세계에서도 그런 생각을 한 사람들이 있었습니다. 비트코인이 법정화
폐에 반기(反旗)를 들었듯, 비트코인에 반기를 든 세력들 말입니다.

세상에 영원불변한 것이 없으며, 비트코인이 만들어놓은 기준과 규칙도 마
찬가지라 필요에 따라서는 바꾸는 게 불가능하진 않습니다. 그러나 비트코인의
가치가 이미 크게 높아졌고 이를 보유하고 있는 투자자나 이에 따른 프로젝트
들이 크게 늘어났기에 비트코인 소프트웨어 개발은 대단히 보수적으로 운영되
고 있습니다. 참가자들 역시 극적인 변화를 거부하는 경향성을 가지고 있습
니다.

이렇다 보니 비트코인의 이 같은 기본 규칙은 받아들이면서도 자신들이 원하는 방식으로 다른 규칙을 가진 또 다른 가상화폐를 만들어내고자 하는 시도들이 나올 수밖에 없었습니다. 그렇게 등장한 것이 '알트코인(Altcoin)'입니다.

알트코인은 '대안'을 뜻하는 'alternative'라는 영어 단어의 약어인 'alt'와 '비트코인'에서 'coin'을 따와 합성한 표현으로, 비트코인의 대안이나 대체재가 될 수 있는 가상화폐라는 뜻입니다. 간단히 말해 비트코인 이외의 모든 가상화폐를 통칭하는 개념이라고 보면 되겠습니다.

사실 비트코인이 대중들에게 알려지고 인기를 끌기 시작했지만, 대중화로 가는 길은 생각보다 험난했습니다. 블록 생성시간이 길고 거래 처리속도가 더딘 탓에 실제 지급결제 용도로 쓰이는 게 제한적이었고, 거래시장도 매우 경쟁적으로 바뀌다 보니 투자비용도 높아 아무나 쉽게 뛰어들지 못했습니다.

비트코인의 단점을 보완하고 이를 대체하겠다는 목표로 등장한 것이 알트코인인 만큼 알트코인들은 다양한 변화를 시도했습니다. 비트코인의 가장 큰 단점으로 꼽혔던 더딘 거래 처리속도를 높이기 위해 블록 생성과 거래처리 방식을 바꾸고, 코인을 분배하는 절차를 개선하고, 비트코인보다 더 안전한 암호화 알고리즘을 만들기도 했습니다. 가격 변동성을 낮추려는 시도도 등장했습니다.

실제 역사상 처음으로 만들어진 알트코인은 비트코인이 나온 뒤 약 3년이 지난 2011년 4월에 등장한 '네임코인(Namecoin)'이었습니다. 네임코인은 화폐 기능 외에도 애초에 인터넷 검열을 어렵게 만드는 분산화한 도메인 명(名) 등록을 위해 고안되었습니다. 초기에 매우 성공적인 성장세를 보였지만 네임코인의 수명은 그다지 길지 않았습니다.

그 후 등장한 게 지금까지도 살아 있는 '라이트코인(Litecoin)'이었고, 이는 사실상의 첫 알트코인이라고 부릅니다. 라이트코인은 비트코인에 비해 네 배나 빠

ASIC

그래픽카드를 이용한 채굴을 대체할 수 있도록 가상화폐 채굴을 실행하는 데 맞춤형으로 설계된 주문형 반도체로, 비트메인(Bitmain)과 같은 기업들이 이를 이용해 고성능 채굴기를 제작한다

르게 매 2.5분마다 새로운 블록을 생성합니다. 이 때문에 라이트코인을 사용한 거래는 비트코인보다 더 빠른 속도로 처리될 수 있습니다.

채굴도 다릅니다. 비트코인을 채굴할 때는 ASIC*라는 전문 장비를 사용하는 데 비해 라이트코인은 일반적인 개인용 컴퓨터(PC)의 그래픽처리장치(GPU)를 통해 누구나 쉽게 채굴할 수 있도록 했습니다. 또한 'SHA-256' 해싱 알고리즘을 사용하는 비트코인과 달리 '스크립트'라는 알고리즘을 쓰면서 비트코인보다 훨씬 더 많은 수의 화폐단위를 가지게 되었습니다. 그래서 한동안 "비트코인이 금(金)이라면 라이트코인은 은(銀)"이라는 얘기를 할 정도로, 라이트코인은 최초의 성공한 알트코인이었습니다.

라이트코인과 비슷한 시기에 등장한 소위 1세대 알트코인으로는 모네로(Monero)와 지캐시(Zcash) 등이 있는데, 모두 거래수단으로서의 기능을 하는 가상화폐들이었습니다. 비트코인과 다를 바 없는 개념과 목적을 가지지만 서로 다른 수학적인 계산을 통해 그 가치가 다르게 매겨지도록 설계되었습니다.

그 뒤를 이어 '이더리움(Ethereum)'과 '리플(Ripple)' '퀀텀(Qtum)' 등 속도 측면

비트코인 이후 주요 코인들의 출범 시기

비트코인	라이트코인	리플	모네로	대시	이더리움	지캐시	스팀	이오스
2009	2011	2012	2014	2014	2015	2016	2016	2018

출처: 비트코인닷컴

36

에서 훨씬 뛰어난 블록체인을 바탕으로 한 2세대 코인이 등장했습니다. 특히 이더리움은 스마트 계약(Smart Contract)이라는 차별화한 기능을 통해 이더리움 블록체인을 기반으로 한 수많은 알트코인을 만들어내고 탈중앙화금융(Defi)을 가능하도록 하는 등 가상화폐의 새 지평을 열었습니다. 이후 단순한 거래수단이 아니라 경제와 산업 일부분을 블록체인으로 옮겨 사람들이 자유롭게 활동할 수 있는 3세대 코인들도 등장하고 있습니다.

현재 전 세계에서는 약 1만여 종에 이르는 알트코인들이 난립해 있다고 하는데요, 지금 이 순간에도 여러 개의 코인들이 생겼다 사라졌다를 반복하고 있습니다. 이는 주식시장에서 많은 기업들이 새롭게 상장(IPO)하고, 실패한 기업들은 상장폐지되는 과정과 다를 바 없습니다.

다만 역사와 인간 정신을 변증법적으로 해석할 때 정반합(正反合)이 있다고 하는데요, 비트코인이라는 정(正)이 있었고 이에 반(反)하는 알트코인이 생겨나면서 이는 하나의 합(合)을 만들며 가상화폐를 개선 또는 성장시키도록 상호작용할 것입니다. 지금 한창 진행되고 있는 비트코인의 대규모 업그레이드에서는 알트코인들이 가진 장점들을 하나둘씩 반영하는 일이 진행되고 있다고 하니 말입니다.

비트코인 초보자를 위한 꿀팁

가상화폐의 원조인 비트코인에 반기를 들고 그 한계를 보완하기 위해 등장한 알트코인이 1만여 종에 이르고 있습니다. 이는 주식시장에서의 상장과 상장폐지처럼 앞으로도 생겨나고 사라지겠지만, 이 과정에서 가상화폐 생태계를 더욱 풍요롭고 완전하게 만들어줄 것입니다. 그리고 알트코인이 가지는 다양성과 혁신성은 비트코인을 비롯한 기존 가상화폐에도 긍정적인 영향을 미칠 것으로 기대됩니다.

가상화폐는 어떻게
채굴하는 건가요?

'채굴'이라는 단어는 그리 낯설지 않을 겁니다. 석탄이나 천연가스, 금, 다이아몬드 등을 땅 속에서 캐내는 일을 우리는 채굴이라고 합니다. 땅 속에 묻혀 있을 때엔 우리가 쓸 수 없기에 가치가 없는 것이지만, 이를 캐낸 후 우리가 쓸 수 있게 되면서 사용가치가 만들어지는 것입니다.

이런 뜻에서 블록체인 시스템 내에서 가상화폐를 발행하는 행위도 채굴이라고 부르고 있습니다. 쉽게 말해, 디지털 상에서 비트코인과 같은 가상화폐를 찍어내는 일이 채굴입니다. 이를 주식시장과 비교하자면, 기업공개(IPO)나 증자 과정에서 주식을 새로 찍어내는 것과 같은 게 가상화폐 채굴입니다. 즉 거래소에서 다른 사람의 주식을 사는 것과 대비되는 일종의 직접 발행인 셈입니다.

앞서 우리는 비트코인 네트워크의 특성을 살펴봤는데요, 중앙집중 방식의 현행 금융시스템과 달리 비트코인 네트워크에는 중앙에서 거래내역을 기록하고 관리하는 은행과 같은 주체가 따로 없다고 했습니다. 또한 이런 금융시스템이 돌아가게 하기 위해 치밀한 계획 하에 법정화폐(fiat currency)의 발행과 유통을 책임지고 관리하는 중앙은행과 같은 주체도 따로 없다고 했습니다. 기존 화폐시스템은 중앙은행의 의지와 수익을 얻고자 하는 은행들의 이해관계가 맞물려서 돌아간다면, 비트코인은 그 시스템에 참여해 자발적으로 분산원장에 거래내역을 기록하는 노드들에게 코인을 자동 발행해주는 겁니다. 한마디로, 채굴은 노드들이 자발적으로 비트코인 시스템을 유지할 수 있도록 하는 동기부여이자 경제적 인센티브인 셈입니다.

이처럼 화폐 발행을 담당하는 누군가가 따로 없다면 그렇게 자동으로 발행되는 화폐를 어떻게 배분할 것인지 고민스러울 수밖에 없습니다. 비트코인 네트워크에 참가하는 모두에게 골고루 나눠줄 수도 있겠고, 주기적으로 누군가에게 무작위로(random) 지급되도록 해야 하는데요, 비트코인이 발행되는 방식은 이 중에서 후자인 무작위에 가깝습니다. 무작위로 나눠주되 채굴이라는 노력을 한 특정인에게 지급하는 방식 말입니다.

따라서 비트코인 채굴의 개념은 이렇게 정의할 수 있겠습니다. '비트코인 시스템에서는 은행 장부(원장)가 따로 필요 없이 비트코인으로 거래할 때 그 내용을 암호화해서 모두가 공유하는 분산원장에 기록하는데, 이때 그 장부에 거래내역을 기록할 사람이 필요하며 이 작업을 하는 사람에게 그 대가로 비트코인을 제공하는 것'이라고.

문제는 비트코인 네트워크에 들어가 있는 참가자(노드)들이 워낙 많고, 이들 모두가 비트코인을 얻고 싶어하기 때문에 분산원장에 거래내역을 기록하는 대가로 비트코인을 얻을 수 있는 자격을 따내기 위해서는 노드들 간에 서로 경쟁

글로벌 비트코인
채굴 커뮤니티

비트코인
소프트웨어

10분마다
새로운
암호풀이

비트코인
노드들 간
암호풀이 경쟁

첫 번째
채굴자가
블록 생성

나머지 노드들의
새 블록
유효성 검증

새로운 블록
생성

보상으로
비트코인
제공

출처: 긱스 포 긱스

을 해야 한다는 겁니다.

비트코인에 사용되는 블록체인은 중앙의 주체가 따로 없는 분산시스템이기에 네트워크에 접속해 있는 누구나 블록을 생성하는 권한을 가질 수 있지만, 그렇다고 아무나, 아무렇게나 블록을 만들 수 있는 건 아닙니다. 하나의 블록이 완성되기 위해서는 블록을 암호화해주는 해시값이 있어야 하며, 그 값을 찾아야 다음 블록을 생성할 수가 있습니다. 이 해시값을 가장 먼저 찾아낸 사람이 비트코인이라는 보상을 받을 수 있습니다.

이 과정에서 채굴에 참여하는 노드들의 경쟁이 늘 같을 순 없겠죠. 따라서 비트코인 시스템에서는 이 (해시값을 찾아내는) 계산의 난이도를 조절해 참여자가 많을 경우 난이도를 높이고, 참여자가 적을 때엔 난이도를 낮춰 꾸준하게 평균 10분마다 한 번씩 새로운 블록이 생성될 수 있도록 조절하고 있습니다.

이런 노드들 간의 경쟁에서 이기기 위해 채굴자들은 채굴기라고 불리는 전용 컴퓨터 장치를 구입합니다. 메인보드부터 메모리카드, 하드디스크, 고성능의 그래픽카드(GPU) 등이 꽂혀 있는 기기인데요, 이 기기를 하루 종일 돌려 복잡한 연산을 풀어야 비트코인 채굴이 가능합니다.

여기서 알아둬야 할 것은, 비트코인을 만든 사토시 나카모토가 비트코인이 너무 많이 발행되어 그 가치가 추락할 것을 우려해 채굴할 수 있는 비트코인 총량을 애초에 2,100만 개로 제한했다는 점입니다. 지금까지 발행된 비트코인의 총 채굴량은 1,864만 BTC 정도로, 전체 총량의 89% 정도가 이미 채굴되었습니다.

여기서 드는 궁금증은, 이 비트코인이 모두 채굴되고 나면 더 이상 보상이 없으니 비트코인 네트워크가 더 이상 돌아가지 않는 것 아닐까 하는 점일 겁니다. 채굴자는 거래내역을 정리해주는 대가로 비트코인도 받게 되지만 거래자들로부터 수수료도 따로 받습니다. 물론 이 거래 수수료는 반드시 지급해야 하는 건 아니지만, 수수료가 높은 거래부터 처리하도록 설계되어 있는 만큼 수수료를 받기 위한 채굴은 계속 진행될 것입니다.

비트코인 초보자를 위한 꿀팁

비트코인은 블록체인 네트워크에서 발생하는 거래를, 모두가 암호화된 형태로 공유하는 분산원장에 기록하는 개인들에게 제공되는 보상입니다. 사토시 나카모토는 이 비트코인이 무분별하게 발생되는 걸 막기 위해 발행량을 총 2,100만 개로 제한해 설계했습니다.

블록체인은 어떻게
안전하고 완벽할 수 있나요?

비트코인의 기반 기술이 되는 블록체

인은 그 네트워크에 참여하는 수많은 참여자(노드)들이 자발적으로 거래 기록

이 담긴 블록을 생성한다고 했죠. 그리고 그 블록들이 체인처럼 서로 연결되어

있다고 해서 블록체인이라고 하는데요, 이렇게 중앙은행이나 은행과 같은 중앙

권력 없이 자발적인 참여자들이 기록하는 이 분산 장부가 과연 얼마나 안전하

고 완벽할 수 있을까요?

　이 블록체인을 안전하고 완벽하게 해주는 기술이 바로 해시(hash)입니다. 거

래내역이 기록된 블록에 함께 들어가는 해시는 아무 의미 없는 일정한 길이의

정보 값으로, 암호와 같은 역할을 합니다. 예를 들어 '나는 Tom이다'라는 문장

을 '13DGI%ETN!35g'처럼 의미 없는 문자열로 표시하는 식이죠. 만약 '나는

Tam이다'라는 비슷한 문장이라도 해시값은 '34&ehTIDF22GS'처럼 완전히 다

른 문자열로 표시됩니다. 이러니 해시값을 조합해 원문을 절대 유추할 수 없기 때문에 보안성을 높여주게 됩니다.

블록체인에서 사용하는 해시는 어떤 크기의 문자열이라도 256비트 크기의 문자열을 만들어 저장합니다. 즉 하나의 블록 안에는 일정 시간의 거래내역과 해당 블록의 해시값, 직전 블록의 해시값이 동시에 담깁니다. 만약 A와 B의 PC가 가지고 있는 해시값이 완전히 같으면 거래내역을 일일이 들여다보지 않고도 서로 대조가 가능합니다. 해시 덕에 적은 데이터 양으로도 원본 내용이 모두 완전히 같다는 걸 비교할 수 있게 되는 것이죠. 이 때문에 짧은 시간내에 수많은 데이터를 원본과 대조해 분산원장의 위조를 막을 수 있습니다.

이처럼 하나의 블록 안에는 10분간의 거래내역이 담겨 있고, 해당 블록의 해시값이 있으며, 이전 10분간 거래내역을 적어놓은 직전 블록의 해시값도 함께 담긴다고 했습니다. 그런데 만약 네트워크 상에 연결된 모든 노드들의 PC에 분산 저장되어 있는 블록을 위조하려면, 해당 거래내역을 바꾼 뒤 그 안에 담겨 있는 해시값과 이전 블록의 해시값을 한꺼번에 다 바꿔 모든 노드들에게 배포해야 하기 때문에 사실상 위조가 불가능한 겁니다. 이런 식으로 거래내용을 블록에 기록하고, 블록들을 주기적으로 생성하고, 생성된 새로운 블록에 이전 모든 블록들의 정보를 담은 해시값을 기록함으로써 블록에 기록된 거래내용을 해킹해 위조 또는 변조하기 어렵게 만든 것이 바로 블록체인의 핵심입니다.

여기서 또 하나의 의문이 남습니다. 블록체인은 분산 원장을 이용해 개인 간 (P2P) 거래가 가능하두록 한 시스템인데, 만약 불순한 의도를 가진 개인이 허위 거래내역을 블록에 남긴다면 어떻게 될까 하는 궁금증입니다.

과거 1990년대 음원시장을 뒤흔들었던 냅스터나 소리바다, 지금까지도 쓰이고 있는 토렌트 등도 중앙 서버 한 곳에 저장된 데이터를 내려받는 게 아니라

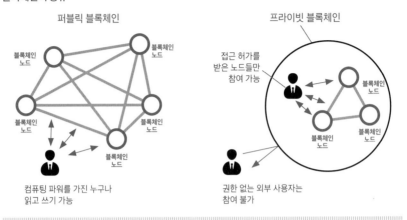

퍼블릭 블록체인

블록체인
노드

블록체인
노드

블록체인
노드

블록체인
노드

블록체인
노드

컴퓨팅 파워를 가진 누구나
읽고 쓰기 가능

프라이빗 블록체인

접근 허가를
받은 노드들만
참여 가능

블록체인
노드

블록체인
노드

블록체인
노드

권한 없는 외부 사용자는
참여 불가

출처: 노스이스턴대학교(보스턴)

다른 사용자들이 공유한 파일을 직접 다운로드 받는 P2P 시스템이었죠. 그런데 몇 시간씩 걸려 다운 받은 영화 파일이 재생되지 않는 가짜였다는 걸 확인하는 순간 욕이 튀어나왔던 경험들 한 번씩은 있을 겁니다. P2P 네트워크상에서는 모두가 진짜 거래내역을 가지고 있을 거라 믿기 어렵다는 게 고질적인 문제라 하겠습니다.

이를 해결하기 위해 블록체인은 작업증명(PoW)이라는 해법을 내놓습니다. 모든 블록체인을 이용한 가상화폐는 발생하는 거래가 사실임을 증명하도록 했습니다. 장부가 곧 돈이기 때문에 장부 상 거래를 확인하는 작업이 필수적인 거죠. 작업증명은 암호 해독능력인 컴퓨팅 파워를 이용해 함께 블록에 담기는 해시를 생성하기 위한 숫자 값을 찾는 문제를 풀어 거래를 증명해주는 일입니다. 작업증명이 블록체인과 비트코인이 가치 있고 안전하도록 도와주는 역할을 하는 셈이죠.

이 덕에 비트코인의 이중지불(Double Spending)* 위험을 사전에 차단할 수 있

게 됩니다. 이중지불이란 실제 하나뿐
인 코인으로 두 가지 거래를 동시에 일
으키는 부정행위를 말합니다.

예를 들어, A라는 사람이 커피를 주
문하고 0.01비트코인(BTC)으로 계산했
다고 칩시다. 커피점 주인인 B는 A의

이중지불(Double Spending)
하나의 화폐 단위가 두 번 결제되는
것으로, 원본 파일에 저장된 가치를
지불한 뒤 해당 파일을 복사해 다른
사람에게 또 지불하는 행위

전자지갑을 확인한 뒤 커피를 줬는데 A가 떠난 뒤 지갑을 보니 그 비트코인이
없는 겁니다. 알고 보니 A가 결제하기로 했던 0.01비트코인을 그 사이 피자를 사
는 데 또 써버린 겁니다. 이런 악의적인 시간차 공격이 바로 이중지불인데요, 이
를 방지하는 것도 바로 작업증명입니다. 블록체인에서는 0.01BTC로 커피를 사
겠다는 A거래와 피자를 사겠다는 B거래, 둘 모두 채택하는 일이 절대 없도록
하는 것입니다.

이처럼 하나의 블록에는 반드시 A와 B중 하나만 승인됩니다. A가 승인되면
B는 저절로 파기되는 겁니다. 결국 블록체인 상에서 하나하나의 거래내역을 기
록하는 블록에 함께 담기는 해시값과 이런 블록이 사실임을 모두가 검증하는
작업증명을 통해 블록체인은 은행의 도움 없이도 모두가 신뢰할 수 있는 장부
를 만들게 됩니다.

비트코인 초보자를 위한 꿀팁

비트코인 블록체인은 중앙에 모두가 신뢰하는 권위를 가진 중앙은행이나 은행이 개입
하지 않아도 네트워크에 참여하는 모든 노드들이 함께 그 진실성을 입증하는 기능들을
가지고 있습니다. 이런 혁신적인 개념과 그를 구현한 시스템이 비트코인의 가치를 담보
해주고 있습니다.

질문
TOP 07

블록체인 기술은
어디에 사용되나요?

앞에서 우리는 가상화폐와 그 기반기술인 블록체인에 대해 살펴봤는데요. 그 핵심적인 특징들은 ① 중앙에 관리주체가 필요 없는 개인 간(P2P) 거래 ② 노드들을 통한 거래내역 증명 ③ 해킹 및 데이터 위·변조 방지 ④ 스마트 계약을 통한 자동 거래 등입니다. 이 같은 특징을 가지고 있는 블록체인은 단순히 가상화폐를 발행하는 화폐시스템뿐 아니라 다양한 분야에서 활용 가능한 잠재력을 가지고 있습니다. 이렇다 보니 민간은 물론이고 각국 정부나 공공부문에서도 블록체인 기술을 활용하고자 하는 연구와 개발 작업은 분주하게 진행되고 있습니다.

개인 간 직접 거래를 기본으로 하는 블록체인의 특성은 보다 빠른 거래 체결을 가능하게 해주고, 제3자를 거치지 않기 때문에 저렴한 비용으로도 거래가 가능하도록 해준다는 장점이 있습니다. 특히 사전에 정해놓은 특정 요건에 부합하면 자동으로 거래를 체결해주는 스마트 계약은 쌍방 간 거래를 보다 편리하고 확실하게 담보해줍니다. 이런 장점을 가장 적극적으로 이용하고자 하는 분야가 바로 금융산업입니다. 글로벌 지급결제부터 송금, P2P 대출, 마이크

**마이크로파이낸스
(Microfinance)**
저소득층이나 사회적 취약계층에게 소액대출이나 보험, 예금 및 송금 등 다양한 금융서비스를 제공하는 사업

로파이낸스*(저소득층을 위한 소액금융) 등 전통적인 금융은 물론이고 증권분야에서도 활용을 모색하고 있습니다.

금융분야에서 블록체인 접목이 가장 활발하게 이뤄지는 서비스는 해외송금입니다. 굴지의 은행들이 참여하고 있는 국제은행 간 금융통신협회(SWIFT)가 독점적인 권한을 행사하고 있는 해외송금분야는 거래 체결이 가장 더디면서도 높은 수수료를 부과하는 대표적인 비효율로 지적되고 있습니다. 이 때문에 리플(Ripple)을 비롯해 스텔라루멘(Stellar Lumens), 레밋(Remit) 등 가상화폐 스타트업들은 일찌감치 해외송금에 특화된 서비스를 구축해왔습니다. JP모건체이스와 같은 글로벌 은행들도 자체적인 해외송금 플랫폼 구축을 위한 실험을 진행중입니다.

이런 가운데 국내 5대 은행을 포함해 전 세계 40여 개 은행들이 참여하는 R3CEV 컨소시엄은 블록체인 확산에 위협을 느끼고 이에 선제적으로 대응하기 위해 협업체계를 만들어 연구 개발을 진행하고 있습니다. 해외송금과 글로벌 지급결제는 물론이고 부동산과 회사채, 주식 등 총 8개 분야에서 블록체인 플랫폼을 구축한다는 목표를 세우고 있습니다.

증권분야에서도 나스닥시장을 관리하는 나스닥OMX그룹이 일찍이 2015년 블록체인을 이용해 비상장사 주식을 개인 간에 사고팔 수 있는 매매거래 플랫

폼인 링크(Linq)를 만들어 2016년부터 서비스를 시작했습니다. 최종 매매 체결까지 걸리던 시간이 3일에서 10분으로 획기적으로 단축되는 효과를 가져왔습니다. 또한 에스토니아 거래소는 세계 최초로 블록체인 기술을 이용해 상장사들이 주주총회를 온라인 상으로 열고 전자투표로 의사결정을 할 수 있도록 하는 시범서비스를 개시하기도 했습니다.

주식과 채권 등을 사고팔 때 최종적인 거래정산과 결제는 가장 정교하고도 확실히 신뢰할 만한 시스템이어야 하는데, 이 분야에서도 블록체인 기술은 이미 활용되고 있습니다. 호주증권거래소는 비용 절감을 위해 등록 및 결제, 청산 시스템을 블록체인 기술로 대체하고 있고, 미국에서는 2조 8천억 달러 규모인 주식스왑시장에서 블록체인을 활용하는 시범서비스를 이미 성공리에 마쳤다고 합니다.

연간 수천만 달러의 비용이 들어간다는 금융권에서의 고객 신원 확인에도 블록체인이 이용 가능합니다. 각 금융사는 블록체인에서의 공인기관에 접속해 고객 신원을 독립적으로 확인하게 되며 이를 통해 중복되는 과정이 사라지게 됩니다. 특히 이 분야에서는 우리나라가 신속하게 움직였는데요, 국내 11개 증권사들이 참여한 블록체인 기반 공동인증서비스인 '체인 아이디'가 2017년에 이미 세계 최초로 상용화되었습니다. 이로써 과거 금융결제원이나 코스콤에서 발급받은 인증서를 모든 금융회사 홈페이지에서 일일이 등록하던 번거로움이 사라져서 지금은 한 곳에서만 인증 받으면 추가로 복잡한 등록과정 없이 다른 증권사에서 함께 쓸 수 있습니다.

이 같은 신원확인은 정부와 공공기관들이 특히 관심을 갖는 분야이기도 합니다. 우리 정부는 지난 2019년에 마련한 '블록체인 기술 확산 전략'을 통해 분산 신원증명(DID) 서비스를 비대면경제의 핵심 인프라로 꼽아 본격 서비스를 활성화하겠다며 관련 기술 개발을 적극 육성하고 있습니다. 그 결실 중 하나가 바로 최근 질병관리청이 민간 블록체인 기술업체인 블록체인랩스와 공동으로 선보인 '디지털 백신여권'입니다. 코로나19 진단검사에서 음성을 받았거나 코로나19 백신을 맞았다는 사실을 별도의 증명서를 발급하지 않고 블록체인 기반의 앱에서 증명할 수 있다는 서비스죠.

거래 비용이 많이 들고 시간이 오래 걸리던 부동산에서도 블록체인 활용이 다양하게 시도되고 있습니다. 땅이나 주택을 구입할 때에도 블록체인 상 스마트 계약을 통해 영구적으로 거래기록을 남길 수 있습니다. 거의 실시간으로 계약 체결이 가능해져 비용이나 (거래자 간) 마찰도 줄어들게 됩니다. 스웨덴 같은 나라에서는 이미 블록체인 기반의 등기부 관리시스템도 구축하고 있다고 합니다.

해킹이나 위·변조 위험을 덜 수 있다 보니 물류분야도 블록체인 활용에 적극적인 편입니다. 세계 최대 컴퓨팅업체인 IBM이 중국 돼지고기 유통시스템에 블록체인을 접목해 사육농장에서부터 가공업체, 판매업체 등 모든 거래내역을 블록체인 시스템 내에 저장하도록 했습니다. 이를 활용하면 소비자가 고기를 먹고 배탈이 났다고 하면 어느 과정에서 문제가 있는지 곧바로 추적이 가능해집니다.

세계 최대 유통업체인 월마트도 축산물 이력을 추적하는 데 블록체인 기술을 도입했습니다. 이를 통해 누구나 생산과 유통과정에서의 문제를 즉시 파악할 수 있고, 생산자나 유통업자들이 축산물 정보를 조작할 수 없도록 막을 수 있게 되었습니다.

이 밖에도 상대적으로 투명성이 낮은 것으로 평가받는 정치분야도 블록체인으로 인해 많은 변화를 겪을 전망입니다. 앞서 언급한 에스토니아의 블록체인 기발 전자투표시스템은 선거에도 활용 가능하며, 호주 신생 정당인 플럭스당

(黨)을 시작으로 스페인 포데모스당, 덴마크 자유연합 등에서는 당내 의사결정 시스템에 블록체인 기술을 적용해 모든 투표를 블록체인으로 진행하고 있습니다. 유권자 등록과 신원 확인, 투표 집계까지 투명하게 진행되는 것은 물론이고 투표 과정과 기록도 즉시 공개해 공정성과 민주성을 높일 수 있습니다.

비트코인 초보자를 위한 꿀팁

블록체인은 네트워크 상에 참여하는 개인들 간에 거래를 기록하고 입증해주는 중앙의 주체가 필요 없다는 특성으로 인해 금융분야에서 빠르게 기존 시스템을 대체할 수 있을 뿐 아니라 유통이나 국제무역, 신원증명, 정치분야 등에서 다양한 활용성을 입증하고 있습니다.

가상화폐도
화폐인가요?

가상화폐를 의미하는 영어 표현인 'cryptocurrency'는 암호화를 뜻하는 'crypto'라는 단어와 화폐를 뜻하는 'currency'가 합쳐 만들어진 신조어입니다. 이처럼 용어 자체에 '화폐'라는 표현이 들어가 있다 보니 '가상화폐가 화폐냐, 아니냐' 하는 건 꽤 오래된 논쟁거리입니다.

미국에서 2017년 절찬리에 방영된 유명한 드라마 〈굿 와이프(The good wife)〉도 시즌3에서 비트코인을 주제로 한 에피소드를 다루며 이 논쟁이 얼마나 잘 알려진 것인지 증명했습니다.

이 드라마 주인공인 변호사 얼리샤 플로릭은 비트코인을 발명했다는 익명의 의뢰인을 변호하게 됩니다. 극중에는 등장하지 않지만 아마도 사토시 나카모토를 지칭하는 듯한 이 의뢰인은 개인이 새로운 통화를 만들 수 없다는 연방법을 위반했다는 혐의로 미 재무부에 의해 기소됩니다. 이제 이 드라마에서 플로릭과 미 재무부측 변호사인 힉스가 벌이는 법정 공방을 간략하게 옮겨와보겠습니다.

힉스 변호사는 2011년 11월 18일 한 호텔에 묵었던 탬보어라는 투숙객을 증인으로 요청합니다. 힉스가 "숙박비를 어떻게 결제하셨나요?"라고 묻자 증인은 "비트코인"이라고 답한 뒤 당시 환율이 대략 1비트코인에 25달러여서 4.32비트코인을 냈다고 합니다. 그러고는 비트코인으로 객실에서 영화를 보고 초코바와 땅콩도 먹었다고 진술하죠. 그러자 힉스는 "그걸(비트코인) 통화로 쓰셨죠"라고 되물었고 탬보어는 그렇다고 인정합니다.

이번에는 얼리샤가 크라코프스키라는 이 호텔 지배인을 증인으로 내세웁니다. 이 지배인은 홍보를 위해 비트코인과 마일리지로 객실을 빌려주는 이벤트를 하고 있다고 말합니다. 얼리샤는 "(비트코인 말고) 마일리지로도 객실을 빌릴 수 있죠?"라고 물었고, 지배인은 그렇다고 답합니다. 비트코인을 마일리지와 동일시함으로써 화폐가 아니라는 걸 부각시킨 셈이죠.

얼리샤가 "마일리지는 현금으로 취급 안 하시죠?"라고 묻자 지배인은 "네, 비트코인이나 마일리지를 보관하는 서랍은 없어요"라고 대답합니다. "(비트코인으로 객실을 빌려주는 건) 마일리지와 객실을 교환하는 물물교환에 가깝죠?"라고 얼리샤가 묻자 지배인도 그렇다고 합니다. 그러자 얼리샤는 "다른 말로 하면 통화가 아니라 상품이라는 거죠?"라고 재차 확인하고 지배인은 그렇다고 합니다.

이제 힉스 변호사가 지배인에게 반론합니다. "아마존에서 책을 구입한다면 호텔에서 받은 마일리지를 사용하실 겁니까?" 그러자 지배인은 "아뇨, 안 할 것 같네요"라고 답합니다. 이에 힉스는 "교환되지 않기 때문이죠?"라고 되묻습니다. 이어 "하지만 비트코인으로는 책을 살 수 있지 않습니까?"라고 묻죠. 지배인이

그렇다고 하자 힉스는 "비트코인은 교환 가능하니 통화죠?"라고 확인하듯 추가로 묻습니다.

이 모든 증인 진술을 잠자코 듣고 있던 드와이트 소벨 판사는 더 이상 들을 필요도 없다는 듯 양측 질문을 단호하게 막고는 "바로 결론 내겠습니다. 비트코인은 통화입니다"라고 말합니다. 그러고는 의사봉을 세 차례 두드린 후에 판사석을 뜹니다.

참 명쾌합니다. 이 드라마 원작을 쓴 로버트 킹, 미셸 킹 부부가 비트코인을 신봉하는지, 비트코인에 투자했는지는 알 수 없지만 어쨌건 킹 부부는 비트코인이 화폐라는 쪽에 손을 들어줍니다. 물론 이는 어디까지나 드라마이다 보니 한쪽으로 결론을 내렸을 테지만, 현실은 그리 간단하고 단순하지 않습니다. 가상화폐도 빠르게 진화하고 있기 때문입니다.

화폐는 일단 사전적으로 '상품 가치를 매기는 척도이자 재화의 교환수단이 되는, 정부나 중앙은행이 발행한 지폐와 주화'라고 정의되고 있습니다. 경제학에서는 어떤 것이 화폐가 되기 위해서는 그것이 쌍방 간 교환의 매개체이자 표준화된 가치측정을 위한 계산 단위(=가치의 척도)이고, 오랜 기간 가치를 저장하기 위한 수단이 되어야 한다고 합니다.

최근 들어 비트코인이나 이더리움이 가치저장 수단으로서의 역할을 어느 정도 해내곤 있지만, 아직도 화폐가 가진 가치교환이나 가치척도 기능은 제대로 해내기 어려운 게 사실입니다. 너무 빨리, 너무 가파르게 가치가 급등락하는 가상화폐의 특성상 이를 가지고 제품이나 서비스를 사고팔거나 제품이나 서비스 가격을 매기는 일은 아무래도 수월치 않겠지요.

또한 비트코인 블록체인 상에서 거래 체결이 완료되는 데 너무 오랜 시간이 걸리는 데다 채굴자에게 지급해야 하는 수수료 부담이 있다 보니 비트코인으로 커피 한 잔 사서 마시는 일도 아직은 만만치 않습니다. 각국 정부가 여전히 화폐로 인정하지 않기 때문에 비트코인으로 테슬라 전기차를 사려면 (비트코인투자 수익에 따른) 양도소득세까지 물어야 하는 부담도 있습니다.

이렇게 본다면 가상화폐는, 그중에서도 가장 오랜 역사를 지닌 비트코인조차도 아직까지는 화폐로서의 역할을 하기엔 역부족인 것은 분명합니다. 다만 이는 어디까지나 현 시점에서의 판단일 뿐, 앞으로 가상화폐가 어떤 지위를 가질지는 그 누구도 장담할 순 없습니다.

비트코인은 거래 처리속도를 획기적으로 높이기 위해 라이트닝 네트워크(Lightning Network)* 등과 같은 기술적 해법을 이미 찾고 있습니다.

높은 가격 변동성을 낮추기 위해 법정화폐나 실물자산과 연계해 가치를 안정화하는 스테이블 코인(Stablecoin)과

> **라이트닝 네트워크(Lightning Network)**
> 10분마다 하나의 거래 블록을 생성하도록 설계된 비트코인의 거래 처리속도가 더디다 보니, 개별 거래를 별도 체인에서 처리한 뒤 결과 값만 블록체인에 기록하도록 함으로써 즉석 결제가 가능하도록 한 기술

같은 실험도 지속적으로 이뤄지고 있습니다. 국제사회의 견제가 강하긴 해도, 비트코인을 법정화폐로 인정한 엘살바도르 등 몇몇 국가에서의 실험은 이미 시작되었습니다.

비트코인 초보자를 위한 꿀팁

가상화폐가 화폐냐 아니냐 하는 논쟁은 10여 년 전부터 지금까지도 이어져 오고 있습니다. 초기 비트코인은 화폐라 하기엔 부족한 점이 많았지만, 기술적 진보로 인해 서서히 가상화폐를 실제 화폐나 현금처럼 쓸 수 있게 될 가능성은 커지고 있습니다. 이미 제한적으로는 가상화폐를 현금으로 사용하려는 실험도 진행되고 있습니다.

비트코인은 전체 발행량이 정해져 있어 희소성을 가진다는 점에서 '디지털 금'이라 불리며, 특히 4년마다 돌아오는 반감기를 통해 이런 가치를 더 높이고 있습니다. 이뿐 아니라 가상화폐는 포크라는 방식을 통해 분화도 가능하고, 화폐 외에도 플랫폼이나 자산 또는 자산에 대한 권리를 나타내는 등 그 기능도 다양해지고 있습니다.

2장

코린이가
꼭 이해해야 할
가상화폐의
속성 8가지

비트코인을
왜 디지털 금이라고 하나요?

비트코인에 대해 조금이라도 관심을 가진 사람이라면 비트코인을 '디지털 금(金)'이라고 말하는 걸 들어봤을 겁니다. 그 자체로 늘상 값어치가 있고, 그 때문에 화폐를 대신하기도 하고 가장 안전한 투자자산이 되기도 하는 금에 빗대 디지털 상에 존재하는 비트코인을 그렇게 부르는 것이죠.

앞서 살펴봤듯이 비트코인은 총 발행량이 2,100만 BTC로 제한되어 있어 희소성을 가집니다. 지구상에 총 매장량이 한정되어 있다는 이유로 가치를 가지는 금과 닮은 대목으로, 이로 인해 비트코인을 디지털 상에 존재하는 금이라고 해서 '디지털 금'이라 부르곤 합니다.

일단 금은 인류 역사에서 아주 오래전부터 가치 있는 존재로 여겨져왔습니다. 고대 이집트에서는 파라오의 무덤을 꾸미거나 신전에서 종교의식을 행할 때

금을 필수적으로 사용했습니다. 이후 금은 금화로 만들어져 사용되었고, 금본위제 하에서는 미국 달러화 가치를 담보해주기도 했습니다. 금은 산업 측면에서는 보석산업의 핵심 원료가 되었고, 오늘날에는 스마트폰을 비롯한 각종 전자산업은 물론이고 치의학이나 항공우주분야에서도 널리 활용되는 소재가 되었습니다. 조금 어려운 말로 하자면, 금은 그 자체로 내재가치를 가지고 있다는 겁니다.

그런데 최근 이주열 한국은행 총재는 "비트코인은 태생적으로 내재가치가 없는 자산"이라면서 "그런 자산이 왜 이렇게 비싼지 이해하기 어렵다"고 했습니다. '비트코인이 디지털 금'이라고 하는 일반적인 인식을 부정하는 발언이었습니다.

과연 그럴까요? 일반적으로 어떤 것의 내재가치는 금과 같은 물리적 특성에만 의존하는 것은 아닙니다. 비트코인이 가지는 희소성 자체가 가치이기도 합니다. 누구나 분산원장에 거래내역을 기록하고 참여자들이 함께 그 유효성을 쉽게 확인할 수 있도록 해주는 블록체인 네트워크를 작동시켜주는 비트코인은 무형의 내재가치를 가지고 있습니다.

비슷한 예로, 최근에 가장 뜨거운 관심을 받고 있는 메타버스(Metaverse)*만 해도 그렇습니다. 현실이 아닌 웹이나 인터넷, 네트워크 상에 존재하는 추상적인 가상세계를 말하는 메타버스는, 대표적인 메타버스인 로블록스(Roblox)나 네이버 제페토(Zepetto)만 봐도 엄청난 경제적 가치를 지니고 있음을 확인할 수 있습니다.

이처럼 비트코인이 금과 마찬가지로

> **메타버스(Metaverse)**
> 현실세계와 같은 사회·경제·문화 활동이 이뤄지는 3차원 가상세계로, 로블록스나 네이버 제페토처럼 그 안에서 수익 창출도 가능해지고 있다

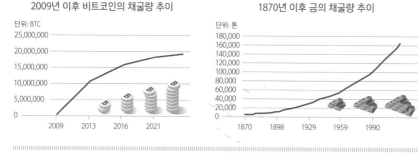

비트코인 vs. 금의 채굴 속도 변화

2009년 이후 비트코인의 채굴량 추이

단위: BTC

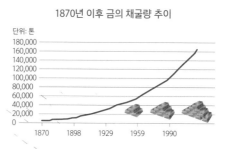

1870년 이후 금의 채굴량 추이

단위: 톤

출처: 비즈니스인사이더

내재가치를 지니고 있다는 점에서, 화폐 발행이 늘어나서 화폐가치가 하락하는 시기에도 그 내재가치가 유지됨으로써 위험을 회피할 수 있는 헤지(Hedge) 수단 이 될 수 있다는 공통점을 가지고 있습니다.

앞서 언급한 대로 비트코인과 금은 전체 공급량이 제한되어 있는 데다 시간 이 갈수록 채굴하기가 더 어려워져 공급량이 점점 더 줄어든다는 점에서 디플 레이션(Deflation)적인 성격을 지닌 자산이라고 할 수 있습니다. 그 때문에 화폐 량이 늘어나는 인플레이션 시기에도 그 가치를 어느 정도 유지할 수 있습니다.

아직까지 모두가 동의하는 것은 아니지만, 주요 연구기관들도 비트코인을 디 지털 금으로 어느 정도 인정하고 있는 상황입니다. 실제 글로벌 유력 신용평가 사인 스탠더드앤드푸어스(S&P)는 "비트코인 채굴량이 2,100만 개로 정해져 있 고, 전통 금융시장의 바깥에 있어 영향을 덜 받으며, 공급량을 쉽게 조절하기 어 렵다는 면에서 금과 유사한 측면이 있다"고 평가하면서 "이 때문에 투자자들도 비트코인을 금처럼 매력적인 투자처로 여기고 있다"고 말했습니다.

미국 월스트리트 굴지의 투자은행(IB)인 씨티그룹도 "1970년대 극심한 인플레이션의 결과로 금값이 오른 것처럼, 글로벌 금융위기나 코로나19 팬데믹에서 각국 중앙은행들이 풀어낸 막대한 유동성으로 인해 비트코인 가격이 크게 뛸 것"이라고 점쳤습니다. 같은 이유로 JP모건체이스도 "비트코인과 금의 경쟁이 이미 시작되었다"고 평가하고 있습니다.

물론 아직까진 비트코인을 완전한 디지털 금이라고 부르는 덴 무리가 있는 것도 사실입니다. 비트코인이 가지는 높은 가격 변동성 때문입니다. 사실 금도 다양한 선물과 옵션상품, 상장지수펀드(ETF) 등이 등장해 서로 헤지거래와 차익거래가 가능해진 시기가 되어서야 가격 안정을 이룰 수 있었습니다. 그런 점에서 이제 다양한 파생상품을 갖춰가고 있는 비트코인은 디지털 금을 향해 가고 있다고 할 수 있습니다.

비트코인 초보자를 위한 꿀팁

비트코인은 총 발행량이 제한되어 있는 희소성과 블록체인 네트워크를 작동시키는 동력이라는 내재가치 덕에 금(金)에 비견되는 '디지털 금'으로 불리고 있습니다. 특히 돈의 가치가 떨어지는 시기에 금과 마찬가지로 인플레이션을 헤지하는 역할도 갖고 있습니다.

비트코인 반감기란 무엇인가요?

　　　　　　　　　　　　　　　　　　　비트코인을 처음 만든 것으로 알려진 사토시 나카모토는 궁극적으로 비트코인의 총 발행량을 2,100BTC로 제한해뒀다고 설명한 바 있습니다. 이는 나중에 비트코인 발행량이 무한정으로 늘어나 그 가치가 급락하는 상황을 미연에 방지하기 위한 조치였습니다. 코로나19 팬데믹 이후 무지막지하게 풀린 유동성으로 인해 돈의 가치가 하락할 것이라는 우려가 커지고 있는데요, 그런 점에서 사토시의 이런 안전장치는 비트코인이 가지는 매력 중 하나라고 할 수 있습니다.

　　그런데 사토시는 비트코인 가치 하락을 막기 위한 또 하나의 안전장치를 비트코인 시스템 내에 심어뒀는데, 그것은 '반감기(Halving)'라는 개념입니다. 반감기는 말 그대로 '반(半)으로 줄어든다'는 뜻으로, 채굴이라는 행위를 통해 보상으로 받을 수 있는 비트코인 양이 일정 기간마다 반으로 줄어든다는 것입니다.

앞서 설명한 대로 비트코인 채굴이란 블록 내에 있는 암호를 푸는 작업인데, 비트코인 발행이 완만하게 늘어나도록 하기 위해 그 암호를 푸는 작업의 난이도를 어렵게 함으로써 비트코인 공급량 증가를 억제하고 있습니다. 채굴에 따른 비트코인 보상은 약 4년을 주기로 절반씩 줄어드는데, 이는 비트코인이 공급되는 속도가 4년마다 반으로 준다는 뜻입니다. 채굴을 하면 할수록 채굴이 어려워지고 보상이 줄어드는 게 금의 채굴 특성을 본딴 것으로 생각할 수 있습니다.

사토시가 최초의 제네시스 블록을 생성하고 비트코인 네트워크를 돌리기 시작했을 때는 채굴자가 비트코인 블록을 하나 쌓을 때마다 비트코인 50BTC씩을 보상으로 받았습니다. 그러다 2012년 11월 28일에 첫 반감기를 맞았던 비트

비트코인 채굴 보상 개수와 총 공급량

단위: 100만 개

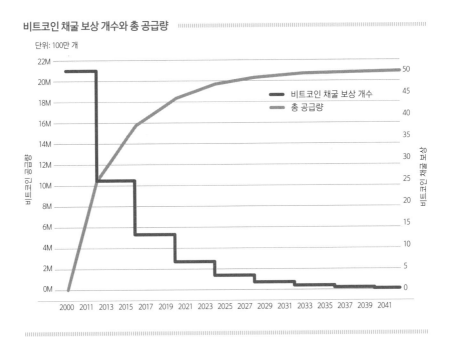

출처: 코인데스크

코인은 채굴 보상을 50개에서 25개로 절반을 줄였습니다. 그로부터 4년쯤 지난 두 번째 반감기였던 2016년 7월 9일에는 보상이 25개에서 12.5개로 다시 반토막 났습니다. 역사상 세 번째 반감기는 코로나19가 한창이던 2020년 5월 12일이었고, 채굴 보상은 12.5개에서 6.25개로 다시 줄어 들었습니다. 그리고 앞으로도 매 4년마다 비트코인 채굴 보상규모는 절반씩 줄어들 겁니다.

우리가 비트코인 반감기를 주목하는 이유는 바로 이 반감기가 비트코인 가격 상승의 모멘텀이 되기 때문입니다. 경제학에서 기본 중의 기본은 가격이 공급과 수요에 따라 결정된다는 것인데, 누구나 알다시피 수요가 일정하다는 전제 하에 반감기에 공급량이 반으로 줄어들면 가격은 위로 올라갈 수밖에 없다는 기대가 늘 있어 왔습니다. 그리고 역사적으로도 비트코인 반감기 이후에는 비트코인의 가격이 상당 기간 상승세를 보인 것도 사실입니다.

첫 번째 반감기였던 2012년 11월 직후 비트코인 가격은 무려 1년 가까이 상승세를 이어갔습니다. 1년 남짓한 기간 동안 가격 상승폭은 무려 8,990%에 이르렀습니다. 물론 그 이후 1년 반 가까운 장기적인 하락세가 뒤따르긴 했습니다. 그리고 2차 반감기였던 2016년 7월부터 비트코인 가격은 또 장기 상승세로 돌아섭니다. 비트코인 가격은 2018년 1월까지 3,035% 상승했습니다. 물론 이때에도 2018년 1월을 기점으로 지금까지 장기 하락 후 조정국면으로 돌아서긴 했고요.

그러나 세 번째로 맞이한 2020년 5월 반감기 이후에는 9월 말까지 무려 넉 달간 비트코인 가격이 거의 제자리 걸음을 보이며 '반감기=가격 상승기'라는 공식이 깨질 위기에 처했었는데요, 이후 10월부터 2021년 4월까지 6개월 남짓한 기간동안 비트코인 가격은 1만 달러 수준에서 6만 달러까지 무려 여섯 배나 폭등하는 기염을 토했습니다. 결국 '가격에 언제 반영되느냐' 하는 시차만 존재할 뿐, 비트코인 채굴에 따른 공급량 감소를 뜻하는 반감기는 가격 상승으로 연결

해시레이트(Hashrate)

비트코인을 채굴하는 데 동원되는 컴퓨팅 파워로, 채굴하는 수요가 늘어나면 해시레이트가 증가하고, 채굴 수요가 적어지면 해시레이트도 감소한다

된다는 법칙에는 변함이 없었습니다.

이렇다 보니 많은 전문가들은 비트코인에 대해 중장기적으로 투자하려는 투자자라면 대략 4년마다 반복되는 반감기에 맞춰 비트코인을 적립식으로 투자하는 방법을 고려할 필요가 있다는 조언까지 내놓고 있습니다.

다만 일각에서는 이와 반대되는 의견도 내놓고 있습니다. 반감기 이후 비트코인 가격은 해시레이트(Hashrate)*에 따라 달라질 수 있다는 의견입니다. 해시레이트는 블록체인 네트워크가 가진 연산력(컴퓨팅 파워)의 총합으로, 얼마나 많은

반감기 이후의 비트코인의 가격 추이

출처: 모닝스타 다이렉트

66

채굴자들이 비트코인 네트워크에서 활동하고 있느냐를 가늠하는 지표입니다.

실제 과거 두 차례 비트코인 반감기 이후 해시레이트는 각각 24일, 18일 동안 21%, 11%씩 줄었다고 합니다. 반감기로 인해 채굴 보상이 줄어들기 때문에 상대적으로 효율성이 낮은 채굴자들은 시장에서 도태되었고, 그 바람에 비트코인 가격이 후행적으로 올랐다는 겁니다. 반면 반감기 이후에도 해시레이트가 줄어들지 않고 계속 높은 수준을 유지한다면 비트코인 가격이 오르지 않을 수도 있다는 겁니다.

보수적 견해를 가진 전문가들은 지금까지 단 세 차례 있었던 반감기 경험만으로 '언제든 반감기를 거치면 비트코인 가격이 크게 뛸 것'이라고 전망하는 건 문제가 있다고 지적합니다. 실제 지금까지 채굴된 비트코인 양이 워낙 많은 탓에 앞으로는 반감기를 겪어도 소폭 줄어드는 채굴 보상규모가 전체 시장 가격 상승을 이끌기 어려울 것이라는 전망도 힘을 얻고 있습니다.

결국 수많은 투자자들이 시장에 진입하고, 여러 직·간접적인 투자 방법이 생겨나는 만큼 반감기라는 이벤트는 그 자체만으로 비트코인 가격을 끌어 올리는 데 한계가 있을 수밖에 없습니다. 반감기 효과는 그 즈음에서의 비트코인에 대한 투자 수요가 얼마나 강한지에 따라 좌우될 가능성이 큽니다.

비트코인 초보자를 위한 꿀팁

전체 발행량이 정해져 있는 비트코인은 4년마다 한 번씩 채굴 보상이 절반으로 줄어드는 반감기를 가집니다. 이렇게 반감기를 거치면서 줄어든 공급으로 인해 비트코인 가격은 꾸준히 상승해왔습니다. 이를 활용해 비트코인을 중장기적으로 적립식 투자하는 방법도 유용할 수 있습니다.

가상화폐에서 다른 코인이
갈라져 나올 수 있나요?

비트코인이든, 이더리움이든 그 기반
에는 블록체인이라는 기술이 있다고 앞서 이야기했습니다. 각 블록체인마다 채
굴이나 거래 등에 관한 일정한 규칙을 가지고 있고, 이 블록체인에 참여하는 참
가자(노드)들은 이런 규칙(프로토콜)에 따라야만 하는 것입니다.

그러나 모든 기술이 완벽하지 않은 만큼 이 블록체인 내부에서 개선사항이
있거나 외부로부터 공격을 받았을 때, 또는 잘못된 거래가 블록에 기록되었을

프로토콜(Protocol)
컴퓨터와 컴퓨터 사이, 또는 한 장
치와 다른 장치 사이에서 데이터를
원활하게 주고 받기 위해 약속한
여러 가지 규약

때 이를 바로잡고자 이런 프로토콜*을
개선하고 새로운 기능을 추가해 블록
체인을 다른 버전으로 업그레이드하는
경우가 생겨날 수 있습니다. 이럴 때 기
존 코인에서 새롭게 갈라져 나온 코인

들이 등장하게 되는데, 이런 코인의 분화를 '하드 포크(Hard Fork)'라고 합니다.

　앞서 블록체인은 모두가 나눠서 공유하는 탈(脫)중앙화한 분산된 공공장부라고 설명했습니다. 블록체인에서는 비트코인을 비롯한 다양한 거래가 이 공공장부에 기록되는데요, 거래가 완료된 기록들이 발행 순서대로 각 블록에 저장되고 이 블록들은 선형으로 연결되어 블록체인을 완성하게 됩니다. 이렇게 생성된 블록체인은 가상화폐 거래가 완료될 때마다 한 체인으로 연결되는데, 블록체인 내에 새로운 기능이 업데이트되거나 잘못된 거래가 기록되었을 때 이를 바로잡기 위해 체인을 두 갈래로 나눕니다. 이 과정이 바로 하드 포크입니다.

　포크는 가상화폐의 기반이 되는 블록체인을 업그레이드하는 기술로, 원래 포크는 '한 곳에서 분기가 발생하는 것'을 뜻하는 단어입니다. 하드 포크가 발행하면 기존 체인은 유지하되 문제점을 보완한 새로운 체인에 블록이 생겨납니다. 이처럼 하드 포크는 블록체인의 기록 방식을 아예 바꾸거나, 심각한 보안상 취약성이 드러나 소프트웨어를 근본적으로 바꾸려고 할 때 블록체인 자체를 바꾸는 작업입니다. 하드 포크를 적용하면 이전 버전의 블록체인을 사용할 수 없기 때문에 이전 버전에서 개발하거나 채굴하던 사용자 대다수가 업그레이드에 찬성해야만 적용할 수 있습니다.

　일례로, 비트코인은 거래 처리 용량을 늘리는 업그레이드 방식을 둘러싸고 비트코인 개발자들과 채굴자들이 극심하게 대립했었는데, 그로 인해 채굴자들이 주도해 하드 포크를 단행했습니다. 그 결과물로 분리되어 나온 코인이 바로 비트코인캐시(BCH)와 비트코인골드(BTG)입니다.

　그렇다면 어떤 경우에 하드 포크가 일어나는지 이더리움을 예로 들어 설명해보겠습니다. 이더리움 하드 포크는 2016년에 있었는데, 한 무리의 해커들이 이더리움 보안의 취약점을 찾아내 이더리움 코인인 이더(ETH) 약 360만 개를 자신

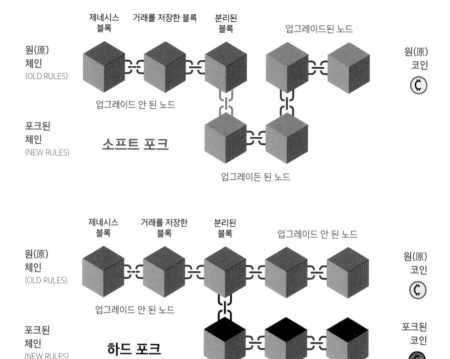

제네시스 블록 / 거래를 저장한 블록 / 분리된 블록 / 업그레이드된 노드

원(原)체인 (OLD RULES)

원(原)코인

업그레이드 안 된 노드

포크된 체인 (NEW RULES)

소프트 포크

업그레이든 된 노드

제네시스 블록 / 거래를 저장한 블록 / 분리된 블록 / 업그레이드 안 된 노드

원(原)체인 (OLD RULES)

원(原)코인

업그레이드 안 된 노드

포크된 체인 (NEW RULES)

하드 포크

포크된 코인

업그레이든 된 노드

출처: 바이비트

들의 전자지갑으로 옮기는 일이 벌어졌습니다. 당시 도난당한 이더 금액만 해도 우리 돈으로 600억 원에 이르렀습니다. 이같은 해킹사태가 발생하자 이더 가격도 급락했는데, 이에 이더리움재단 측은 한 달쯤 뒤에 그 해결책으로 프로토콜을 업그레이드하는 조치를 취했습니다. 이것이 바로 하드 포크입니다.

하드 포크는 참여자들의 과반수 이상 지지에 따라 성공여부가 갈리는데, 당시 이더리움 블록체인 참여자 85% 이상이 소프트웨어를 업그레이드하는 데 동의했습니다. 이 과정에서 하드 포크에 동의하지 않는 개발자그룹은 기존 체인에 그대로 남았고, 하드 포크로 생긴 새로운 갈래가 이더리움클래식이 된 겁니다.

이 같은 하드 포크는 해당 코인 가격에 엄청난 영향을 미칩니다. 물론 하드 포크로 인해 새로운 가상화폐가 만들어지면 기존 체인 참여자들에게 이른바 '코인 배당'이 돌아간다는 점에서 호재로 받아들여집니다. 비트코인 하드 포크로 비트코인캐시(BCH)가 생겨날 때, 종전 비트코인 소유자들이 보유 코인 수와 동일한 수의 비트코인캐시를 배당으로 받게 된 것이 대표적 사례입니다.

다만 이론적으로는 하드 포크 이후 기존 코인에 대한 수요가 어떨지, 새롭게 갈라져 나온 새 코인에 대한 수요는 어떨지를 사전에 가늠할 수 없기 때문에 불확실성을 우려해 단기적으로 코인 가격이 하락하는 게 정상입니다. 물론 하드 포크가 완료되어 블록체인이 쪼개지고 나면 가격이 회복되곤 했습니다.

이처럼 하드 포크의 영향력이 큰 만큼 이를 둘러싼 혼란도 있습니다. 라이트코인의 경우 '하드 포크를 한다 만다'를 두고 가격이 급등락하기도 했습니다.

반면 사용자 기능이 블록체인에 반영되지 않도록 하면서 채굴 규칙이나 해킹 방지용 필터링을 바꾸거나 추가하는 등 블록체인에 소소한 영향만 미치는 업데이트를 '소프트 포크(Soft Fork)'라고 합니다.

비트코인 초보자를 위한 꿀팁

가상화폐는 블록체인 내부 개선사항을 반영하거나 오류를 바로잡기 위해 포크라는 행위를 통해 새로운 코인을 만들어내기도 합니다. 이는 모태가 되는 코인에도, 갈라져 나온 코인에도 모두 호재가 될 수 있으며, 가상화폐가 가지는 잠재력이 되기도 합니다.

질문
TOP 12

가상화폐도 그 특성에 따라
구분이 가능한가요?

많은 분들이 주식투자를 하고 있을 텐데, 주식시장에 상장되어 있는 주식은 하나하나가 다 다르죠. 주식은 그것을 발행한 기업을 대표하는 증서인 만큼 해당 기업 상황에 다른 논리를 가질 수밖에 없는데, 다만 이해하기 쉽도록 우리는 다양한 분류법으로 특성이 비슷한 주식들을 묶어주곤 합니다. 스타일 관점에서 성장주와 가치주로 나누기도 하고, 시가총액 크기에 따라 대형주와 중형주와 소형주로, 업종에 따라 반도체주와 자동차주와 소비재주 등으로 나누기도 합니다.

이와 마찬가지로, 가상화폐시장에서도 현재 전 세계적으로 약 1만 종에 이르는 코인들이 난립하고 있는 것으로 알려져 있습니다. 그리고 그 코인들은 주식과 같이 각자 발행 주체가 다르고, 가지고 있는 특성이 다릅니다. 그렇다 보니 주식처럼 어떤 기준으로 이 코인들을 분류할 수 없을까 시도합니다.

전통적으로 가상화폐는 크게 세 가지 부류로 나눠볼 수 있습니다. 첫째는 화폐로서의 역할을 하는 파이낸스(Finance) 계열이고, 둘째는 분산화된 플랫폼을 지향하는 비즈니스 플랫폼(Business platform) 계열이고, 셋째는 블록체인 기술을 제공하는 블록체인 플랫폼(Blockchain platform) 계열입니다.

비트코인과 리플(XRP)처럼 화폐로서의 역할을 충실히 하고자 하는 파이낸스 계열의 코인은 각종 거래나 지급결제 수단으로 쓰이기 위해 그에 맞는 기술 개발과 사업계획을 세워 실행하고 있습니다. 넴(Nem)이나 라이트코인(Litecoin), 리플, 스텔라(Stellar), 카르다노(Cardano), 모네로(Monero), 지캐시(Zcash), 대시(Dash) 등은 비트코인과 마찬가지로 화폐 기능을 가지려는 코인들인데, 이 가운데 리플과 스텔라, 카르다노 등은 지급결제와 송금에 특화되었고, 대시나 지캐시, 모네로 등은 익명성에 방점을 둬 프라이버시 기능을 강화했다는 차별된 특성이 있습니다.

비즈니스 플랫폼을 목표로 한 코인들은 부동산이나 자산관리, 물류, 인적자원 관리, 유통, 광고, 보험, 엔터테인먼트, 교육 등 다양한 분야에서 분산화한 장부 정리와 강력한 보안을 바탕으로 기존 인터넷상에서의 서비스를 블록체인으로 옮기는 작업을 진행하고 있습니다. 이더델타(Etherdelta) 외에도 에버마켓츠(Evermarkets), 카운터파티(Counterparty), 인슈어(Insure)X, 체인댓(Chainthat) 등이 분야에 속합니다.

끝으로 블록체인 플랫폼 기능을 원하는 코인들은 자신의 블록체인을 바탕으로 다양한 토큰(Token)들이 생성될 수 있도록 해 블록체인과 가상화폐 생태계를 만들고 있습니다. 스마트 계약(smart contract)에 특화한 이더리움과 이오스, 네오(Neo) 등이 이에 속하며, 더 빠른 컴퓨팅을 위한 트루빗(Truebit), 보안에 활용하는 제플린(Zepplin)OS, 물리적·지적 재산을 거래할 수 있도록 하는 법적 계약

이행을 위한 매터리움(Mattereum) 등도 있습니다. 또한 이름 그대로 사물인터넷(IoT) 네트워크에 블록체인 기술을 확장시켜 기업간(B2B) 거래로 기술적 자원이나 서비스를 수수료 없이 공개 장부 내에서 거래할 수 있도록 하겠다는 아이오타(IOTA)도 같은 부류라고 할 수 있겠습니다.

일각에서는 아예 기능에 따라 코인을 더 세분화하기도 합니다. 컴파운드(Compound)라는 벤처캐피털에서 파트너로 일하고 있는 조시 누스바움(Josh Nussbaum)이라는 인물이 여덟 가지 종류로 나눈 코인 분류체계는 널리 통용되고 있습니다. 화폐(Currencies)와 개발자용 플랫폼(Developer tools), 주권(Sovereignty), 핀테크(Fintech), 가치교환(Value exchange), 데이터 공유(Shared data), 증명(Authenticity), 기타 등입니다.

다만 이 같은 분류들은 산업적인 측면에서의 분류라고 하겠습니다. 어차피 최근 규제 우려가 커지고 있는 상황인 만큼 금융당국이 정책적 측면에서 코인을 분류하는 체계는 더 중요할 수 있겠습니다.

코인은 그 경제적 기능에 따라 크게 세 가지로 구분되는데, 이런 분류법을 처음 도입한 곳은 미국 금융감독당국인 증권거래위원회(SEC)였지만 그보다 먼저 이를 공식화하고 법에 명문화한 곳은 스위스금융감독청(FINMA)이었습니

유틸리티 토큰과 증권형 토큰 비교

유틸리티 토큰	증권형 토큰
디지털 쿠폰	투자
제품 및 서비스 가치	투자가능자산 가치
법적규제 없음	증권거래법 준수
소유권 없음	소유권 있음
사용 가치	보유 가치

출처: 미국 SEC

다. FINMA에 따르면 가상화폐는 지불형 토큰(payment tokens), 유틸리티형 토큰(utility tokens), 자산형 토큰(asset tokens)으로 크게 구분됩니다.

지불형 토큰은 상품이나 서비스의 대가를 지불하는 수단으로 쓰이는 토큰을 말하며, 유틸리티형 토큰은 블록체인 상의 응용프로그램이나 서비스에 접근을 제공하는 용도로 사용되는 토큰입니다. 이에 비해 자산형 토큰은 채권과 주식처럼 자산 또는 자산에 대한 권리를 나타내는 용도로 쓰이는 토큰입니다. 이 중에서도 자산형 토큰은 사실상 증권(security)에 준하기 때문에 증권거래법에 따라 엄격한 규제를 적용받게 됩니다. 이 분류 방법은 이 책의 뒷부분에 설명할 예정입니다.

우리 금융당국이 가장 많이 벤치마킹하는 일본 금융청(FSA)도 SEC나 FINMA와 대체로 유사한 방식으로 가상화폐를 구분하고 있습니다. FSA는 가상화폐를 발행자가 없는 코인, 발행자가 있는 코인, 수익을 배분해야 할 의무를 가진 코인으로 나누고 있습니다. 여기서 수익을 배분해야 할 의무를 가진 코인이 SEC와 FINMA가 말하는 자산형 또는 증권형과 거의 같은 개념입니다.

현재로선 규제당국의 칼날에 맞을 수 있는 가상화폐는 증권형입니다. 과거 증권거래법에 따라 발행되지 않았지만, 이제는 증권과 같은 개념으로 분류되다 보니 소급 적용을 받게 된 사례입니다. SEC에 제소 당해 법정 공방을 벌이고 있는 리플이 가장 대표적입니다.

반면 지불형과 유틸리티형은 상대적으로 그런 규제로부터는 안전한 편이지만, 최근 중앙은행이 발행하는 디지털화폐(CBDC)*가 등장한다는 소식이 들리면서 지불형도 견제를 받을 수 있다

> **중앙은행 디지털화폐(CBDC)**
> 각국 중앙은행이 발행하는 디지털화폐로, 종이로 인쇄되지 않는 대신에 블록체인 또는 자체 개발한 네트워크 상에서 발행되고 관리되는 디지털 상의 법정화폐

는 우려가 나오고 있습니다. 그나마 이더리움처럼 활용도가 높은 유틸리티형이 각광받는 편이긴 한데, 결국은 시기별로 나오는 재료에 따라 이들 세 코인들의 희비가 엇갈릴 것으로 보입니다.

비트코인 초보자를 위한 꿀팁

가상화폐도 그 성격과 기능 등에 따라 다양하게 분류되며, 통상적으로는 지불형과 유틸리티형, 자산형으로 나닙니다. 주식시장에서 대형주가 강한 장세, 성장주가 오르는 시기가 있듯이 코인시장에서도 각 시기별로 나오는 재료에 따라 이들 세 분류의 가상화폐는 비슷한 패턴의 등락을 보이곤 합니다.

비트코인 고래는
누구를 일컫는 말인가요?

'개미' 또는 '개미투자자'라는 단어를
한 번쯤은 들어봤을 겁니다. 흔히 개인투자자들을 통칭하는 말로, 대규모로 자
금을 굴리는 기관투자가나 외국인투자자와 대비되는 개념으로 사용하고 있죠.
정확하게 말하자면 '소액투자자' 정도로 해석 가능하겠습니다.

가상화폐시장에서도 소액으로 투자하는 개인들의 숫자가 국내에서만 500만
명이 넘는다고 하고, 전 세계적으로는 2억 명에 육박할 정도입니다. 이에 반해 매
우 큰 규모로 비트코인을 보유하고 있는 투자자들을 고래(Whale)라고 부릅니다.
그 주체가 개인이든, 기관투자가든, 법인이든 관계없이 거액을 비트코인으로 굴
리고 시장 영향력이 큰 투자자면 누구나 고래라고 할 수 있습니다.

증권거래소에 상장된 주식과 가상화폐 거래소에 상장된 비트코인을 비교할
때 차이라면, 비트코인에는 따로 지분분산요건이 없다는 겁니다. 국내 한국거래

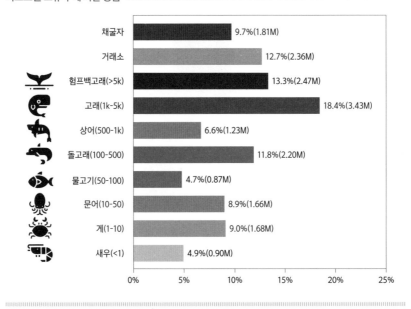

채굴자		9.7%(1.81M)
거래소		12.7%(2.36M)
험프백고래(>5k)		13.3%(2.47M)
고래(1k-5k)		18.4%(3.43M)
상어(500-1k)		6.6%(1.23M)
돌고래(100-500)		11.8%(2.20M)
물고기(50-100)		4.7%(0.87M)
문어(10-50)		8.9%(1.66M)
게(1-10)		9.0%(1.68M)
새우(<1)		4.9%(0.90M)

출처: 글래스노드

소에서 유가증권(코스피)시장에 상장하려면 회사가 가진 전체 주식수의 25% 이상을 일반투자자들에게 팔아야만 합니다. 해당 기업이나 그 기업의 최대주주들이 너무 많은 주식을 가지고 있으면, 그들의 입김에 따라 주식 가격이 쉽게 변동될 수 있기 때문이죠. 그러나 비트코인에는 그런 규정이 따로 없습니다.

그래서 비트코인은 2017년까지만 해도 전체 발행 코인수의 40% 가까이를 전 세계 1천 명 정도의 고래가 가지고 있었다고 합니다. 지금도 전 세계에서 유통되는 비트코인의 7.18% 정도를 3명 또는 3곳의 고래가 가지고 있습니다. 비트코인 창시자로 알려진 사토시 나카모토와 장기적인 비트코인 매니아인 쌍둥이 윙클보스 형제, 초기 비트코인과 블록체인에 집중투자한 벤처캐피털리스트인 팀 드레이퍼, 세계 최대 비트코인 간접투자상품을 운용하고 있는 그레이스케일 인베스트먼트를 세운 배리 실베르트가 이들 '빅3 고래'입니다.

또한 비트코인 총 유통물량의 3분의 1 정도를 상위 100명의 고래들이 차지하고 있습니다. 최근 비트코인투자자의 저변이 확대되면서 이 같은 독점 구조가 약해지곤 있지만, 여전히 고래가 이 시장에서 중요한 이유입니다. 다만 지금은 비트코인 개당 가격이 워낙 많이 뛴 만큼 1,000BTC 이상만 가지고 있어도 '비트코인 고래'로 분류하고 있습니다.

이처럼 비트코인투자자가 늘어나고 있고, 비트코인 가격 상승으로 분류 기준 자체가 완화된 덕에 비트코인 고래 숫자는 계속 늘어나고 있습니다. 특히 주식시장에서 단기투자를 통해 절대수익률을 추구하는 헤지펀드 정도를 제외하고는 기관투자가들이 대체로 장기투자를 하듯, 비트코인시장에서도 큰손 고래들은 장기투자를 선호하는 편입니다. 그래서 이들은 비트코인 가격이 하락할 때마다 저가에 매집을 계속하면서 보유 물량을 늘려가는 경향이 있죠.

그런 점에서 이처럼 비트코인 고래가 늘어나고 있다는 건 비트코인 가격에도 호재가 될 수 있습니다. 비트코인을 대거 사들여서 이를 중장기로 투자하는 투자자가 늘어나는 것이니, 시중에 사고팔기 위해 유통되는 비트코인의 양이 그만큼 줄어든다는 뜻인 거죠. 또한 이는 비트코인 가격이 과거보다 작은 양의 매수세에 의해서도 더 높이 올라갈 가능성이 높아진다는 뜻이 되기도 합니다.

반면 이렇게 고래들이 늘어날 경우 특정한 큰손들의 매매전략에 의해 비트코인 가격이 인위적으로 올라가고 내려갈 수 있는 가능성이 그만큼 커진다는 뜻도 되는 겁니다. 이렇게 유통물량이 줄어들고 특정한 고래들의 행태에 따라 가격이 움직인다면 변동성도 커질 수밖에 없는 게 당연한 이치입니다.

그래서 비트코인 투자자라면, 바다 속에서 유유히 헤엄치면서 큰 입을 벌려

먹이를 쓸어담다가 가끔씩 호흡을 위해 바다 위로 올라오는 고래의 행태를 제때, 잘 파악해야 할 필요가 있습니다.

트위터 상에서는 이들 비트코인 고래의 움직임을 적기에 확인해서 알려주는 '웨일 얼럿(Whale Alert)*'이라는 전문가그룹이 활동하고 있습니다. 샌티먼트(Santiment)나 크립토퀀트(CryptoQuant)처럼 보고서를 통해 고래들의 수나 보유물량, 비트코인을 거래하기 위해 거래소 월렛으로 옮겨놓은 비트코인 수들을 정기적으로 분석해주는 업체들도 존재합니다. 이를 잘 활용해야만 고래 싸움에 등 터지는 새우(개미투자자) 신세가 되지 않을 수 있습니다.

특히 최근에는 그레이스케일 인베스트먼트가 운용하는 '그레이스케일 비트코인 트러스트'라는 세계 최대 간접투자상품이나 전 세계 기업들 중에서 가장 많은 비트코인을 들고 있다는 나스닥시장 상장사인 마이크로스트래티지(Microstrategy) 등의 움직임을 제대로 간파하지 않을 경우 시장 흐름에서 완전히 뒤처질 수도 있습니다. '학습하는 개미'만이 살아남는 시대가 되고 있습니다.

비트코인 초보자를 위한 꿀팁

모든 자산시장이 그렇듯, 비트코인시장에도 대규모 자금으로 큰 물량을 움직이는 비트코인 고래들이 존재합니다. 특히 역사가 짧은 비트코인은 주식처럼 지분 분산요건이 따로 없는 탓에 아직도 거대 고래들의 움직임에 따라 시세가 연동되는 리스크가 있는 만큼 이들의 행보를 면밀하게 살펴보면서 투자전략을 세울 필요가 있습니다.

토큰과 코인은
어떻게 다른가요?

가상화폐와 관련된 글을 읽다 보면 '코인(Coin)'이라는 단어와 '토큰(Token)'이라는 단어를 자주 접하게 됩니다. 이 둘은 가상화폐를 얘기할 때 가장 많이 거론되는 단어이기도 하면서, 또 한편으로는 사람들이 별다른 개념 구분 없이 자주 혼용하는 단어이기도 합니다. 여기서는 가상화폐에 대한 이해도를 높인다는 차원에서 간략하게 설명해보려 합니다.

가상화폐는 기본적으로 블록체인 네트워크를 기반으로 하고 있다고 앞서 설명 드렸습니다. 그렇다 보니 가상화폐를 발행하는 기업, 보다 정확하게는 프로젝트는 저마다의 블록체인 네트워크를 가지고 있어야 합니다. 어떤 프로젝트는 독자적인 네트워크를 직접 만드는 경우가 있고, 또 다른 프로젝트는 다른 가상화폐 블록체인 네트워크를 가져와서 활용하는 경우가 있습니다.

이때 해당 가상화폐가 돌아가는 독자적인 블록체인 네트워크를 '메인 네트워크(Main Network)'라고 하고, 이를 줄여서 메인넷이라고 부릅니다. 이렇게 자체 메인넷을 가지고 있는 가상화폐를 코인이라고 하는데, 대표적인 가상화폐인 비트코인과 이더리움은 물론이고 퀀텀(QTUM)과 스팀(STEEM), 넴(NEM), 이오스(EOS), 네오(NEO) 등이 이에 속합니다. 반면 독자적인 메인넷을 가지고 있지 않은 가상화폐를 토큰이라고 합니다. 이들은 주로 비트코인과 이더리움, 퀀텀과 이오스 등의 네트워크를 활용해 토큰을 발행하게 됩니다.

메인넷은 독립적인 블록체인 생태계를 구성하는 것을 얘기하는데, 컴퓨터나 스마트폰에 사용되는 운영체제(오퍼레이팅 시스템·OS) 정도로 이해하면 쉬울 듯합니다. 아이폰의 경우 iOS라는 독자적인 모바일 OS를 사용하면서, 그 생태계 내에 들어와 있는 수많은 어플리케이션을 자체 앱스토어에서 다운받아 사용할 수 있도록 합니다. 삼성전자나 구글, 소니 등에서 만드는 스마트폰들은 안드로이드라는 OS로 돌아가고 구글 플레이스토어라는 별도의 앱스토어가 존재합니다. 이런 iOS와 안드로이드가 메인넷이고 코인이라고 볼 수 있습니다. 반면 이런 메인넷을 이용해서 돌아가는 앱은 '댑(DAPP·탈중앙화된 앱)'이라고 하며, 이런 댑이 토큰이라고 볼 수 있습니다.

iOS나 안드로이드처럼 현재 가상화폐에서 가장 널리 활용되고 있는 블록체인 네트워크(메인넷)는 바로 이더리움입니다. 이 이더리움을 기반으로 발행된 토큰은 ERC-20*(Ehereum Request for Comment)라는 표준을 따르는데, 테더(USDT) 정도를 제외한 대부분의 스테이블코인과 유니스왑의 UNI나 스시스왑의 스시(SUSHI) 등의 디파이 토큰 등

ERC-20

이더리움 네트워크 상에서 유통할 수 있는 토큰을 만들기 위한 표준 사양으로, 이를 통해 발행한 토큰은 스마트 계약을 지원받을 수 있고 토큰들 간의 상호 호환도 가능합니다

상당수가 이에 속합니다.

  그렇다면 여기서 궁금증이 생깁니다. 왜 모든 가상화폐가 처음으로 자신만의 메인넷을 만들어 코인이 되지 않고, 남들의 메인넷을 빌려서 토큰으로 시작하느냐 하는 겁니다. 이는 메인넷을 만드는 덴 오랜 시간과 많은 투자금이 필요하고 이를 개발할 수 있는 인력과 독자적인 기술력이 필요하기 때문입니다. 이 때문에 ERC-20 등과 같은 표준을 활용해서 토큰을 찍어 자금을 조달한 뒤 이를 통해 시간을 갖고 메인넷을 개발해나가기 위함입니다.

  결국 토큰으로 시작해 차차 코인으로 발전해가야 하는 겁니다. 그동안 가상화폐시장에서 이런 과정을 잘 밟은 성공적인 프로젝트는 이오스나 트론 정도입니다. 이더리움 기반으로 시작한 퀀텀은 2017년 9월 메인넷을 출시하면서 코인으로 성장했고, 이후에는 또 다른 토큰들이 퀀텀 플랫폼을 기반으로 생겨나는 데 기여했습니다. 이보다 한 발 늦게 이오스는 2017년 5월에 토큰을 발행해 자금을 조달한 뒤 자체 메인넷 개발 계획을 밝혔습니다. 그러고는 1년이 채 안 되는 341일간의 대장정을 2018년 6월에 마치고 자체 메인넷을 공개하면서 토큰이 코인으로 전환하게 되었습니다.

이때 토큰에 투자하고 있는 투자자라면 해당 토큰 프로젝트가 자체 메인넷을 개발을 언제쯤 할 것인지에 집중할 필요가 있습니다. 독자적인 메인넷을 출범했다는 건, 프로젝트를 성공시킬 수 있는 최소한의 기술력을 가지고 있다는 걸 확인시켜준 것이니 그 자체로 토큰 가격이 올라갈 수 있는 호재입니다. 반대로 메인넷 개발에 실패하거나 출범 이후 그 결과가 실망스럽다면 오히려 토큰 또는 코인 가치가 하락할 수 있으니 말입니다.

같은 맥락에서, 토큰이라고 해서 모두가 메인넷을 만들어 코인으로 전환할 필요는 없습니다. 댑은 기존 앱과 달리 탈중앙화한 방식인지라 구글이나 애플로부터 어떠한 간섭도 받지 않기 때문에 독자적인 메인넷 없이도 자유롭게 비즈니스를 해나갈 수 있습니다.

비트코인 초보자를 위한 꿀팁

독자적인 블록체인 네트워크를 가지고 있느냐 없느냐에 따라 가상화폐는 크게 코인과 토큰으로 나눌 수 있습니다. 주로 이더리움 네트워크를 활용해 발행하는 토큰은 차후 자체 메인넷을 만들어 코인으로 전환할 수 있는데, 이 과정이 성공적이라면 이는 토큰 가격을 끌어올리는 호재가 될 수 있습니다.

가상화폐도
증권인가요?

'가상화폐는 진짜 화폐인가'라는 질문
은 지난 2017~2018년 우리 사회를 뜨겁게 달군 화두 중 하나였습니다. 정규방
송에서 이를 주제로 한 전문가들의 긴급토론이 편성되었고, 이 프로그램은 이례
적으로 높은 시청률을 기록했던 것으로 많은 사람들의 기억에 남아 있습니다.

그러나 2020년부터 다시 시작된 가상화폐 랠리과정에서는 이런 논쟁은 그리
많지 않았는데, 최근 대부분 투자자들은 가상화폐를 화폐로 인식하기보단 '투
자를 통해 수익을 낼 수 있는 자산' 정도로 이해하고 있기 때문입니다. 실제로
도 골드만삭스니 JP모건이니 하면서 이름만 대면 다들 아는 금융회사들이 비트
코인에 투자한다고 하니 말입니다.

국내에서도 투자자들이 늘어나다 보니 금융시장을 총괄하는 금융위원회가
나서서 가상화폐시장에 대한 규율을 바로잡으려 하고 있습니다. 그런데 이 대

목에서 가상화폐를 주식, 채권 등과 같은 증권*(Security)으로 봐야 하는지 의문이 생겨납니다. 불행하게도 국내에선 가상화폐가 자본시장법 상에 규정조차 되어 있지 않아 증권인지 여부는 고사하고, 투자할 만한 자산인지 여부에 대한 판단도 내려져 있지 않습니다.

반면 전 세계 금융의 허브(Hub) 역할을 하는 미국에서는 이미 오래전부터 이에 대한 논의가 진행되어왔고, 지금 우리의 금융위원회에 해당되는 미국 금융감독당국인 증권거래위원회(SEC)는 독자적인 유권해석에 따라 증권에 해당되는 가상화폐에 대해선 연방 증권거래법에 따라 강도 높은 규제의 칼날을 들이대고 있습니다.

미 SEC는 지난 70년 이상 '특정 금융투자상품이 증권이냐 아니냐'를 판단하는 잣대로 '하위 테스트(Howey Test)'라는 기준을 적용하고 있습니다. 하위 테스트는 1946년 미국 플로리다에 오렌지 농장을 가진 W. J. 하위라는 농장업체가 SEC와 벌인 법적 공방에 대해 대법원이 내린 판결을 준용한 기준입니다.

당시 하위 측은 플로리다 오렌지 농장에서 직접 경작해 생산된 오렌지를 내다 팔아 이익을 냈지만, 농장 절반만 직접 소유했을 뿐 나머지 농장 땅 절반은 미국인들에게 쪼개서 분양해 팔았습니다. 이때 농장 땅 절반을 분양 받은 개인들은 농장에서 직접 농사를 짓겠다는 생각은 없었고, 대부분이 투자 목적이었습니다. 이를 간파한 하위 측은 더 비싸게 땅을 팔기 위해 투자하는 개인들에게 '농장에서 재배하는 농작물 작황에 따라 수익금을 더 주겠다'는 계약조건을 내걸었습니다.

일반화하면 하위 테스트의 기준은 크게 네 가지로 나눌 수 있다.

- 자금 투자가 이뤄지고(Investment of money)
- 그 자금이 공동사업에 투자되고(In a common enterprise)
- 투자에 따른 이익을 기대할 수 있고(With an expectation of profits)
- 그 이익은 타인의 노력으로 발생된다(From the efforts of others)

출처: 미국 SEC

이 부동산 계약에 대해 SEC는 "투자에 따른 수익을 보장한 만큼 증권 투자계약으로 봐야 한다"면서 미리 SEC에 증권으로 등록하지 않은 하위 측을 증권거래법 위반으로 고발 조치했습니다. 이 재판에서 연방 대법원도 "하위가 소유한 농장의 수확물 역시 분양된 농장 수익과 연계된 것으로 볼 수 있다"며 이를 투자계약 또는 증권으로 볼 수 있다고 판결해 SEC의 손을 들어줬습니다.

이 유권해석에서 대법원이 증권으로 판단한 하위 테스트의 네 가지 기준은 ① 자금 투자가 이뤄지고(Investment of money), ② 그 자금이 공동사업에 투자되고(In a common enterprise), ③ 투자에 따른 이익을 기대할 수 있고(With an expectation of profits), ④ 그 이익은 타인의 노력으로 발생된다(From the efforts of others)는 것이었습니다.

이를 쉽게 이해하도록 돕기 위해 제이 클레이튼 전 SEC 위원장은 한 강연에서 가상의 '세탁기 토큰'을 예로 들어서 설명했습니다. 그는 "옷을 빨기 위해 세탁기를 돌려야 할 때 동전처럼 투입하는 세탁기 토큰이 있다면 이는 증권이 아니지만, 내년에 오픈하게 될 세탁소에서 쓸 수 있는 토큰을 지금 미리 팔면서 '내년엔 가격이 더 뛸 거야'라는 기대를 갖게 만들었다면 이는 증권이라고 봐야 한다"고 말했습니다.

이런 기준에 따라 SEC는 한때 시가총액 기준으로 세계 3위까지 올랐던 리플(Ripple)사의 리플코인(XRP)을 증권거래법 위반으로 제소했고, 지금 재판이 한창 진행 중입니다. 동일한 잣대로 이미 발행되어 거래되고 있는 많은 가상화폐들도 SEC로부터 철퇴를 맞을지 모릅니다.

아직은 기준 자체가 없지만, 우리 금융당국도 앞으로 SEC의 판단 기준을 따를 가능성이 높은 만큼 투자하기 전에 증권에 해당할 만한 코인이나 토큰에 대해서는 신중하게 투자를 결정할 필요가 있습니다. 가상화폐가 증권으로 인정받는다면 그 자체로 주류 금융시장에 편입되었다는 뜻이지만, 그만큼 강화된 투자자 보호 장치나 투명한 공시 강화 등 뒤따르는 책임과 부담도 커진다는 걸 잊어선 안 될 겁니다.

비트코인 초보자를 위한 꿀팁

최근 가상화폐가 주류 투자자산으로 널리 인정받으면서 그 지위가 높아졌지만, 그런 만큼 져야 하는 부담도 커지고 있습니다. 가상화폐를 증권으로 봐야 하는지 여부에 대한 기준이 이미 확립된 미국에서는 증권거래법 위반 여부를 따지는 법적 분쟁이 늘어나고 있는 만큼 국내에서도 이에 대비한 투자 전략을 짜는 일이 중요해졌습니다.

가상화폐에
왜 젊은층이 열광할까요?

인터넷도, SNS도 그 확산세를 보면 일부 IT업종 종사자나 IT 매니아 층에서 시작된 관심이 IT에 친숙한 젊은층을 중심으로 빠르게 확산되었고, 일정 시점이 지나 대중화의 길로 갔다는 건 다들 아실 겁니다. 지금 우리가 지켜보고 있는 가상화폐 열풍 역시 이와 동일한 길을 걷고 있다고 볼 수 있습니다.

지난 2021년 6월 미국 경제전문매체인 CNBC가 미국 내에서 1천만 달러, 우리 돈으로 11억 원 이상을 굴리는 고액 투자자 750명을 상대로 실시한 설문조사에서 흔히 20·30세대를 통칭하는 '밀레니얼 세대'* 투자자 중 절반에 이르는 47%가 "운용하는 자산의 25% 이상을 가상화폐로 갖고 있다"고 답했습니다. 또한 밀레니얼 세대 투자자 셋 중 한 명은 자산 절반 정도를 가상화폐에 투자하고 있었습니다. 이보다 나이가 많은 세대들 중 자산의 10% 이상을 가상화폐에 투자한 경우는 단 한 명도 없었는데 말입니다.

특히 코로나19 팬데믹 이후 자산시장이 급등하고 정부가 제공하는 각종 지원금이 생기면서 가상화폐에 투자하는 사람들의 연령대는 더 낮아지고 있습니다. 2021년 5월에 야후파이낸스가 미국인 투자자 2천 명을 상대로 실시한 설문조사에서 조사 대상자 중 7%가 "재난지원금으로 받은 1,400달러를 가상화폐투자에 쓰겠다"고 답했는데, 연령별로 보면 18~24세 투자자는 10%가, 밀레니얼 세대 투자자는 무려 15%가 "가상화폐투자에 쓰겠다"고 답했습니다. 실제로도 미국 내 비트코인투자자들의 평균 연령은 2017년 37세에서 2021년 25세로 크게 낮아졌다고 합니다.

이런 현상은 우리나라에서도 비슷하게 나타납니다. 구인구직 플랫폼 사람인이 직장인 1,855명을 대상으로 조사했더니 40.4%가 "가상화폐에 투자하고 있다"고 응답했는데 연령별로는 30대가 49.8%로 가장 높았고, 20대가 37.1%였다고 합니다. 40대와 50대는 각각 34.5%, 16.9%에 그쳤습니다.

심지어 근로소득이 거의 없는 대학생들까지도 가상화폐투자에 적극적인 편이었습니다. 구인구직 아르바이트 포털 알바천국이 대학생 1,750명을 대상으로 설문조사를 실시한 결과 절반 이상(52.9%)이 가상화폐 열풍에 대해 "긍정적"이라고 답했습니다. 특히 응답자의 23.6%은 실제로 암호화폐에 투자 중이라고 했습니다.

이처럼 지금의 이 '비트코인 현상'의 기저에는 그 어느 때보다 강력한 젊은층

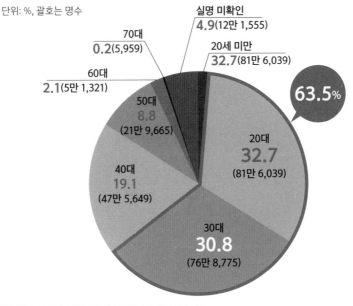

2021년 1분기(1~3월) 가상화폐 신규 투자자 현황

단위: %, 괄호는 명수

실명 미확인
4.9(12만 1,555)

70대
0.2(5,959)

20세 미만
32.7(81만 6,039)

60대
2.1(5만 1,321)

63.5%

50대
8.8
(21만 9,665)

20대
32.7
(81만 6,039)

40대
19.1
(47만 5,649)

30대
30.8
(76만 8,775)

※ 중복 포함. 국내 4대 거래소(업비트, 빗썸, 코인원, 코빗) 기준

출처: 권은희 국민의당 의원실

들의 지지가 자리잡고 있습니다. 이토록 젊은층이 비트코인에 열광하는 이유는 크게 세 가지로 나눠볼 수 있겠습니다.

첫째는, 높은 기술적 이해도와 신기술에 대해 상대적으로 낮은 거부감 때문입니다. 지금까지 살펴봐왔듯이, 비트코인을 이해하려면 그 저변에 있는 블록체인이라는 기술을 이해하는 게 필수적입니다. 비트코인을 주고받는 일이나 사고파는 일 또한 온라인 상에서 월렛과 앱을 통해 이뤄지고 있습니다.

둘째는, 비트코인이 가지는 기존 체제에 대한 저항, 나아가 체제 전복적인 메시지가 젊은층에게 제대로 어필되고 있는 겁니다. 앞서 얘기했던 대로 비트코인의 뿌리는 1980년대 미국 히피문화와 맞닿아 있고, 중앙에 있는 화폐 발행 및 관리기관이나 은행권을 배제한 개인 간(P2P) 거래라는 방식이 현 체제에 대한 불복종을 뜻하기도 합니다.

끝으로, 현재의 비트코인 현상은 글로벌 금융위기와 유럽 재정위기, 코로나19 팬데믹 위기 등이 이어진 탓에 기성 세대에 비해 상대적으로 열악한 고용과 임금, 자산형성 등에 불만을 가진 젊은 세대들이 가지는 기대감의 표출이기도 합니다.

이렇다 보니 생겨나는 문제도 있습니다. 무엇보다 현 체제와 시스템의 안정성을 지켜야 하는 기성세대들과 그들이 중심이 된 중앙정부로부터의 견제가 커질 수밖에 없습니다. 아울러 젊은층의 불만과 분노가 엉뚱하게도 무분별한 투자나 빚투(빚 내서 투자하는 현상)를 야기하기도 하면서 시장에 버블을 만들어내기도 합니다. 이런 점에서 결국 비트코인과 가상화폐가 주류로 완전하게 편입하기 위해서는 일부 젊은층이 열광하는 자산에서 벗어나 그 투자 기반을 넓혀야 하며, 그 과정에서 지속적으로 규제와의 싸움을 벌여야 하는 것입니다.

비트코인 초보자를 위한 꿀팁

IT에 대한 높은 이해도와 친숙함, 기성 세대나 시스템에 대한 불만, 낮은 소득과 적었던 자산 형성 기회로 인해 젊은층이 열광한 덕에 가상화폐시장이 초기부터 폭발적으로 성장할 수 있었지만, 이젠 이런 편향성이 오히려 시장에 위기가 되고 있는 상황입니다. 규제당국의 계속된 견제 속에서도 안정적인 투자 저변 확대를 이뤄낼 것인지가 향후 가상화폐 성장을 점칠 수 있는 바로미터가 될 것입니다.

가상화폐는 주식에 비해서는 그 역사가 아주 짧은 신생 투자자산이면서도 공급이 비탄력적이고 투자 저변이 폭넓지 못해 상대적으로 높은 가격 변동성을 가질 수밖에 없습니다. 특히 그중에서도 비트코인의 영향력이 절대적이라 그에 따라 전체 코인 가격이 변동하는 경향이 강합니다. 또한 가상화폐는 주식에 비해 투자정보가 많지 않고, 거래소 자체에 불안정성이 있는 만큼 리스크를 감안한 투자가 필요합니다.

3장

코린이가
궁금해하는
가상화폐투자
첫걸음

가상화폐투자는
주식투자와 어떻게 다른가요?

한 번이라도 주식에 투자해본 투자자라면 가상화폐투자가 그리 낯설거나 어렵지 않게 여겨질 겁니다. 주식과 가상화폐투자는 그만큼 닮은 점이 많기 때문일 겁니다. 그런데 사실 디테일을 따지고 보면 이 둘은 닮은 점만큼이나 차이점도 많습니다. 가상화폐에 처음 투자하려는 분들이라면 이런 차이점을 확실하게 인지하고 있어야만 제대로 된 투자 판단을 내릴 수 있을 것입니다.

다들 생각하듯이 가상화폐투자는 위험성이 높다고 할 수 있습니다. 대체로 투자자들은 가상화폐를 위험자산이라 생각하고 있고, 그런 점에서 대표적인 위험자산 중 하나인 주식과 비슷하게 여기고 있습니다.

위험자산이라고 하면 자연스레 '수익이 높은 만큼, 리스크도 높다(High risk, High return)'는 점을 떠올릴 것입니다. 최악의 시나리오가 아닌 한 원금이 보전되는 채권이나 예금 등과는 달리, 주식과 가상화폐는 투자원금이 허공으로 모두 다 사라지는 일이 드물지 않은 편입니다. 물론 그런 리스크가 가져다주는 상대적으로 높은 수익률은 이들 위험자산에 투자하게 만드는 장점이기도 합니다.

다만 가상화폐는 특유의 높은 가격 변동성 때문에 주식보다 훨씬 큰 투자 리스크를 가집니다. 특히 한국 주식시장에서는 투자자 보호를 위한 안전장치로 '일일 가격 변동폭'을 미리 정해두지요. 우리 증시라면 하루 동안 주가는 최대 30%까지만 올라가거나 내려갈 수 있도록 설계되어 있습니다. 전체 주가지수가 급등락할 때마다 단계별로 서킷 브레이커(Circuit Breakers)*라는 거래 중단 조치를 발령해 급등락을 막아주는 장치를 둡니다. 반면 가상화폐시장에는 그런 장치도 없습니다.

또 하나의 큰 특징은 가상화폐 거래시장이 하루 24시간, 1년 365일 중 단 1초도 쉬지 않고 돌아간다는 점입니다. 국내 가상화폐 거래소든, 해외 거래소든 간에 쉬지 않고 매매가 이뤄지다 보니 여차하면 언제든 사거나 팔 수 있다는 장점이 있는 반면, 밤에 잠을 자는 동안 예상치 못한 일들이 벌어져 시세가 급등락할 때 무방비로 당할 수밖에 없다는 단점도 있습니다. 이 때문에 많은 대학생들이나 젊은 직장인들이 밤을 뜬 눈으로 세운 탓에 다음날 강의 참석이나 근무에 어려움을 겪는 일도 비일비재하는 상황이라 사회문제화되고 있기도 합니다.

다만 이는 현금화라는 차원에서 보면 가상화폐시장이 가지는 큰 메리트 중

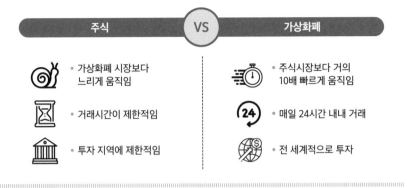

주식	VS	가상화폐
• 가상화폐 시장보다 느리게 움직임		• 주식시장보다 거의 10배 빠르게 움직임
• 거래시간이 제한적임		• 매일 24시간 내내 거래
• 투자 지역에 제한적임		• 전 세계적으로 투자

하나입니다. 24시간 내내 매매가 가능하니 코인을 팔고 싶을 때 팔면 되고, 이렇게 팔아서 생긴 돈은 언제든 인출할 수 있습니다. 주식시장만 해도 주식을 팔고 나면 '매매일(T)+2일'이라고 해서 매도한 날로부터 2영업일이 지난 뒤에야 현금을 인출하거나 이체할 수 있는 반면, 가상화폐는 팔고 난 직후 곧바로 현금을 찾아갈 수 있다는 장점도 있습니다.

그러나 가상화폐시장은 주식시장에 비해 상대적으로 생겨난 지 얼마 안된 터라 코인을 사고팔 때 부과하는 수수료율이 너무 높다는 문제가 있습니다. 알다시피 증권사들이 투자자들에게 부과하는 수수료는 0.1~0.01%까지로 매우 낮고, 심지어 최근엔 증권사들 간 경쟁으로 인해 일정 기간 또는 평생 수수료 무료 이벤트까지 벌이고 있죠. 반면 일부 거래소가 정액 쿠폰을 판매해 수수료율을 낮춰주기도 하지만, 현재 국내 4대 가상화폐 거래소들의 평균 거래 수수료율은 0.16%로 매우 높습니다. 물론 가상화폐 거래소들도 업력이 쌓이게 되고 거래소 간 경쟁이 더 치열해지면서 차츰 수수료율이 내려가긴 하겠지만, 지금 수준이라면 코인으로 단타 거래를 하는 일은 어지간한 투자수익이 아니라면 수월치 않을 수 있습니다.

끝으로 이 역시 가상화폐가 신생시장이다 보니 생기는 문제이긴 한데, 가상화폐는 주식에 비해 투자자들이 참고할 만한 투자정보나 지표 자체가 턱없이 부족하다는 단점이 있습니다. 주식만 해도 주가수익비율(PER)이나 주가순자산비율(PBR) 등으로 현재 주가 수준을 평가할 수 있는 지표도 있고, 금융당국이 운영하는 중앙집중형 기업공시시스템도 있어서 이것만 잘 뒤져도 투자하는 기업들의 구체적인 정보를 파악할 수 있습니다. 반면 코인들은 각 발행회사의 SNS를 뒤지거나 정확도가 떨어질 수 있는 인플루언서(Influencer) 등으로부터 얻는 정보에 의존해야 하는 경우가 대부분입니다.

또한 각 증권사들은 애널리스트 집단을 모은 리서치센터를 운영하면서 시장이나 각 개별 종목에 대한 다양한 투자 정보를 매일매일 쏟아내고 있지만, 가상화폐시장에서는 그런 공신력 있는 정보를 얻기가 매우 어렵죠.

아직은 가상화폐시장과 그를 둘러싼 투자 생태계가 좀더 성숙해져야 하며, 그러기까지는 시간이 더 필요합니다. 그 이전까지는 투자자 본인이 부지런히 정보를 파악하고 시장을 분석하는 노력을 해야 합니다.

비트코인 초보자를 위한 꿀팁

가상화폐는 투자에 따르는 리스크가 큰 만큼 고수익을 기대할 수 있다는 점에서 주식과 공통점을 가지지만, 변동성이 더 큰 탓에 위험도가 더 높긴 합니다. 24시간 거래가 이뤄지면서 어려움도 따르지만 그만큼 투자의 기회가 많고 현금화가 쉽다는 장점도 있습니다. 주식과의 차이점을 잘 감안해 자신의 투자성향에 맞는 투자 판단을 해야 합니다.

질문
TOP 18

가상화폐는
왜 가격 변동성이 큰가요?

2021년 초 제롬 파월 미 연방준비제도 (Fed·연준) 의장은 한 토론회에 참석해 가상화폐를 언급하면서 "가격 변동성은 매우 심하다. 그래서 가치 저장을 위한 유용한 수단이 아니며 오히려 투기 자산에 더 가깝다"며 그 가치를 평가 절하하는 발언을 했습니다.

높은 변동성만으로 가치 저장 수단으로서의 비트코인 역할을 부정한다는 건 어불성설이긴 하지만, 비트코인의 높은 가격 변동성 그 자체에 대해선 그 어떤 비트코인 지지자라 해도 사실이 아니라고 반박할 순 없을 겁니다.

이는 실제 데이터를 통해서도 잘 드러납니다. 우리가 흔히 특정한 자산의 변동성을 얘기할 때엔 '역사적 변동성'을 얘기하는데, 이는 통상 30일 또는 1년을 기준으로 그 기간 동안 가격이 얼마나 평균 이상에서 벗어나는지를 표준편차를 구해 계산합니다. 이 변동성을 측정하면 비트코인과 이더리움 등 가상화폐시장

출처: Woobull.com

대표 코인들은, 뉴욕증시의 스탠더드앤드푸어스(S&P)500지수로 구한 주식, 달러인덱스를 기초로 한 외환, 금 선물 가격을 기초로 구한 금 등에 비해 월등히 높은 수준임을 알 수 있습니다.

그나마 비트코인은 변동성이 낮은 편이고, 그외 비트코인을 제외한 여타 코인들인 알트코인은 그보다 변동성이 훨씬 더 높습니다. 그렇다 보니 앞서 언급한 대로 비트코인투자를 '고위험 고수익(High risk, High return)'이라고 하는 반면, 알트코인의 경우 '초고위험 무작위수익(Ultra risk, Random return)'이라고도 할 정도입니다.

그렇다면 가상화폐의 가격 변동성은 왜 이렇게 높은 걸까요? 무엇보다 가상화폐가 가지고 있는 본질적인 특성에 기인한다고 하겠습니다. 비트코인만 놓고 봐도 총 발행량이 제한되어 있는 가운데 공급량을 조절해주는 중앙은행과 같은 역할을 하는 기관이 없는 만큼 변동성이 커질 수밖에 없는 건 운명과도 같은 것입니다. 아울러 비트코인 채굴의 난이도 역시 발행량에 따라 조절되어 전체 채굴 속도를 조절하도록 설계되어 있는 만큼 비트코인의 공급은 비탄력적이며, 이런 비탄력성이 가격 변동성을 높여준다고 볼 수 있습니다.

가격발견 기능

미래의 자산 가격 형성에 대한 정보를 사전에 제공하는 기능. 선물 가격이 현물에 대한 가격 정보를 미리 줄 수도 있고, 공매도가 향후 주가 움직임에 정보를 미리 줄 수 있다는 점에서 가격발견 가능이 있다고 말하기도 함

아울러 이제 고작 13년 차를 맞는 비트코인은 다른 자산에 비해 출생한 지 얼마 안 된 신생자산에 가깝습니다. 그렇다 보니 가격이 역동적으로 움직이는 경향이 있으며, 특정한 호재나 악재가 나왔을 때 가격이 이를 얼마나 반영해야 할지에 대한 경험칙도 부족한 편입니다. 일종의 가격발견(Price Discovery) 기능* 이 발달하지 않았다는 뜻인데, 결국 이는 가격이 한쪽 방향으로 강한 쏠림을 받도록 만드는 요인이 되기도 합니다.

끝으로 한 가지 이유를 더 설명하자면, 비트코인의 경우에 전체 유통물량의 3분의 1 정도를 상위 100명의 고래(큰손)들이 가지고 있다고 했는데, 이 때문에 시장이 급등락할 때마다 고래들의 매수나 매도에 따라 시장이 생각보다 더 크게 휘청거릴 수도 있는 겁니다.

문제는 이처럼 큰 비트코인의 변동성을 어떻게 줄일 수 있는가 하는 점일 겁니다. 투자 관점에서는 최근 잇달아 등장하고 있는 비트코인 선물과 옵션 등 다양한 파생상품으로 인해 가격을 헤지(위험 회피)할 수 있는 수단이 늘어나고 있으니 큰 걱정은 필요 없을 듯합니다. 최근 들어 다수의 기관투자가들이 비트코인과 이더리움 등에 투자를 시작하고 있는 것은 이런 헤지 수단의 등장과 무관

하지 않아 보입니다.

아울러 실생활에서의 활용도라는 관점에서는 이 가격 변동성이 줄어야만 비트코인이나 다른 가상화폐들이 화폐로서의 기능을 어느 정도는 할 수 있을 겁니다. 그런 점에서 최근 잇달아 시도되고 있는, 특정 화폐나 실물자산에 연동함으로써 코인 가격을 안정화시키고자 하는 여러 스테이블 코인(Stablecoin) 프로젝트들이 성공하기를 기대해볼 수 있을 겁니다.

다만 비트코인이 가지는 이 같은 가격의 변동성을 반드시 부정적으로만 생각할 필요는 없다는 주장에도 한 번쯤 귀를 기울일 만합니다. 유력 헤지펀드 운용사 중 하나인 모건크릭캐피탈 매니지먼트를 세운 마크 유스코 창업주 같은 사람이 대표적인데, 그는 "비트코인의 가격 변동성은 적(敵)이 아니라 오히려 친구"라고 말합니다. 그러면서 "가격이 하락할 때 비트코인이 가지는 큰 변동성이 고통스럽긴 하지만, 길게 보면 어느 정도 고통을 감내하더라도 상승 쪽으로 변동성이 더 큰 자산을 보유하는 편이 훨씬 더 유리하다"고 설명합니다. 유스코 창업주의 말처럼, 비트코인은 11년 동안 한 해도 빠짐없이 매년 평균 223%씩 올랐던 자산인데 이 정도의 가격 변동성도 없다면 이 세상에 투자하지 않을 사람은 단 한 명도 없을 겁니다.

비트코인 초보자를 위한 꿀팁

공급량이 탄력적이지 않고 아직까지 가격발견 기능이 강하지 못한 데다 소수의 큰손들이 많은 양을 보유하고 있다는 점에서 비트코인을 비롯한 가상화폐는 높은 가격 변동성을 가집니다. 그러나 최근 이런 위험을 낮출 수 있는 헤지 수단들이 등장하고 있는 데다 투자자의 성향에 따라서는 가상화폐의 높은 변동성 자체가 투자 매력으로 받아들여지기도 합니다.

모든 가상화폐들의 가격은
왜 같은 방향으로 움직일까요?

언뜻 보면 모든 가상화폐들의 가격이 같은 방향으로 움직이는 듯 보일 수도 있습니다. 하지만 보다 정확히 얘기하자면, '상당수' 가상화폐들의 가격이 같은 방향으로 움직이는 것은 사실이지만 그렇다고 '모든' 가상화폐들이 한 방향으로 오르고 내리는 건 아닙니다.

다만 가상화폐들의 가격이 일정한 방향으로 비슷하게 움직이는 건, 기본적으로 시장 내에서 '대장주'로 불리는 비트코인의 영향력이 매우 크기 때문입니다. 전체 가상화폐시장 시가총액에서 비트코인이 차지하는 비중을 우리는 '비트코인 지배력(Bitcoin Dominance)'이라고 부르는데, 이 비중이 시시각각 바뀌긴 해도 가장 낮을 때에도 30%가 넘고, 높을 때엔 50%를 넘기도 합니다. 2021년 7월 기준으로는 46%를 살짝 넘어서고 있습니다.

이렇게 비트코인이 시장 전체에서 차지하는 비중이 크다 보니 비트코인 시세

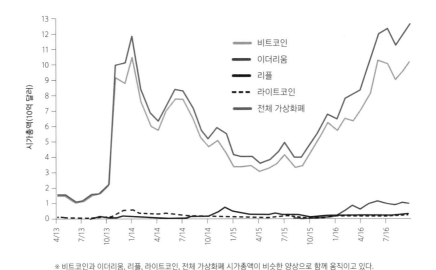

범례:
- 비트코인
- 이더리움
- 리플
- 라이트코인
- 전체 가상화폐

※ 비트코인과 이더리움, 리플, 라이트코인, 전체 가상화폐 시가총액이 비슷한 양상으로 함께 움직이고 있다.

출처: 코인마켓캡

가 어떻게 움직이느냐에 따라 여타 알트코인들의 가격이 결정된다고 해도 과언이 아닙니다. 이 때문에 비트코인이 하락할 때마다 알트코인들에 대한 투자심리도 악화될 수밖에 없고, 결국 비트코인 가격 하락이 시장 전체의 급락으로 연결되는 악순환이 벌어질 수 있습니다.

2021년 4월 이후 일론 머스크 테슬라 최고경영자(CEO)가 비트코인에 대해 비판적인 발언을 쏟아내자 비트코인 가격이 내려갔습니다. 이때 비트코인에 집중투자하는 펀드에서 자금이 빠져나갔고, 이 소식이 다른 코인들의 가격 급락까지도 부추기는 현상이 나타났습니다.

사실 알트코인 하나하나는 주식시장에 상장되어 있는 개별 기업들과 마찬가지다 보니, 해당 코인을 발행한 기업이나 재단이 애초에 백서(Whitepaper)*에서 약속한 대로 프로젝트를 잘 진척시키고 있느냐에 따라 가격이 움직이는 게 정상적입니다. 이는 아직까지 비트코인에 견줄 만한 알트코인이 등장하지 않고 있다는 시장의 한계를 보여주는 것일 수 있습니다.

> **백서(Whitepaper)**
> 원래는 영국 정부가 발간하는 공식 보고서를 일컫는 말이었다가 지금은 각국 정부 부처들이 내는 보고서를 통칭하는 말로 쓰임. 코인 프로젝트들이 내놓는 백서는 코인 소개와 프로젝트의 로드맵, 구성원 등의 정보를 담고 있음

물론 희망이 없는 것은 아닙니다. 코인시장의 2인자인 이더리움의 가파른 성장세가 그런 희망의 단초라고 볼 수 있습니다. 2021년 들어 비트코인 가격이 확연히 높아지자 기관투자가들은 비트코인의 대체재를 찾아 나섰는데, 그 과정에서 탄탄한 성장세를 보이고 있는 이더리움이 기관들의 눈에 든 겁니다. 플랫폼으로서의 기능과 스마트 계약(Smart Contract)이라는 비트코인과 차별화된 기능 덕에 여러 곳에서 쓰임새를 확인한 이더리움은 그 수요가 폭발적으로 늘어나고 있습니다.

특히 이더리움의 경우 시카고상품거래소(CME)에 올해 이더리움 선물이 상장되었고, 기관투자가나 개인 고객자산가들이 투자할 수 있는 이더리움 전용 간접투자상품(펀드)도 속속 등장하고 있어 비트코인을 위협하는 투자자산으로 인정받는 날도 머지않았다는 기대를 받고 있습니다.

문제는 앞으로 제2, 제3의 이더리움이 나와줘야 한다는 겁니다. 한때 시가총액 3위까지 치솟으며 이더리움을 바짝 뒤따르던 리플(XRP)이 미국 금융당국으로부터 기소 당하면서 주저 앉은 일로 인해 이런 기대가 현실화하는 덴 꽤 긴 시간이 필요하지 않을까 생각합니다.

앞서 언급한 대로, 주식시장처럼 코인시장에서도 각 개별 코인들이 각자의 호재와 악재에 따라 가격이 등락을 보이는 것이 정상이며, 그래야만 코인에 대한 실질적인 투자가 가능해지는 겁니다. 아무런 재료도 없는 어떤 알트코인이, 비트코인 가격이 뛴다고 함께 올라가서야 어디 정상이라 할 수 있을까요?

아울러 각 코인들이 각자의 논리로 움직여야만 주식시장에서의 개별장세 또는 종목장세가 가능할 수 있습니다. 전체 지수가 올라가지 않아도 똘똘한 종목 하나만 잘 고르면 돈을 벌 수 있다는 믿음이 생겨야 투자자 기반이 넓어지는 것입니다. 또한 그래야만 좋은 종목을 매수하고, 전망이 좋지 않은 종목을 매도하는 이른바 '롱숏(Long-Short) 전략'*을 활용하는 헤지펀드 자금이 적극적으로 유입될 수 있을 겁니다. 다양성이 시장을 보다 풍성하게, 그리고 활력 있게 만든다는 건 누구나가 인정하는 사실입니다.

비트코인 초보자를 위한 꿀팁

최근 이더리움이 빠르게 성장하고 있긴 하지만, 여전히 가상화폐시장에서의 전체 시가총액 중 절반 가까이를 비트코인이 차지하고 있습니다. 이렇다 보니 시장은 다양성을 가지지 못하고 개별 코인에 대한 전략을 구사하기 어렵습니다. 주식시장처럼 개별 코인 하나하나가 자신만의 재료로 등락하는 모습을 보이는 건강한 가상화폐시장을 앞당기는 일이 시급합니다.

가상화폐 시세는
어떻게 확인할 수 있나요?

가상화폐에 투자하기에 앞서 개별 가상화폐들의 가격이 어떻게 움직이는지, 거래는 얼마나 빠르게 늘어나는지 등을 미리 살펴보는 일은 필수 중의 필수입니다. 그렇게 가상화폐시장에 대해 친숙해지는 한편 얼마나 변동성이 큰 자산인지 직접 확인하는 작업이 선행되어야만 합니다.

이 대목에서 복잡한 부분은, 통상 하나의 증권거래소를 선택해 상장(기업공개·IPO)하는 주식과 달리 가상화폐는 여러 가상화폐 거래소에 중복해서 상장되어 있고, 같은 코인이라 해도 상장되어 있는 거래소에 따라 가격이 다 다르다는 점입니다. 그래서 자신이 계좌를 만들고 거래하고자 하는 거래소 홈페이지나 어플리케이션에서 가상화폐 가격을 확인하는 일이 기본이지만, 동일한 가상화폐가 다른 거래소에서 얼마에 거래되고 있는지를 파악하는 일도 중요합니다.

경제학에서는 흔히 '일물일가(一物一價)의 원칙*'이라고 해서 하나의 물건은 반드시 하나의 가격을 가진다고 말합니다. 그렇지 않고 하나의 물건이 지역이나 거래소 차이로 인해 서로 다른 가격을 형성하고 있을 경우엔 반드시 그 가격 차이를 이용해 돈을 벌고자 하는 차익거래가 생겨나고, 그 결과로 다시 가격이 하나로 수렴하게 된다고 합니다.

일례로, 같은 비트코인이 업비트라는 거래소에서는 100만 원에 거래되는 반면, 미국 거래소인 코인베이스에서는 2천만 원에 거래된다고 합시다. 이 경우 두 거래소 모두에 계좌를 만든 투자자가 업비트에서 1천만 원에 비트코인을 산 뒤 이를 코인베이스에서 2천만 원에 팔면 단번에 1천만 원의 차익을 얻게 됩니다. 이렇게 위험이 수반되지 않고 가격 차이에 따른 이익을 얻는 거래를 차익거래(Arbitrage)라고 합니다.

한동안 우리나라에서 문제가 되었던 '김치 프리미엄(Kimchi Premium)'이 바로 이런 현상이었죠. 동일한 코인이 한국 거래소에서 거래된다는 이유만으로 해외에서보다 더 비싸게 거래되니 자연스레 차익거래가 생겨났고, 그 결과 손해를 보는 쪽은 그 코인을 비싸게 사야했던 한국 투자자들이었던 것입니다.

우선 국내 거래소들에서의 코인 가격은 각 거래소 홈페이지에 가면 곧바로 확인할 수 있습니다. 해외 거래소라면 직접 계좌를 만들 수도 있지만 야후 파이낸스(Yahoo Finance)나 인베스팅닷컴(Investing.com)과 같은 해외 금융 사이트에서도 시세를 확인할 수 있습니다.

그러면 가상화폐에서는 전 세계 공통적으로 적용 가능한 시세는 없을까요?

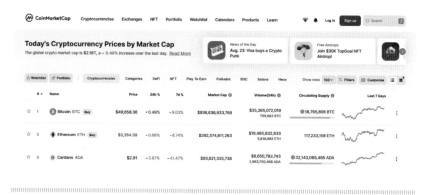

출처: 코인마켓캡 캡처

물론 있습니다. 코인마켓캡(Coinmarketcap.com)이라고 하는 사이트에서 그런 시세를 산출하는데, 이 사이트는 달러화로 거래되는 주요 가상화폐 거래소들로부터 시세를 받아 이를 평균값으로 보여줍니다. 그렇다 보니 많은 미디어들과 전문가들도 이 사이트에 표시된 가격을 통일된 코인 시세로 인정하고 있습니다.

여기서 또 다른 질문이 있을 수 있습니다. 주식의 경우 삼성전자나 SK하이닉스, 셀트리온 등 개별 주식의 가격은 물론이고 시장 전체 흐름을 보여주는 지수(Index)가 존재하는데, 코스피나 코스닥, 다우, 나스닥지수 등이 대표적으로 이 지수만 보면 시장 전체가 오르는지 내리는지 알 수 있죠. 이런 지수가 코인시장에는 없는 것일까 하는 질문 말입니다.

최근 기관투자가들이 늘어나고 몇몇 국가에서 비트코인 상장지수펀드(ETF)까지 등장하고 있는 만큼 해외에서는 수년 전부터 관련 지수가 속속 선보이고 있습니다.

뉴욕증시를 대표하는 주가지수인 스탠더드앤드푸어스(S&P)500지수를 산출하는 S&P사가 만든 코립토지수(Crypto Index)라는 것이 대표적으로, 총 243개의 코인 가격을 반영해 만든 지수입니다. 또한 미국을 대표하는 시장전문 매체인 블룸버그가 세계적인 가상화폐 전문 투자회사인 갤럭시디지털과 공동 개발한 블룸버그 갤럭시 크립토지수(Bloomberg Galaxy Crypto Index)도 유명합니다.

국내에서도 최대 가상화폐 거래소인 업비트를 운영하고 있는 두나무와 대표 투자정보업체인 에프앤가이드가 공동으로 국내에 상장되어 원화로 거래되는 대표 코인 5개를 기반으로 산출한 지수인 '에프앤가이드×두나무 톱5지수'라는 게 있습니다. 비트코인과 이더리움을 각각 30%씩, 나머지 40%는 리플과 에이다, 도지코인을 동일한 가중치로 반영해 산출하는 지수입니다.

비트코인 초보자를 위한 꿀팁

가상화폐 거래가 일반화되고 대중적인 인지도가 크게 높아지다 보니 각 가상화폐 거래소 홈페이지나 투자앱은 물론 금융관련 포털사이트나 투자사이트에서 쉽사리 코인들의 시세를 확인할 수 있습니다. 다만 가상화폐는 거래소나 거래 통화에 따라 시세가 다르기 때문에 늘 여러 시세를 비교해가며 살펴야 하며, 시장 전체 흐름을 보여주는 지수도 살펴야 할 필요가 있습니다.

코인에 투자할 때
어떤 원칙을 세워야 할까요?

지금은 저희 회사를 떠난 후배 기자 한 명이 2018년 초 한때 가상화폐투자로 5억 원에 가까운 평가이익을 낸 적이 있었습니다. 가상화폐에 크게 관심이 없던 기자였는데 비트코인이 연일 급등하고 주변에서 큰 돈을 벌었다는 얘기가 심심찮게 들리던 어느 날 제게 오더니 불쑥 "가상화폐에 투자 좀 했습니다" 하고 의기양양하게 말하더군요. "얼마나 투자했느냐"고 묻자 2천만 원쯤이라고 하더군요.

그 후배의 사회 경력을 감안할 때 너무 큰 돈이 아닌가 싶어 "혹 어떤 경로로 투자 정보를 얻어서, 어떤 코인을 샀느냐"고 하자, 지금은 사라져버린 한 알트코인을 얘기하더니 SNS 상에서 꽤 유명한 개인 투자전문가 말을 듣고 샀다고 했습니다. 그로부터 한 달쯤 지나 그는 2천만 원이 5억 원 가까이 되었다고 했고, 저는 "당장 인출해서 아파트라도 사라"고 했죠. 그랬더니 그 후배는 10억 원만

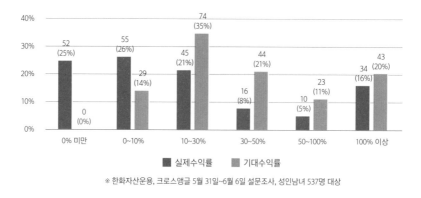

가상화폐 기대수익률 vs. 목표수익률 분포도

- 52 (25%)
- 55 (26%)
- 0 (0%)
- 29 (14%)
- 45 (21%)
- 74 (35%)
- 16 (8%)
- 44 (21%)
- 10 (5%)
- 23 (11%)
- 34 (16%)
- 43 (20%)

0% 미만 | 0~10% | 10~30% | 30~50% | 50~100% | 100% 이상

■ 실제수익률　■ 기대수익률

※ 한화자산운용, 크로스앵글 5월 31일~6월 6일 설문조사, 성인남녀 537명 대상

출처: 한화자산운용, 크로스앵글

채우면 팔겠다고 했고, 그 이후 결말은 얘기 안 해도 다들 아실 것 같습니다.

가상화폐든, 주식이든, 펀드든 어떤 투자자산이나 마찬가지일 테지만, 특히 시세 변동이 크고 투자에 따른 위험성이 높은 가상화폐에 투자하는 경우엔 투자를 시작하기 전에 스스로가 반드시 지키겠다는 투자원칙을 세워야 할 필요가 있습니다. 그렇지 않으면 앞서 소개한 제 후배 기자처럼 코인으로 큰돈을 만져 보겠다며 시작한 투자가 자칫 '한여름 밤의 꿈'이 되어버릴 공산이 크기 때문입니다.

여기에선 저의 가까운 후배에게 조언한다는 생각으로, 몇 가지 투자 원칙을 말씀드리겠습니다. 물론 이 원칙들을 따를지 여부는 독자 스스로가 판단할 부분이지만, 이에 따르지 않더라도 투자하는 내내 머릿속에 염두에 두고 있었으면 하는 바람입니다.

우선, 가상화폐에 처음 투자할 때부터 거액을 투자하지 말고, 일단은 소액으로만 시작했으면 합니다. 이때 투자하는 돈도 다른 용도가 있는 자금이 아닌, 철저히 여윳돈이면 더 좋습니다. 최대한의 손실을 내더라도 본인이 감당할 수 있는 성격의 자금을 소액으로만 우선 투자하라는 얘깁니다.

참고로, 세계 최대 자산운용사 중 하나인 피델리티 인베스트먼트의 경우 자사 고객들에게 "자신의 투자자산 중 5%만 비트코인에 투자하라"고 권고하고 있습니다. 이 비율은 개인에 따라 다 다르겠지만 통상 많아야 5%, 적게는 2% 정도를 적정 비율로 봅니다.

다음으로, 투자 판단은 자신의 머릿속에서 내리라는 겁니다. 물론 전문가의 조언이 필요한 영역이 있겠지만, 최종 투자 결정은 어디까지나 자신이 내려야 하며 그래야 결과에 대한 복기를 통해 동일한 실수를 반복하지 않을 수 있습니다. 그러기 위해서는 자신이 열심히 발품을 팔아 정보를 취득해야 합니다. 투자의 세계는 철저한 제로섬(Zero-sum) 게임인데, 주변에서의 말 한 마디나 SNS 상에 나도는 근거 없는 글에 휘둘려선 안 됩니다. 특히 갑자기 가격이 급등하는 코인에 올라타는 것은 위험천만한 일입니다. 이런 뇌동매매*는 지양해야 합니다.

한 발 더 나아가, 가상화폐에 투자하는 자금 내에서도 코인 별 투자 배분을 철저하게 해야 합니다. 다수의 자금은 거래량이 많아 유동성이 좋으면서도 시가총액이 큰 메이저 코인 위주로 안전하게 투자하면서, 일부만 알트코인투자에 배분하는 것이 좋습니다.

또한 자신의 투자 성향이나 자금 성격을 분명히 규정해야 합니다. 스스로 단기투자자임을 분명히 한다면 기대수익률을 정하고 손절매할 타이밍을 미리 고려해야 합니다. 일정한 이익을 냈을 때 과감하게 포지션을 청산하는 익

> **뇌동매매**
> 투자자가 독자적으로 판단하고 확실한 시세 예측을 통해 매매하지 않고, 인기에서의 인기나 다른 투자자의 움직임에 무작정 따라가는 매매

절과 정해놓은 수준의 손실이 발생할 때 미련 없이 매도하는 손절매 시점을 미리 정해둬야만 한다는 뜻입니다.

반면 중장기투자라고 한다면 단기 시세에 얽매이지 말고, 기업과 프로젝트가 백서에 따라 얼마나 사업을 잘 진행하고 있는지 살피면서 보유할지, 처분할지만 판단하면 됩니다. 비속어인 '존버'*라는 말을 많이들 쓰는데, 이는 이익이 날 때까지 무조건 버틴다는 뜻보다는 펀더멘털이 좋은 코인을 사서 그 전망을 믿고 중장기투자를 한다는 뜻이어야 합니다.

> **존버**
> 끝까지 막연하게 버틴다는 뜻으로, 가상화폐 가격이 급등하거나 급락할 때 서둘러 처분하지 않고 버티는 투자자들의 행동

비트코인 초보자를 위한 꿀팁

주식도 위험자산이지만, 가상화폐는 그보다 더 큰 변동성과 리스크를 가진 고(高)위험자산인 만큼 투자를 시작하기 전부터 전체 투자 가능한 자산 중 일부만 소액으로 투자하면서 자신의 독자적인 판단으로 투자를 결정하는 한편, 목표로 한 수익이나 손실이 나면 과감하게 처분할 수 있는 결단력을 가져야 합니다.

가상화폐 거래소는
어떻게 선택해야 하나요?

높은 가격 변동성과 투자에 따르는 리스크를 가상화폐투자의 위험요인으로 언급했지만, 투자자들이 노출되어 있는 또 하나의 리스크는 가상화폐 거래소입니다. 사실 명칭은 '거래소(Exchange)'라고 불리지만 가상화폐 거래소는 사실 주식시장에서 말하는 한국거래소(KRX)와 같은 증권거래소와는 다른 개념이며, 증시와 비교하자면 고객들이 계좌를 만들고 주문을 내는 증권사와 더 유사하다고 할 수 있습니다.

특히 2020년 5월 공포 이후 1년 유예기간을 거쳐 2021년 5월부터 시행된 '특정금융거래정보의 보고 및 이용 등에 관한 법률(특금법)*'에 따라 2021년 9월 24일부터는 은행으로부터 실명계좌를 발급받아 금융당국에 신고한 거래소만 사업을 할 수 있도록 되어 있는 만큼, 혹여 미신고 사업자가 될지 모를 부실 거래소를 가려내는 일이 더 중요해졌습니다.

가상화폐 거래소를 선택하는 기준은 투자자별로 다 다를 수 있지만, 안전성과 유동성, 경제성과 편의성 등 일반적으로 거래소 이용자라면 반드시 챙겨야 하는 네 가지 정도의 기준을 제시하고자 합니다.

첫째, 안전성입니다. 아무리 가상화폐 잘 사고팔아 많은 투자수익을 냈더라도 자신이 거래하는 가상화폐 거래소가 당국 신고를 얻지 못해 폐업해버리거나 해커들로부터 해킹을 당해 월렛에 있던 코인을 잃어버리기라도 한다면 아무 소용없는 일이 되고 말 것이기 때문이죠. 그래서 특금법 하에서 금융당국이 요구하는 정보보호관리체계(ISMS) 인증을 받고 은행 실명계좌를 받았거나 받을 가능성이 높은 일부 대형 거래소를 선택하는 것이 가장 안전합니다.

블록체인 자체는 사실상 해킹이나 위·변조가 불가능한 구조로 되어 있지만, 가상화폐 거래를 중개하는 가상화폐 거래소는 거래소 사업자가 투자자들 사이에서 사용자 계정과 가상화폐 지갑 정보를 보관하고 있는 만큼 거래소가 가진 암호화된 데이터베이스(DB)가 해킹 당할 경우 고객 계정에 있는 가상화폐를 탈취당하는 경우가 꽤 있습니다. 따라서 각 거래소 홈페이지에 소개된 해킹 방지 대책에 대한 내용을 잘 읽어본 뒤 거래소를 선택하는 기준으로 삼아야만 합니다.

또 다른 안전성 이슈는 바로 가상화폐 거래소의 시세 및 매매시스템에 있습니다. 코인의 시세 변동을 언제든 제대로 보여주고 원할 때 거래할 수 있는 시스템을 장애 없이 제공할 수 있도록 안전한 서버를 구축한 거래소를 주거래 사업

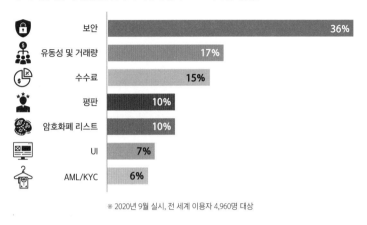

Q. 디지털자산 거래플랫폼 선택 시 가장 우선적으로 고려하는 사항은?

🔒 보안	36%
👥 유동성 및 거래량	17%
📊 수수료	15%
👤 평판	10%
🪙 암호화폐 리스트	10%
🖥 UI	7%
🧥 AML/KYC	6%

※ 2020년 9월 실시, 전 세계 이용자 4,960명 대상

출처: 도브 월렛

자로 정해야 합니다. 가상화폐는 1년 365일 24시간 쉼 없이 거래가 이뤄지고 실시간으로 가격이 변동하기 때문에 시스템 오류로 매수와 매도 타이밍을 놓치면 자칫 큰 손실이나 투자이익 상실로 이어질 수 있습니다.

둘째로, 유동성을 따져야 합니다. 대형 거래소가 유리한 이유 중 하나는 바로 유동성 문제인데, 많은 투자자들이 고객으로 가입해 있고 그들이 많은 코인을 거래하는 거래소를 이용해야만 충분한 유동성으로 인해 자기가 사거나 팔고 싶을 때 원하는 코인을 거래할 수 있게 됩니다. 특히나 상대적으로 시가총액이 적은 알트코인을 거래할 때엔 중소 거래소를 이용하는 데 더더욱 신중해야 할 것입니다.

셋째, 거래의 편의성을 따져야 합니다. 웹은 물론이고 모바일 상에서 트레이딩 시스템을 제공해주는 거래소를 택해야 하며, 상장되어 있는 코인들에 대한

정보를 다양하게 제공해주는 거래소여야 투자하기에 용이합니다. 또한 당연한 얘기지만, 투자하길 원하는 코인을 거래할 수 있도록 상장한 거래소를 골라야 합니다.

국내에서도 이미 꽤 많은 투자자들이 국내에 상장되지 않은 알트코인을 거래하거나 차입을 통한 레버리지(Leverage)나 마진 거래를 이용하기 위해 해외 거래소를 이용하는 경우도 있는데, 계좌 개설의 편의성이나 한국어 서비스 제공 여부 등을 잘 따져보고 골라야 합니다. 그뿐 아니라 특금법 본격 시행 이후 해외 거래소들도 국내 법을 적용받아야 하는 만큼, 자칫 2021년 9월 말 이후부터 해외 거래소를 이용하지 못하는 경우가 생길 수 있다는 점도 염두에 둬야 할 겁니다.

끝으로, 경제성을 따져야 합니다. 이는 주로 매매거래에 붙는 수수료 문제입니다. 국내 거래소들의 경우 대체로 원화 거래일 때 0.05% 안팎의 수수료를 부과하고, 비트코인으로 거래하는 BTC마켓의 경우 0.25% 정도로 높은 수수료를 매깁니다. 거래소 별로 수수료율이 다 다르며, 쿠폰 구입을 통해 수수료를 낮출 수 있도록 하는 혜택도 다르기 때문에 세부적인 숫자를 확인한 뒤 거래소를 고를 필요도 있습니다.

비트코인 초보자를 위한 꿀팁

정부 산하 공공기관이면서 공신력을 가진 증권거래소와 달리 가상화폐 거래소는 증권사와 같은 민간 사업자인 만큼 그 안전성과 신뢰성, 거래 편의성, 유동성, 경제성 등을 두루 따져서 고르지 않으면 나중에 큰 투자 리스크가 될 수도 있습니다. 자본금 규모가 크고 공신력 있는 대형 거래소 위주로 거래하는 편이 안전할 수 있습니다.

가상화폐 거래소 계좌는
어떻게 개설하나요?

자기에게 꼭 맞는 안전하면서도 편리
한 가상화폐 거래소를 골랐다면, 다음에 할 일은 계좌를 개설하는 것이겠죠. 사
실 가상화폐 거래 계좌를 개설하고 이용하는 일은 증권 계좌와 매우 유사해 주
식투자를 한 번이라도 해본 투자자라면 그리 어렵지 않을 겁니다.

일단 결론부터 얘기하자면, 해당 가상화폐 거래소나 은행에 직접 방문하지
않고서도 온라인 상에서 비대면 계좌 개설이 가능하지만, 가상화폐 계좌와 은
행 실명계좌를 함께 만들어 이 둘을 연계시키는 일을 해줘야 하니 약간 번거롭
게 느껴지긴 합니다.

처음엔 우선 구글 마켓이나 아이폰 앱스토어로 가서 업비트나 빗썸, 코인원,
코빗 등 본인이 원하는 거래소 앱을 찾아서 다운로드 합니다. 이때 한꺼번에 해
당 가상화폐 거래소와 연결된 은행 앱을 다운로드 받아 계좌를 만들어놓는 편

이 좋습니다. 업비트라면 케이뱅크, 빗썸은 NH농협은행 같은 식으로 연계 은행을 미리 알아둬야 하겠죠.

이렇게 은행 앱을 깔고 나면 휴대폰을 통한 본인 인증과 신분증 촬영 및 전송을 통해 계좌를 만듭니다. 이 계좌는 가상화폐투자에 따른 입출금용으로 쓸 테니 당연히 자유입출금식 계좌로 개설하면 됩니다. 동시에 체크카드를 발급받으면 입출금에 사용할 수 있습니다.

연계되는 은행 계좌를 만들고 나면 이제 미리 깔아둔 가상화폐 거래소 앱을 열어 이메일과 휴대폰 인증을 한 뒤에 미리 만들어둔 입출금 실명계좌를 인증하면 됩니다. 이런 과정을 거치면 이제 가상화폐 거래소 계좌와 은행 실명계좌 간에 인터넷 뱅킹을 통해 자금을 입금하고 출금할 수 있게 됩니다.

이런 방식으로 계좌를 만들었다면 이제는 거래를 시작해야 합니다. 거래 방식은 주식투자와 거의 유사합니다. 오히려 상장된 코인 개수가 훨씬 더 적기 때문에 증권사 인터넷과 모바일 트레이딩 시스템에 비해 더 간편합니다.

업비트를 예로 들면, 매수나 매도를 하려면 셋 중 하나를 골라야 하는데, 지정가는 고객이 사거나 팔고자 하는 특정 가격을 미리 지정해 수량을 입력하면 코인 가격이 그 가격이 되었을 때 거래가 체결되는 방식입니다. 시장가 거래는 고객이 가격을 정하지 않고 사거나 팔고자 하는 수량만 입력하면 현재 코인이 형성되어 있는 가격 수준에서 빠르게 거래가 이뤄지는 식입니다.

끝으로 예약주문은 주문할 가격과 감시가격을 정해놓으면 가격이 그 사이로 갈 때 매수나 매도가 이뤄지는 것입니다. 비트코인이 1천만 원이 되었을 때 팔려는 투자자의 경우, 감시가와 주문가를 모두 1천만 원으로 예약해두면 언제든 그 가격이 되면 자동으로 거래가 이뤄지겠죠. 이는 24시간 거래가 이뤄지는 탓에 잠자는 시간에 무슨 일이 터질지 걱정되는 투자자들에게 매우 유용한 기능이라

1 계좌 개설　　가상화폐 거래소에 '실명확인 입출금계정 서비스'를 제공하는 은행에
계좌 개설, 동일 은행 계좌를 이미 보유하고 있다면 계좌 개설 불필요

2 거래소에 계좌 등록　　가상화폐 거래소에 본인 계좌 등록

3 은행에 계좌 등록　　은행이 실명확인한 계좌주 정보와 가상화폐 거래소의 투자자 정보가
일치해야 은행 시스템상 투자자 입출금 계좌로 등록 완료

4 입출금·가상화폐 거래 가능

고 할 수 있겠습니다.

몇몇 투자자들 가운데서는 국내 가상화폐 거래소를 통한 코인 거래로는 만족하지 못해 카카오 자회사가 발행하는 클레이튼(Klaytn)처럼 해외에 상장된 코인에 투자하거나 비트코인 선물 등 파생상품이나 일종의 공매도인 마진 거래[*]를 하고자 하는 경우엔 바이낸스(Binance)를 비롯한 해외 가상화폐 거래소 계좌를 개설해야 하는데, 이들도 비대면으로 발급 가능합니다.

바이낸스의 경우 일반계좌와 선물계좌 등 두 종류로 나뉘는데, 어떤 경우든 일단 일반계좌는 개설해야 합니다. '계정 만들기'에 들어가 신청하면 자신의 이메일 계정으로 확인 메일이 오고,

> **마진 거래(Margin Trading)**
> 투자자가 계좌에 입금해둔 증거금보다 몇 배 이상의 금액으로 투자하기 위해 가상화폐 거래소부터 자금을 대여해 투자할 수 있도록 한 방식. 이를 이용하면 투자수익도, 손실도 매우 큰 폭으로 늘어나게 됨

이를 누르면 등록이 완료됩니다. 이 계정으로 로그인을 한 뒤 거래하고자 하는 투자상품을 골라 계정을 활성화하면 거래 준비는 끝납니다. 바이낸스의 경우 2단계 신원 인증을 거치는데, 인증 없이도 하루 출금액 2BTC 내에서는 거래가 가능합니다.

이후에 국내 거래소에 가지고 있는 코인을 바이낸스 거래소로 보내 거래를 하면 됩니다. 특히 바이낸스는 한국어 서비스까지 제공하기 때문에 국내 투자자들도 어렵지 않게 이용할 수 있습니다.

비트코인 초보자를 위한 꿀팁

가상화폐 거래소에 계좌를 개설하는 것은 주식계좌를 개설하는 것과 거의 유사합니다. 해당 거래소의 계좌를 개설하고 그와 연동된 지정 은행의 실명계좌를 만들어 둘을 연결시키기만 하면 온라인 상에서 입출금과 투자가 가능합니다. 아울러 비대면으로 해외 유수 거래소의 계좌도 만들어 국내에 상장되지 않은 코인이나 선물, 마진 거래 등을 이용할 수도 있습니다.

질문
TOP 24

현금이 있어야만
가상화폐를 살 수 있나요?

앞서 잠시 언급하긴 했었는데, 비트코인을 비롯한 가상화폐를 사고팔기 위해서 반드시 현금이 있어야 하는 것은 아닙니다. 이 부분은 주식투자와 차별화하는 대목인데, 가상화폐는 현금 외에도 자기가 보유하고 있는 가상화폐를 이용해 매매할 수도 있고, 심지어 신용카드를 통해 거래할 수도 있습니다.

일단 국내에서 가상화폐를 사고파는 시장은 크게 원화마켓과 BTC마켓, 이렇게 두 가지로 나눠볼 수 있습니다. 모든 가상화폐 거래소가 이 두 시장을 다 개설하곤 있지 않은데, 투자자들이 가장 많이 이용하는 업비트와 빗썸에는 두 시장 모두가 개설되어 있습니다.

원화마켓은 한마디로, 자신이 가상화폐 거래소 계좌에 원화 현금을 입금한 뒤 그 돈으로 비트코인이나 이더리움 등 원하는 코인을 입금액에 맞춰 살 수 있

기축통화

국제 간 결제나 금융거래에서 기본이 되는 통화로, 현재는 미국 달러화가 대표적인 글로벌 기축통화 역할을 하고 있음. 이와 마찬가지로, 가상화폐 거래에서의 기축통화는 해당 코인을 거래하는 기본 결제수단이 무엇이냐에 따라 법정화폐와 비트코인으로 나뉘며, BTC마켓에서의 기축통화는 비트코인임

는 시장입니다. 이건 주식계좌와 똑같은 방식이라 전혀 낯설지 않은데, 어려운 시장은 'BTC마켓'입니다. 거래소 계좌에 입금한 현금으로 비트코인을 우선 매입한 뒤 그 비트코인을 가지고 다른 코인을 매수하는 걸 BTC마켓이라고 합니다. 물론 기존에 이미 비트코인을 가지고 있는 투자자라면 굳이 현금을 입금하지 않고 그 비트코인으로

BTC마켓에서 다른 코인을 살 수 있겠죠. 이를 좀 더 전문적으로 표현하면, BTC마켓은 비트코인이 기축통화*로 운영되는 마켓이라고 합니다.

생각해보면 지금처럼 각국 통화를 이용해 거래소에서 비트코인이나 이더리움 등을 자유롭게 거래하기 시작한 건 그리 오래되지 않았습니다. 비트코인 거래 초창기만 해도 채굴 등을 통해 자신의 월렛에 가지고 있던 비트코인으로 막 시장에 등장한 알트코인들을 사고팔았습니다. BTC마켓은 과거의 그런 거래 유형을 유지하고 있는 것이라고 보면 됩니다.

이 대목에서 흥미로운 건, 원화마켓에 있는 코인과 BTC마켓에서 거래되는 코인은 완벽하게 동일하다는 점입니다. 코인을 살 수 있는 매개체가 '원화냐, 비트코인이냐'에 따라 구분한 것뿐이죠. 다만 이를 구분해서 운영하는 것은, 해당 가상화폐 거래소 입장에서는 수수료를 이중으로 받을 수 있다는 장점이 있는 것이죠.

반면 투자자 입장에서는 원화로 이더리움을 구입하는 것보다, 원화로 비트코인을 샀다가 이 비트코인으로 이더리움을 구입하는 것이 상승장에서 훨씬 더

결제방식에 따른 가상화폐 마켓의 세 가지 종류

KRW 마켓	KRW(원화)로 디지털 자산을 사고팔 수 있음
BTC 마켓	BTC(비트코인)로 다른 디지털 자산을 사고팔 수 있음 • 매매대상이 되는 디지털 자산 가격은 BTC로 결정되며, KRW 환산가격 (BTC 기준 가격 × BTC/KRW 현재가)이 참고용으로 함께 표시됨
USDT 마켓	USDT(테더)로 다른 디지털 자산을 사고팔 수 있음 • 매매대상이 되는 디지털 자산 가격은 USDT로 결정되며, KRW 환산가격 (USDT 기준 가격 × USDT/KRW 현재가)이 참고용으로 함께 표시됨

유리할 수 있습니다. 만약 비트코인과 이더리움 가격이 함께 오르고 있다면, 비트코인으로 구입한 이더리움에서 투자 수익이 날 것이고, 이 이더리움을 팔았을 때 가격이 올라간 비트코인을 돌려받으니 그에 따른 수익도 누릴 수 있겠지요. 물론 반대 상황이 된다면 손실이 더 커질 수 있다는 단점도 있습니다. 수수료 부담도 더 커질 겁니다.

이뿐 아니라 가상화폐 거래소에 따라서는 원화마켓에 상장된 코인을 BTC마켓에는 상장시키지 않는 경우도 있습니다. BTC마켓에 상장된 코인이 원화마켓에 없는 경우도 있습니다. 이럴 때는 거래를 원하는 코인이 있는 마켓으로 가 거래하면 되겠지만, 앞서 얘기한 대로 수익구조가 복잡해질 수 있다는 점은 사전에 생각해두고 거래해야 할 것 같습니다.

이처럼 비트코인 외에도 신용카드로 가상화폐를 구입할 수 있는 방법도 있습니다. 모든 해외 가상화폐 거래소에서 가능한 건 아니지만, 바이비트(Bybit)를 비롯한 다수의 거래소에서는 가입 후 간편구매를 통해 신용카드로 가상화폐 결제를 할 수 있도록 했습니다.

다만 이는 해당 국가의 규제 상황에 따라 실제 결제 여부가 결정된다고 합니다. 한동안 김치 프리미엄을 노린 외국인이나 내국인들의 차익거래(재정거래)로 인해 외국환 관리에 어려움을 느낀 우리 외환당국이 카드사들에게 이를 차단하도록 지시했고, 현재는 카드사 측에서 결제승인을 거절하고 있는 상황이라고 합니다. 설령 차후에 허용된다고 해도 후불이라는 성격을 가진 신용카드 결제는 결제 부담과 가상화폐 가격 등락 부담을 동시에 진다는 점에서 가급적 이용하지 않아야 하는 방식으로 보입니다.

비트코인 초보자를 위한 꿀팁

주식투자와 달리 가상화폐투자에서는 꼭 계좌에 현금이 없더라도 보유하고 있는 비트코인으로 결제할 수 있는 BTC마켓이 존재합니다. 이 경우 비트코인과 그 비트코인으로 구입한 가상화폐 시세를 통해 보다 큰 수익을 얻을 수도 있고, 반대로 손실도 커질 수 있습니다. 원화마켓과 BTC마켓의 장점과 단점을 잘 파악해 자신에게 맞는 방식을 택해야 하겠습니다.

가상화폐 거래소에서의 거래는 1년 365일, 하루 24시간 내내 쉼 없이 이뤄집니다. 그래서 거래되는 통화나 국가별로 가격 차이가 실시간으로 비교되고, 그에 따른 심리적 요인으로 인해 쏠림이 발생할 소지가 큽니다. 그런 점에서 가상화폐는 위험자산에 가깝지만 전통적 자산들과의 상관계수가 낮아 포트폴리오 전체 수익률을 높이는 효과를 누릴 수 있는 만큼 향후 기관투자가들의 참여는 더 늘어날 여지가 큽니다.

4장

코린이가
꼭 알아둬야 할
가상화폐
시세원리

가상화폐 거래는
멈추는 일이 전혀 없나요?

우리는 가상화폐와 주식시장이 매우 유사해 보이지만 세부적으로 살펴보면 다른 점들이 꽤 있다는 걸 앞서 살펴보았습니다. 특히 그중에서도 가장 대표적인 차이점이 바로 시장에서 거래가 이뤄지는 시간대입니다.

나라별로 조금씩 다르긴 하지만 모든 국가에서 주식시장은 오전에 문을 열었다가 오후에 하루 거래를 마감하는 방식으로 운영되고 있습니다. 이는 그 나라 기업체와 은행, 증권사 등에서 근로자들이 일하는 업무시간에 맞춰 정해지고 있습니다. 실제 한국거래소가 운영하고 있는 우리나라 주식시장은 오전 9시에 개장해 오후 3시 30분에 거래를 끝내도록 되어 있습니다. 이렇게 주식 거래가 이뤄지고 나면 거래과정에서 발생한 거래대금을 상호 정산하고, 기업이 발행한 실물 주식의 소유권을 이전하는 사후 작업이 필요하기 때문에 장을 멈출 수밖에 없는 겁니다. 게다가 달력에 빨갛게 표시된 휴일이나 토요일인 경우엔 여지 없이 주식시장을 멈추도록 되어 있습니다. 그러니 일주일이라고 해봐야 영업일인 5일 간 거래가 이뤄지는 것이죠.

반면 가상화폐시장은 1년 365일 하루도 쉬지 않고, 24시간 내내 거래가 이뤄지고 있습니다. 가상화폐 거래소는 증권거래소와 달리 중앙집중형 거래소도 아니고, 국경 없이 거래가 이뤄지는 특성을 가집니다. 아울러 해당 거래소의 배후에 금융당국 규제가 있는 것도 아니어서 굳이 개장과 폐장 시간을 따로 정해놓지 않고 있는 것이지요. 이건 우리나라 가상화폐 거래소건, 해외 거래소건 마찬가지입니다.

이처럼 가상화폐 거래가 24시간 내내 이뤄지다 보니 여기서 파생되는 가상화폐투자의 장점과 단점이 동시에 나올 수 있습니다.

일단 가상화폐 24시간 거래의 가장 큰 장점은 투자자들이 코인을 사고팔 수 있는 투자 기회가 많을 수밖에 없다는 것이죠. 가상화폐시장의 전체 시가총액이나 총 거래량, 거래대금과 주식시장에서의 이런 지표를 굳이 비교할 필요도 없이, 가상화폐를 언제든 사고팔 수 있다는 건 높은 시장 접근성과 유동성을 보여주는 것이라 할 수 있습니다. 따라서 낮에 강의를 듣거나 회사 일에 매달릴 수밖에 없는 젊은 세대들이 밤에 해외주식이나 비트코인투자에 집중하는 것도 이런 이유 때문이죠. 이런 높은 시장 접근성 덕에, 만약 투자를 잘만 한다면 제한된 거래를 할 수밖에 없는 다른 투자자산에 비해 더 높은 수익률을 거둘 수 있는 기회가 되기도 합니다.

아울러 해외 가상화폐 거래소 계좌까지 가지고 있다면, 같은 코인이 국내외 거래소에서 다른 가격에 거래되고 있을 때 그 차이를 노리고 차익거래를 할 수 있는 기회도 가질 수 있습니다. 더 부지런히 시장 정보를 파악하고, 잠을 줄여

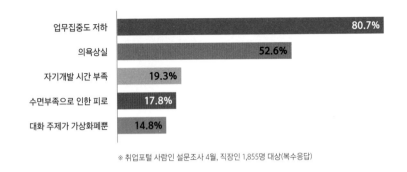

가상화폐투자가 직장생활에 미치는 영향 :::

업무집중도 저하	80.7%
의욕상실	52.6%
자기개발 시간 부족	19.3%
수면부족으로 인한 피로	17.8%
대화 주제가 가상화폐뿐	14.8%

※ 취업포털 사람인 설문조사 4월, 직장인 1,855명 대상(복수응답)

출처: 취업포털 사람인

거래하고, 해외 거래소까지 잘 살피면 돈을 더 벌 수 있는 기회가 있다는 것입니다.

반면 우리는 24시간 내내 깨어 있을 수 없으니, 잠을 자는 동안 중요한 이벤트가 생겨 코인 가격이 떨어질 때 제때 팔지 못하거나, 올라갈 때 따라 사지 못해서 손해를 볼 수 있는 여지가 있다는 건 큰 단점 중 하나입니다. 이렇다 보니 최대한 잠을 줄여서 밤 시간대에도 거래를 쉬지 않은 투자자들이 있는데, 이로 인해 생기는 부작용도 만만치 않습니다. 실제 2021년 초 취업포털인 '사람인'이 직장인 1,855명을 대상으로 실시한 설문조사에 따르면 가상화폐투자자 중 무려 80.7%가 "가상화폐투자로 업무 집중도가 떨어졌다"고 답했고, 17.8%도 "수면 부족으로 피로감이 크다"고 호소했습니다. 이는 단순한 투자의 문제를 넘어 사회문제가 되기도 합니다.

시장 자체만 놓고 보면 24시간 거래로 인해 투자자들이 투기적인 거래에 치중하거나 단타투자로 일관할 수 있는 유혹이 상대적으로 크다는 문제가 있을 수

봇(Bot) 거래

컴퓨터 프로그래밍을 통해 굳이 투자자가 매수나 매도주문을 내지 않아도 시스템 상에서 자동적으로 주문과 거래 체결을 할 수 있도록 한 것. 거래소 간 차익거래나 코인 간 차익거래, 시스템 트레이딩 등과 같은 방식을 주로 이용함

있습니다. 아울러 계속 잠을 안 자고 버틸 수 없으니 미리 설정해둔 일정한 조건이 되면 자동으로 거래가 실행되도록 하는 봇(Bot)* 거래까지 성행하면서 시세의 변동성을 키우는 요인이 되기도 합니다.

이런 요인들을 감안할 때 코인투자 시에는 거래하는 시간대에 따른 거래량이나 시세 변동성의 특성을 잘 파악해서 적절하게 대응하는 것이 중요하다고 하겠습니다. 만약 그럴 자신이 없는 투자자라면 차라리 단기적인 시세에 얽매이지 않고 비교적 긴 안목을 보고 중장기적으로 투자할 필요도 있습니다.

비트코인 초보자를 위한 꿀팁

가상화폐시장은 주식시장과 달리 1년 365일, 24시간 내내 거래가 이뤄지는 특징이 있습니다. 이는 높은 유동성과 투자 기회를 제공한다는 장점도 있지만, 취침 중 시장에 대응하지 못하거나 과도하게 변동성이 커지는 리스크도 존재하는 만큼 시장 상황이나 자신의 환경에 맞춰 적합한 투자전략을 짜야만 합니다.

가상화폐의 호재와 악재로는
어떤 것이 있나요?

우리가 가상화폐를 보유할 수 있는 방법은 크게 세 가지입니다. 하나는 채굴(마이닝)이라는 방식을 통해 직접 비트코인을 보상으로 얻는 방법이고, 다른 하나는 기존에 비트코인을 가지고 있는 다른 사람으로부터 이체와 같은 방식으로 건네받는 것입니다. 끝으로 이도저도 아니라면 가상화폐 거래소에서 돈을 내고 직접 구입해야 합니다.

지금 우리는 이렇게 가상화폐 거래소를 통해 가상화폐에 투자하는 방식에 한해서 공부하고 있는 것이니, 이 세 번째 방식을 활용할 때 가상화폐 가격을 움직이는 요인이 무엇인지 살펴봐야 하겠습니다.

우선 모든 가격이 다 그렇듯, 가상화폐 역시 수요와 공급이라는 두 변수에 의해 가격이 결정되기 마련입니다. 수요가 공급보다 많으면, 즉 코인을 팔겠다는 사람보다 이를 사겠다는 사람이 더 많으면 가격이 오르게 됩니다. 반대로 공급이 수요보다 더 빠르게 늘어나면, 즉 코인을 사겠다는 사람보다 팔겠다는 사람이 더 많으면 가격은 떨어지게 됩니다.

대표적인 가상화폐인 비트코인만 놓고 봐도 그 활용도가 점차 늘어나고 투자하겠다는 사람이 늘어나고 있으니 수요가 많아지는 반면, 채굴량(공급량)은 최대 2,100만 BTC로 제한되어 있으니 가격이 올라갈 여지가 큰 게 사실입니다. 가장 단순하지만, 가장 확실하게 비트코인 가격의 대세 상승을 점치는 건 바로 이 이유 때문이지요.

비단 비트코인뿐만 아니라 다수의 가상화폐들도 총 공급량 또는 시장 내 유통물량이 제한되어 있어 가격 상승에 우호적으로 작용할 공산이 큽니다. 금(金)을 비롯한 귀금속이나 희소금속 가격이 올라가는 것과 마찬가지 이치죠. 이런 맥락에서 비트코인을 채굴하는 데 들어가는 컴퓨팅 비용이나 블록체인 상에서 비트코인을 얻기 위해 풀어야 할 수학문제의 난이도도 공급 측면에 영향을 미쳐 가격을 오르내리게 하는 요인이 될 수 있습니다.

다음으로 특정 가상화폐가 얼마나 다양한 용도로 실물경제에 쓰이느냐, 그리고 그 화폐가 얼마나 사용하거나 저장하기 쉬운지도 가격에 영향을 줍니다. 상당 수 알트코인은 그 발행주체가 추진하는 프로젝트에서 해당 코인이 얼마나 활용될 수 있느냐에 따라 가격이 달라질 수 있습니다. 리플이 발행한 리플코인(XRP)이라면 리플이라는 블록체인 네트워크 상에서 실행되는 국가 간 송금거래에 이 코인이 얼마나 쓰이느냐가 중요한 가격 변동성의 재료가 될 겁니다. 또한 이더리움의 경우라면 스마트 계약(smart contract) 플랫폼이나 디파이(탈중앙화 금융)에 이 코인이 얼마나 활용되느냐가 의미있는 가격 변수일 수 있습니다.

비트코인이나 이더리움 정도를 제외한 다른 가상화폐는 아직까지 안정적인 투자자산으로 자리매김하지 못하다 보니 대중적 평판이나 유명인들의 발언에

- 가상화폐 공급량과 시장 수요
- 채굴을 통해 가상화폐를 생산하는 데 들어가는 비용
- 가상화폐 채굴자에 주어지는 보상 수준
- 경쟁하는 가상화폐 수
- 해당 가상화폐가 상장된 거래소와 그 수
- 금융당국의 규제
- 코인 프로젝트 내부의 거버넌스

출처: 인베스토피아

따라 가격이 움직이기도 합니다. 일론 머스크가 트위터 상에서 코멘트하는 것에 따라 비트코인이나 도지코인 가격이 널뛰기를 한다는 뉴스는 많이들 들어봤을 겁니다. 또한 가상화폐가 해커나 테러집단에 의해 활용된다는 뉴스도 대중들의 평판에 영향을 미쳐 가격에 악재가 되기도 합니다. 한때는 가상화폐 거래소가 해킹을 당했다는 소식도 투자자들의 신뢰를 낮추는 요인이 되어 악재가 되기도 했습니다.

또 하나 가상화폐 가격을 움직이는 데 큰 영향력을 가진 존재는 바로 이를 상장시킨 거래소들입니다. 가상화폐 거래소가 특정 코인을 상장시켜 거래를 시작하는 일은 해당 코인에게는 대형 호재입니다. 주식시장에서의 기업공개(IPO)처럼 수많은 투자자들이 거래할 수 있도록 허용되는 일이니 당연히 호재가 될 수밖에 없겠죠. 반대로 증시에서의 상장폐지처럼 거래소가 코인의 거래지원을 중단하는 일은 그 코인에 큰 악재가 됩니다. 특히 전 세계에서 가장 큰 가상화폐 거래소인 바이낸스나 미국 최대 거래소인 코인베이스, 국내 최대인 업비트와 빗썸 등에 상장하거나 상장폐지된다면 그 재료로서의 영향력은 엄청날 수 있습니다. 특금법 상 감독당국 신고를 받기 위해 은행들로부터 실명계좌를 받아야 하는 국내 거래소들이 상장된 코인을 정리(거래지원 종료*)하는 과정에서 해당 코인들의 가격이 폭락했다는 뉴스는 많이들 접했을 겁니다.

> **거래지원 종료**
> 주식시장에서의 상장폐지처럼 해당 가산자산 거래소에서 코인이 더 이상 거래되지 않은 일을 뜻함. 지원이 종료된 코인은 거래 가능한 다른 거래소로 옮겨야 하며, 다른 거래소가 없다면 해당 코인 거래는 불가능해짐

아울러 앞서 설명했던 하드 포크도 코인 가격에 큰 영향을 미칩니다. 하드 포크로 새로운 가상화폐가 만들어지면 기존 체인 참여자들에게 일종의 '코인 배당'이 돌아간다는 점에서 호재로 받아들이는 투자자들이 많은 게 사실입니다.

그 밖에도 비트코인 가격도 알트코인에게는 하나의 가격 변수일 수 있습니다. 비트코인 자체가 암호화폐의 대표격이 되다 보니 일종의 기축통화처럼 인식되고 있는 게 사실입니다. 그렇다 보니 비트코인 가격이 다른 알트코인 가격에 영향을 주기도 합니다. 비트코인이 오르면 다른 알트코인도 따라 오르기도 합니다.

그러나 지금은 뭐니뭐니 해도 가상화폐 가격에 가장 큰 영향을 미치는 요인은 각국 정부와 당국의 규제라고 볼 수 있습니다. 중국에서처럼 특정 국가가 가상화폐 거래를 불법으로 규정하고 거래소를 폐쇄하거나 채굴을 금지하는 경우, 또한 미국과 우리나라처럼 가상화폐 거래에 따른 과세를 강화할 경우 투자심리에 엄청난 영향을 줄 수 있습니다.

이처럼 가상화폐를 움직이는 변수들이 많지만, 보다 거시적으로 보면 기축통화의 대체재 또는 일종의 안전자산으로 받아들여지는 경향도 커지고 있는 것도

사실입니다. 이렇게 본다면 달러화 가치가 흔들리거나 정치적 불확실성이 커지고 글로벌 경기가 침체를 겪거나 금융위기가 생길 때 그 가치가 올라갈 수도 있습니다. 갈수록 가상화폐에 투자하는 투자자들이 신경 써야 할 변수들은 더 다양해지고 있으니 그만큼 많은 관심과 학습이 필요합니다.

비트코인 초보자를 위한 꿀팁

투자자산으로서의 가상화폐 역시 기본적으로는 수요와 공급에 따라 가격이 결정되지만, 하나하나의 코인이 주식시장에서의 주식과 같이 발행한 기업(프로젝트)의 펀더멘털을 반영합니다. 아울러 가상화폐 거래소에서의 상장이나 상장폐지, 거시적인 금융시장 환경, 금융당국 규제 등에 따라 변동성을 가지는 만큼 다양한 가격 변수에 예의주시하는 태도가 필요합니다.

FUD와 FOMO란
무엇인가요?

앞서 살펴본 대로 가상화폐 가격을 움직이거나 결정짓는 재료는 매우 다양한데, 그럼에도 시장 역시 사람들이 모여있는 곳이다 보니 불합리하게도 시장 참가자들의 심리에 따라 시세가 움직이기도 합니다. 사람의 심리 역시 강한 전염성을 가지기 때문에, 한 투자자의 심리는 쉽사리 곁에 있는 다른 투자자의 심리에 영향을 주기 마련입니다.

특히 가상화폐시장은 주식시장에 비해 역사가 짧기 때문에 기술적인 분석에 한계가 있기도 하고, 분석수단도 다양하지 않습니다. 또한 해당 코인을 발행한 기업들의 연륜도 짧은 터라 펀더멘털의 영향력도 그리 크지 않습니다. 이런 요인들이 코인시장에서의 심리적 영향력을 더 크게 만들고 있습니다.

많이 들어봤겠지만, 한때 '가자!'를 길게 발음한 '가즈아!'라는 단어가 유행처럼 번졌던 때가 있었습니다. 2017년 말부터 2018년 초까지 가상화폐 신드롬이 있었을 때 투자자들이 코인투자를 독려하는 차원에서 외쳤던 말입니다.

누구나 이렇게 코인투자를 외치는 상황에서 나 홀로 투자하지 않고 버티기란 쉽지 않습니다. 만약 먼저 투자한 주변 사람들 중에서 큰돈을 번 사람이 있다면 그 소외감이나 상대적 박탈감은 이루 말할 수 없이 클 텐데, 이런 심리를 나타낸 용어가 바로 '포모(FOMO)'입니다. 'Fear Of Missing Out'이라는 말의 줄임말로, 큰 흐름에서 홀로 이탈해 있어서 무엇인가를 잃어버리는 것에 대해 느끼는 공포 감이나 두려움을 뜻합니다. 한마디로 '기회 상실에 대한 두려움' 정도로 해석할 수 있습니다.

1년도 채 안되는 기간 동안 5천 달러 내외였던 비트코인 시세가 2만 달러 직 전까지 갔던 2018년 초나, 역시 1년 남짓한 기간 내에 1만 달러도 안 되던 가격 이 한때 6만 4천 달러를 넘어갔던 2021년 초에 이 포모의 감정을 느끼지 않은 사람은 찾기 어려울 정도였습니다. 이는 조정을 허락하지 않고 계속 오르는 서 울 집값을 생각해도 마찬가지일 겁니다.

친구가 비트코인에 투자해 수억 원을 벌었다는 이야기를 들으면 누구나 포모 를 갖게 되고, 이는 잠재적인 가상화폐투자수요 증가로 이어질 수밖에 없는 것 입니다. 일종의 '패닉 바잉(Panic Buying)*'이 시장에 물밀듯 밀려오는 것이죠. 이 런 포모가 시장을 장악하고 있을 땐 어 느 정도 투자에 발을 담그고 있는 게 좋습니다. 수익은 물론이고 정신 건강 측면에서도요.

반대로 '퍼드(FUD)'라는 표현도 있습 니다. 이는 'Fear, Uncertainty, Doubt(공 포, 불확실성, 의심)'의 앞머리를 딴 약자

> **패닉 바잉(Panic Buying)**
> 최대한의 물량을 확보하려는 시장 심리 불안으로 인해 가격에 관계없 이 발생하는 매점매석 현상. 이런 패닉 바잉이 나타날 때엔 거래량이 크게 늘면서 가격도 급상승하는 일 이 뒤따름

2021년 초 FOMO와 FUD가 나타난 구간

단위: 1,000달러

FOMO

FUD

12월 31일 1월 1일 1월 2일 1월 3일 1월 4일 1월 5일 1월 6일 1월 7일 1월 8일 1월 9일 1월 10일 1월 11일 1월 12일

로, 주로 하락장에서 투자자들이 느끼는 두려움과 불안감, 공포감 등을 지칭하는 말입니다. 시장 전반에 이런 퍼드가 만연해 있을 때는 어지간한 호재가 나와도 가격은 뛰기 어려울 수 있습니다.

이 같은 포모와 퍼드는 시장 내 '쏠림 현상(Herd Effect)'을 야기할 수 있다는 점에서, 투자자라면 냉정하게 시장 내에서 이런 분위기를 감지할 수 있어야 합니다. 포모에 휩쓸려 추격 매수를 했다가 큰 손실을 보기도 하고, 퍼드로 인해 성급한 매도에 나섰다가 회복의 기회를 놓치기도 하니 말입니다.

반대로 이를 잘 활용하면 오히려 수익을 얻을 수도 있습니다. 시장 내에 포모가 널리 확산되어 있는 상황이라면 시세가 고점에 가까웠다는 신호일 수 있으니 재빨리 이익을 실현해야 하는 것이고, 시장 내 퍼드가 널리 퍼져 있다면 시세가 바닥에 가까웠으니 저가 매수에 가담해서 이익을 낼 수 있다는 타이밍이 될

144

수 있습니다.

　이를 위해서는 우선 냉정하게 시장을 분석할 수 있는 능력을 키우는 일도 중요합니다. 수급이나 기술적 분석, 해당 코인과 관련된 백서나 관련 뉴스에 대한 이해가 기본이 되어야만 주변인들의 심리에 흔들리지 않을 수 있습니다.

　그러나 그보다 더 중요한 것은, 자신의 투자 마인드를 정립하는 것입니다. 실전 투자 이전에 '내가 코인에 투자하는 이유는 무엇인지' '투자를 통해 얼마만큼의 수익률을 얻으려 하는지' '이 코인의 성장성과 비전을 얼마나 신뢰하는지' 등을 스스로 주지시킬 필요가 있습니다. 그랬다면 자신이 내놓은 답 이외에는 다른 잡음에 귀를 기울이지 않아야 합니다.

비트코인 초보자를 위한 꿀팁

주식이나 채권, 원자재 등 전통적인 투자자산에 비해 그 역사가 짧은 가상화폐시장은 상대적으로 시장 참가자들의 심리에 따라 가격이 휘둘리는 일이 더 자주 일어나곤 합니다. 시장에 대한 기대나 불안감에 무모한 투자 결정을 내리지 않도록 해야 하며, 오히려 이런 심리를 역이용하는 투자전략을 고민해야 합니다.

질문
TOP 28

'김치 프리미엄'은 무엇이고
왜 생기나요?

"가상화폐 거래는 사실상 도박과 같은
양상입니다. 그 거품이 무너질 때엔 개인투자자들의 피해는 매우 클 겁니다. 우
리 정부는 가상화폐 거래소들을 폐쇄하는 것을 목표로 하고 있습니다."

비트코인 가격이 1만 7천 달러 정도 하던 2018년 1월에 국내 거래소에서 거래
되던 비트코인 가격이 역사상 처음으로 2천만 원을 넘어서는 일이 벌어졌습니
다. '설마 설마' 하던 투자자들이 가상화폐시장으로 물밀듯이 밀려들자 당시 법
무부 장관이던 박상기 장관이 기자회견에서 이 같은 발언을 내놓기에 이르렀습
니다. 많은 투자자들 사이에서 이른바 '박상기의 난(亂)'으로 불리는 사건이죠.

지금은 양상이 많이 달라졌지만, 그때까지만 해도 우리 정부는 비트코인이
든 알트코인이든 '모두가 투기'라는 프레임으로 접근했고, 그런 프레임을 만들게
된 계기는 바로 극도로 커진 '김치 프리미엄(Kimchi Premium)'에 있었습니다.

146

경제학에서는 일물일가(一物一價)의 원칙이 있다고 앞서 얘기했습니다. 같은 물건이라면 물건 값은 같아야 한다는 것이죠. 만약 차이가 생기면 그 차액을 얻기 위한 차익거래* 또는 재정거래(arbitrage)가 생긴다는 겁니다.

일례로, 200만 원으로 가격이 매겨진 최신형 아이폰이라면 부산이든 서울이든 200만 원에 팔려야 하는 것인데, 만약 부산에서는 100만 원에 파는데 서울에선 300만 원에 판다고 합시다. 그러면 많은 사람들이 부산까지 내려가 100만 원짜리 아이폰을 마구 사서 서울로 돌아와 300만 원에 팔 겁니다. 앉은 자리에서 200만 원이라는 공짜 돈을 만질 수 있죠.

물론 개방된 시장이라면 부산에서 아이폰을 사려는 수요가 늘어날 테니 부산 아이폰 가격이 슬슬 올라가겠죠. 반면 아이폰 값이 비싼 서울에선 팔려는 사람이 늘어나니 가격이 내려가겠죠. 결국 서울과 부산에서의 아이폰 가격은 정가인 200만 원에서 만나게 될 겁니다.

다시 코인시장으로 돌아와보겠습니다. 국내 가상화폐시장에서 김치 프리미엄이 생긴다고 했는데, 김치 프리미엄은 한국 가상화폐 거래소에서 원화로 가상화폐를 살 때와 해외 거래소에서 달러화로(또는 달러화를 기반으로 한 스테이블 코인으로) 가상화폐를 살 때의 가격 차이를 말합니다. 이때 둘을 비교해 원화 가격이 더 비싸면 '김치 프리미엄'이라 하고, 반대로 원화 가격이 더 싸다면 '김치 디스카운트(Kimchi Discount)' 또는 '역(逆) 김치 프리미엄'이라고 부릅니다.

사실 전 세계에서 1년 365일, 24시간 내내 거래가 이뤄지는 암호화폐 특성 탓에 거래되는 지역이나 통화에 따라 일시적으로 가격 차이가 생길 수 있습니다.

그러나 그동안에는 국내 가상화폐시장에서의 특수한 상황으로 인해서 원화로 거래하는 비트코인 가격이 상대적으로 높이 형성되는 김치 프리미엄은 일반적이었고, 이를 노린 차익거래로 활발하지 못했던 탓에 그런 프리미엄이 잘 해소되지 않았던 겁니다.

수요와 공급에 따라 가격이 결정되는 시장 원리대로라면, 국내 비트코인 가격이 해외보다 비싸다는 건 그만큼 사겠다는 수요는 많은데 팔려는 공급은 부족하다는 뜻입니다. 즉 해외보다 국내 투자자들이 비트코인을 더 적극적으로 사려는 성향이 강하다 보니 김치 프리미엄이 생기는 것입니다. 또 하나는 공급 측면에서 전기요금 등의 비용 문제로 국내에서 비트코인 채굴(마이닝)이 거의 이뤄지지 않는 데다, 범죄 악용 우려로 인한 규제나 강력한 외환거래법 상의 규제 등으로 해외에서 비트코인을 사서 국내로 송금하는 것이 어려워 공급 부족이 나타나기 때문입니다.

또한 외환거래법의 폐쇄성으로 인해 국내 거주자가 해외 거래소에 계좌를 만들고 달러를 보내 비트코인을 사는 것도 어려우니, 값싼 미국에서 비트코인을 사서 국내로 이체한 뒤 이를 내다 파는 차익거래가 쉽지 않은 것도 한 가지 이유이기도 합니다.

그로 인해 국내에서 비트코인 거래 열풍이 강하게 불었던 지난 2018년 1월에는 한때 김치 프리미엄이 무려 55%에 육박하던 때가 있었습니다. 이는 국내에서 원화로 비트코인을 사면 해외에서 달러로 살 때보다 무려 55%나 더 비쌌다는 얘기이니, 어마어마할 정도로 국내 투자자들의 비트코인 구매 열기가 뜨거웠다고 할 수 있겠습니다. 그리고 또 한 번 비트코인 열풍이 불었던 2021년 4월에 비트코인의 김치 프리미엄은 22% 정도로, 근 3년 만에 다시 20%대로 복귀했습니다.

2021년 4월 이후 국내 규제로 인해 급등락한 김치 프리미엄

단위: 1,000달러

— 한국 프리미엄 인덱스   — 가격(USD)

2021년 4월 7일 07:08

출처: 크립토퀀트

김치 프리미엄은 한마디로 국내 투자자들의 투자 열기를 그대로 보여주는 잣대라고 할 수 있겠습니다. 이 프리미엄이 높다는 건 '국내 비트코인투자 열기가 뜨겁다'로 해석해야 하고, 프리미엄이 낮거나 아예 역 프리미엄이 생긴다면 '국내 비트코인투자 열기가 싸늘해졌다'로 해석하면 됩니다. 이 김치 프리미엄은 전 세계 시장에서도 화제가 되어, 실시간으로 김치 프리미엄 수치를 보여주는 사이트인 'scolkg.com' 등이 운영되고 있을 정도이니 여기서 찾아보면 됩니다.

끝으로 이 김치 프리미엄을 투자에 활용하는 법을 알아둬야 하는데, 앞서 얘기한 대로 김치 프리미엄 수치를 보면서 국내 투자자들의 투자심리를 확인할 수 있습니다. 특히 이 프리미엄이 과도하게 높다면 시장은 과열로 가고 있다는 신호일 수 있으니 매수를 자제하면서 보유하고 있는 코인은 조금씩 팔아서 현금을 챙겨두는 편이 좋습니다.

반대로 프리미엄이 낮아지면 국내 투자심리가 좋지 않은 편이니 '슬슬 코인을 사볼까' 하는 생각으로 시장을 지켜보는 편이 좋습니다. 역사적으로는 통상 김치 프리미엄이 10% 이상일 땐 시장이 조정을 받곤 했습니다.

최근에 가상화폐 사업자(거래소) 등록 요건 등을 규정한 개정 특정금융거래법이 2021년 9월 24일 본격 시행을 앞두고 정부가 시장 단속 의지를 강화하고 있어서인지 비트코인에 붙었던 김치 프리미엄이 거의 사라졌습니다. 국내 투자 열기가 다소 식어 있기도 하고, 상대적으로 미국 쪽에서의 투자 열기가 좋은 편이기도 합니다. 특금법 시행 이후 상대적으로 가격이 싼 국내에서의 코인투자가 되살아날 수도 있겠습니다.

비트코인 초보자를 위한 꿀팁

국내 가상화폐 거래소에서의 공급량 부족이나 엄격하고 폐쇄적인 외환거래법으로 인해, 국내에서 원화로 구입하는 가상화폐 가격이 해외에서 달러로 구입하는 가격보다 비싼 김치 프리미엄이 곧잘 형성되곤 합니다. 이 프리미엄을 잘 체크하면서 투자자들의 심리나 가격 고평가 수준을 가늠해보고 투자전략으로 활용하면 좋습니다.

비트코인은 안전자산인가요,
위험자산인가요?

경제기사를 자주 읽거나 한두 걸음이
라도 투자에 발을 들여놓은 분들이라면 '안전자산'이니 '위험자산'이니 하는 단
어를 꽤 들어봤을 겁니다. 가상화폐투자를 시작하는 분들도 이에 대해서는 최
소한의 이해를 가지고 있어야 합니다.

말 그대로 안전자산은 상대적으로 위험이 낮은 투자자산으로, 경제가 좋지
않거나 시장이 불안할 때 포트폴리오 내에 투자 비중을 늘려야 하는 자산입니
다. 달러화나 엔화, 미국이나 독일 국채, 금(金) 같은 것들이 바로 대표적인 안전
자산입니다.

이와 반대로 주식이나 원자재(원유나 곡물 등의 선물상품), 신흥국 채권 등은 시
장 내에 유동성이 풍부하고 불안감이 적을 때 인기를 모으는 투자자산입니다.

자, 그렇다면 우리가 투자하고자 하는 비트코인이나 이더리움, 아니 전체 가

상화폐는 안전자산일까요, 위험자산일까요? 많은 사람들이 비트코인을 '디지털 금(金)'이라고 부른다고 앞서 얘기했습니다. 글로벌 금융시장에서 대표적인 안전자산이 바로 금이다 보니 자연스레 '디지털 금'이라고 불리는 비트코인도 안전자산'이라는 인식이 생긴 게 사실입니다. 그러나 적어도 지금까지 가상화폐는 안전자산보단 위험자산에 좀 더 가깝다고 볼 수 있습니다.

사실 가상화폐가 주식과 같은 위험자산인지, 아니면 금이나 달러화와 같은 안전자산인지를 둘러싼 논쟁은 꽤 오래전부터 있어 왔습니다. 물론 아직까지 화폐로 자리잡지 못했지만 화폐로서의 역할을 일정 부분 지향한다는 점에서 가상화폐를 기축통화인 달러의 대체재 또는 일종의 안전자산으로 받아들이는 경향이 있다는 건 부인할 수 없는 사실입니다.

그래서인지 달러화 가치가 흔들리거나 정치적 불확실성이 커지고, 글로벌 경기가 침체를 겪거나 금융위기가 생길 때마다 가상화폐 가치가 올라가는 일이 흔하게 벌어지곤 했습니다.

비트코인은 지난 2008년 글로벌 금융위기가 닥쳤을 때 탄생했습니다. 2013년 키프로스에서 외환위기가 터졌을 때 은행들이 문을 닫자 예금을 찾지 못한 자산가들은 비트코인을 사들였고, 그 덕에 불과 두 달 만에 비트코인 가격이 350% 이상 폭등하는 일도 있었습니다. 영국의 유럽연합(EU) 탈퇴를 뜻하는 브렉시트(Brexit) 사태나 미국과 북한 간 군사 긴장 때에도 가상화폐가 주목을 받기도 했지요.

실제 가상화폐 자체가 법정화폐에 대한 불신에서부터 출발한 만큼 안전자산으로서의 성격이 강하다는 게 일반적인 통념이었습니다. 덴마크 대형 투자은행인 삭소뱅크(Saxo Bank) 제이콥 파운시 애널리스트도 한 보고서에서 "역사적으로 보면 우량한 가상화폐들은 브렉시트나 도널드 트럼프 미국 대통령 당선, 북

위험자산이면서 안전자산인 비트코인

안전자산과의 상관계수
위험자산과의 상관계수

※ 위험자산과의 상관계수가 높아지는 시기가 있고, 또 다른 시기엔 안전자산과의 상관계수가 높아지는 등 사이클을 그림

출처: JP모건

한의 미사일 발사 시험 등 글로벌 불확실성이 고조되고 안전자산 선호심리가 강화될 때 가격이 상승하는 모습을 보였다"고 설명한 바 있습니다.

이렇다 보니 가상화폐 강세론자들 가운데 몇몇은 기존에 안전자산으로 취급받고 있는 금이나 주요 선진국 국채 등에 투자한 자금 중 1% 정도만 흘러들어와도 가상화폐 가격은 폭등할 것이라고 기대하고 있습니다.

그러나 최근 가상화폐시장에 많은 투기적 거래자들이 참여하고 가격 변동성이 커지면서 가상화폐가 안전자산이 아닌 위험자산의 행태를 보이고 있습니다. 특히 가상화폐가 금과 같이 그 자체로 내재가치를 담고 있거나 국채처럼 발행 국가가 지급을 보증해주는 자산이 아니라는 건 현재로선 부정하기 어렵다 보니 불확실성이 커지는 상황에서 가상화폐가 안전자산 취급을 받아야 할 이유가 분명치 않아 보이긴 합니다.

이렇다 보니 어느 시점에는 가상화폐가 위험자산과 동조화(coupling)를 띠는 경향을 보입니다.

글로벌 금융시장에서 '신(新) 채권왕'으로 불리는 제프리 군드라크 더블라인캐피탈 최고경영자(CEO)가 이런 견해를 가진 대표적인 인물인데, 그는 "비트코인과 주가지수가 같은 방향으로 움직이면서 비트코인 가격이 주가에 선행지표가 되고 있다"며 가상화폐를 위험자산이라고 지적했습니다.

실제 2021년 초 월가를 대표하는 투자은행인 JP모건도 한 보고서를 통해 "적어도 2010년 3월 이후 1년 간의 비트코인 가격 추이만 보면 금이나 미 국채와는 거의 상관성이 발견되지 않고, 대표 주가지수인 스탠더드앤드푸어스(S&P)500지수와 높은 상관계수*를 보이고 있다"면서 비트코인이 적어도 아직까지는 위험자산과 거의 같은 방향으로 움직이는 자산이라고 평가했습니다.

다만 현 시점에서 가상화폐가 안전자산이냐 위험자산이냐를 무 자르듯 결론 내리는 건 다소 성급해보이긴 합니다. 이에 대한 결론은 가상화폐시장이 주식이나 채권, 외환시장처럼 역사적인 흐름을 가늠해볼 수 있을 정도로 시간과 데이터를 축적한 보다 성숙한 단계에 이르렀을 때에나 최종적인 평가가 가능할 것 같습니다.

설령 가상화폐가 나중에도 위험자산으로 결론 내려진다 해도 실망할 이유는 없습니다. 주식과 마찬가지로 위험자산이라 해서 투자를 하지 못할 만큼

154

의 높은 위험도를 가지고 있는 것도 아니며, 선물과 옵션 등이 잇달아 등장하면서 그 위험 역시 충분히 헤지(hedge) 가능해지고 있으니 말입니다. 오히려 위험자산이 가지는 수익성에 초점을 맞춘 투자자들이 더 늘어날 수도 있을 겁니다.

비트코인 초보자를 위한 꿀팁

글로벌 금융위기 시대에 기존 금융시스템에 반기를 들고 태어난 비트코인은 애초에 안전자산의 성격을 가지고 있었지만, 가상화폐 거래소가 생겨나서 투자자들이 투자 목적으로 거래할 수 있는 투자자산이 된 이후에는 위험자산으로서의 성격을 더 강하게 가지고 있습니다. 아직은 최종 결론을 내리긴 이르지만, 가상화폐의 위험자산 성향을 이해하면서 투자전략과 헤지전략을 짜야 하겠습니다.

질문
TOP 30

가상화폐가 기대하는
기관장세는 올까요?

주식시장의 매매주체를 크게 구분해

보면 개인투자자와 기관투자가, 외국인투자자로 나눌 수 있습니다. 그래서 주식

시세를 볼 때면 오늘 개인들은 얼마치를 샀고, 외국인과 기관투자가들은 얼마

치를 샀는지 보여주는 순매매 동향이라는 데이터가 있습니다.

한 특정 국가에서 운영되고 해당 국가의 감독당국이 규제하는 법에 따라 운

영되는 특성을 가진 증권거래소와 달리, 가상화폐시장은 언제 어디서나 누구에

게나 열려 있다고 앞서 설명했습니다. 그렇다 보니 가상화폐시장에서 특별히 외

국인투자자를 구분하는 건 무의미합니다. 대신 개인투자자와 기관투자가, 그리

고 채굴(마이닝)을 통해 비트코인을 확보하는 채굴자 정도로 매매주체를 나눠볼

수 있을 것 같습니다.

이때 채굴자는 거래소에서 비트코인 등을 구매하는 게 아니기 때문에 거래

156

소에서는 늘상 비트코인을 매도하는 쪽일 수밖에 없습니다. 따라서 가상화폐시장이 상승세를 보인다고 할 때, 이를 주도하는 매매주체는 개인투자자 아니면 기관투자가일 수밖에 없습니다. 개인이 주도하는 장세나 기관이 주도하는 장세는 있어도, 주식시장처럼 외국인투자자가 주도하는 장세는 없습니다. 또한 채굴자가 주도하는 장세도 없다고 봐야 합니다.

가상화폐시장에서 기관투자가가 시세 상승을 주도하는 장세를 '기관장세'라고 합니다. 이때 기관투자가에는 헤지펀드부터 간접투자펀드를 운용하는 자산운용사, 자기자본이나 고객 투자자산으로 직접 코인을 사고파는 증권사 또는 투자은행, 연기금 등이 속합니다. 그나마 지금은 연기금이나 증권사, 투자은행들은 가상화폐에 투자하는 케이스가 많지 않으니 대체로 헤지펀드나 자산운용사가 매수세를 주도하는 장(場)을 가상화폐시장의 기관장세라고 하겠습니다.

여기서 기관장세가 중요한 이유는 기관투자가가 가지고 있는 자금의 특성 때문입니다. 개인투자자들은 대체로 단기적인 수익에 많이 치중하다 보니 다소 투기적일 수밖에 없습니다. 즉 시세가 막 오를 땐 앞다퉈 사지만, 반대로 가격이 하락하면 이내 매도로 돌아서버릴 가능성이 높습니다. 그에 비해 기관투자가들은 조금 더 멀리 보고 투자하는 쪽이라 기관 자금이 많이 유입될 때에는 시장이 비교적 안정적으로 올라갈 수 있습니다.

사실 2017년부터 2018년 초까지의 열풍과 냉각기를 목격해본 투자자라면 투기적인 개인 자금이 몰려들어 시장이 상승하는 게 얼마나 불안한지를 잘 알 수 있습니다. 물론 2020년부터 본격화한 주식시장에서의 동학개미처럼 개인투자자들도 중장기적인 투자로 시장을 끌어올리는 역할을 하기도 합니다만, 코인시장에서의 개인들은 아직 그렇지 않다고 보는 편이 타당합니다.

2020년 말부터 가상화폐 가격이 가파르게 상승하기 시작하자 많은 투자자들

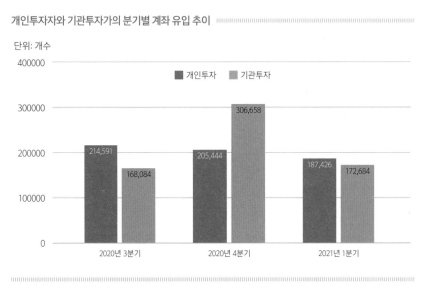

개인투자자와 기관투자가의 분기별 계좌 유입 추이

단위: 개수

■ 개인투자 ■ 기관투자

	2020년 3분기	2020년 4분기	2021년 1분기
개인투자	214,591	205,444	187,426
기관투자	168,084	306,658	172,684

출처: JP모건

과 미디어들은 '이제 코인시장에서도 기관장세가 본격화했다'고 흥분했습니다. 이는 완전히 틀린 얘기는 아니었지요.

'월스트리트'로 불리는 전통적인 금융회사들은 오랫동안 비트코인이라고 하면 멀리하곤 했습니다. 지난 2017년과 2018년에 비트코인 가격이 뛸 때에도 거들떠보지도 않았죠. 비트코인과 가상자산을 바라보는 금융당국의 시선이 곱지 않았다는 게 가장 우선이었습니다. 또 다른 이유는, 가격 변동성이 워낙 큰 데다 헤지 수단이 신통치 않다 보니 섣불리 고객들의 포트폴리오에 비트코인을 채워 넣기가 어려울 수밖에 없었기 때문입니다.

그러던 것이 코로나19 팬데믹으로 인해 비대면 결제의 필요성이 커진 상황에서 막대하게 풀린 돈으로 화폐가치가 떨어지고 자산가치는 높아지는 인플레이션 우려가 커지자 '디지털 화폐' '디지털 금(金)'으로 불리는 비트코인에 대한 관심이 높아졌습니다. 그 덕에 비트코인 가격이 오르고, 기관투자가들도 조심스럽게 이를 사서 담기 시작한 것입니다. 2020년 말부터 헤지펀드계의 전설로 불리는 폴 튜더 존스와 스탠리 드러큰밀러 등이 자신의 펀드 자금으로 비트코인을 사기 시작했고, 그 뒤를 이어 또 다른 헤지펀드인 스카이브릿지캐피털과 구겐하임파트너스, 보험사인 매스뮤추얼 등이 잇달아 비트코인투자에 나섰습니다.

그러나 그 이후로 상황은 좋지 않았습니다. 2021년 4월에 역사상 최고점을 찍은 비트코인은 이내 하락하기 시작했고, 기관장세라는데 가격은 롤러코스터를 탔습니다. 이는 아직까지 기관장세가 충분히 진전되지 못했기 때문이라고 봐야 합니다. 현재 뉴욕증시에서 기관투자가 비중은 거의 70%에 이를 정도입니다. 국내 증시에서도 기관투자가는 전체 주식 보유액의 30~40% 이상을 차지하고 있습니다. 이에 비해 골드만삭스가 추산한 비트코인시장 내 기관투자가 비중은 고작 2% 남짓하다고 합니다. 기관투자가가 거의 없던 상황에서 조금씩 매수에 가담하니 기관장세 모양새가 나타났을 뿐, 본격 유입이라고 말하긴 민망한 수준입니다.

결국 비트코인이 '높은 변동성'이라는 불명예스러운 꼬리표를 떼내려면 기관투자가들이 이 시장에 더 들어와야 한다는 겁니다. 현재 8천억 달러도 채 안 되는 비트코인 시가총액에 비해 금(金)의 시가총액은 네 배에 이르는 3조 달러를 넘습니다. 금시장에서의 기관투자가 비중도 무려 30%가 넘습니다. 비트코인이 진정으로 금을 대체하는 투자자산이 되려면 최소한 금시장만큼의 기관투자가 비중을 가져야 하며, 아직은 갈 길이 멀어 보입니다.

2021년 4월 JP모건은 한 보고서를 통해 "현재 비트코인시장에 진입해 있는 투기적인 매니아들이 앞으로 더 늘어나면서 비트코인 가격이 5만~10만 달러까지도 상승할 가능성을 배제할 순 없지만, 이들이 끌어올린 가격은 지속 가능하지 않다"면서 "비트코인에 투자하는 기관투자가 비중이 금시장만큼만 간다면 비트코인 가격은 최고 14만 달러까지도 뛸 수 있다"고 예상했습니다.

그러면서도 "비트코인의 가격 변동성이 줄어들지 않는 한 기관투자가들이 포트폴리오 내에 비트코인을 금과 같은 비중으로 편입할 것으로 예상하는 건 비현실적"이라며 "결국 비트코인이 금과 같은 수준으로 변동성이 줄어야 하는데, 그러기까지는 수년간의 시간이 더 필요할 것"이라고 내다봤습니다.

지금 당장 기관들이 안정적으로 투자할 수 있는 간접투자상품도 그레이스케일 인베스트먼트(Grayscale Investment)의 '그레이스케일 비트코인 트러스트*' 정도를 빼면 딱히 찾아보기 힘듭니다. 본격적인 기관장세까지는 좀더 인내의 시간이 필요합니다만, 역설적으로는 본격 기관장세가 도래할 기회가 아직까지 남아 있다는 뜻이기도 합니다.

비트코인 초보자를 위한 꿀팁

2020년 하반기부터 본격화한 가상화폐 상승랠리 과정에서 기관장세라는 얘기가 많았지만, 여전히 가상화폐시장에서의 기관투자가 비중은 주식시장에 비하면 초라한 수준입니다. 기관들의 본격 참여를 위한 투자상품은 물론이고 이를 허용할 금융당국의 인식 변화가 필요합니다. 다만 앞으로 실질적인 기관장세가 이 시장에 찾아온다면 가상화폐에 또 한 번의 대세 상승이 올 수도 있습니다.

가상화폐 투자정보는
어디서 얻나요?

"가격이 널뛰기를 하니 너무 위험하다"
는 주위의 만류에도 불구하고 가상화폐시장에 뛰어드는 투자자들은 오히려 그
런 널뛰는 듯한 가상화폐의 높은 가격 변동성에 매력을 느낀다고들 합니다. 남
들은 이를 두고 투기적이라고 비판하지만, 단번에 큰 수익을 얻을 수 있다는 기
대를 안고 투자하는 사람들을 설득하기는 역부족으로 보입니다.

그럼에도 가상화폐투자가 위험하다는 것은 이 업계에 있는 사람들조차도 감
히 부인할 수 없는 사실입니다. 특히 높은 가격 변동성은 어쩔 수 없다 치더라
도, 가상화폐투자자들에게 제공되는 부실한 투자 정보는 변동성보다 훨씬 더
큰 리스크라고 할 수 있겠습니다.

이는 가상화폐에 조금이라도 투자해본 사람이면 누구나 공감할 수 있을 겁
니다. 실제 2021년 5월 31일부터 일주일간 한화자산운용과 크로스앵글이 전국

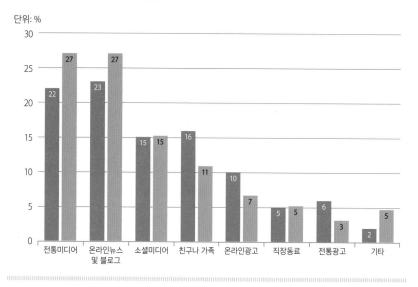

단위: %

출처: 한화자산운용, 크로스앵글 설문조사

성인 남녀 537명을 대상으로 실시한 디지털자산 투자실태 설문조사에서 디지털자산 관련 정보를 얻는 통로(복수 선택)로 '미디어 뉴스 및 유튜브'를 꼽은 투자자가 57.7%로 가장 많았고, '주변 지인'이 51.6%, '텔레그램과 오픈 카톡방, 트위터 등 사회관계망서비스(SNS)'가 48.4% 순이었습니다. 주식과 달리 '금융회사'라는 공식적인 채널로부터 투자 정보를 얻는다는 투자자는 고작 31.5%에 그쳤습니다.

이는 코인을 거래소라는 플랫폼 상에서 사고팔기 시작한 지 10년 남짓한 기간밖에 되지 않았기 때문인데, 수백 년 역사를 가진 주식과 비교해보면 아직도 태동기에 불과한 코인시장의 한계이기도 합니다. 다만 그렇기 때문에 그나마 활용할 수 있는 제한적인 채널을 통해서라도 투자 정보를 얻어야 하는 게 코인투자자들의 숙제일 수밖에 없습니다.

일단 하나하나의 코인은 그 자체로 주식시장에 상장되어 있는 하나의 상장회사와 같다고 보면 됩니다. 우리가 만약 삼성전자라는 기업이 발행한 주식에 투자한다면 적어도 삼성전자는 무엇을 만드는 기업이고, 재무제표는

어떻고, 주주 구성은 어떻게 되어 있고, 어떠한 사업 전략을 가지고 있는지 하는 기본적인 정보는 파악하고 있어야 하겠죠. 특정 코인에 투자할 때에도 마찬가지입니다.

무엇보다 그 코인을 발행한 주체(기업 또는 재단)에 대한 기본 정보는 파악하고 있어야 합니다. 코인 발행주체가 홈페이지 상에 올리는 백서(White paper)는 기업들의 주식시장에 상장할 때 공시하는 증권신고서*와 유사한 개념입니다. 이 백서를 잘 읽어봐야 코인이 얼마나 발행되는지, 코인을 보유하고 있는 주체들은 누구인지, 발행주체를 만든 사람들은 누구이고 어떤 사람들이 이 프로젝트에 참여하고 있는지, 코인 프로젝트의 향후 일정은 어떻게 되는지 등을 상세히 파악할 수 있습니다. 이 모든 게 기본적인 투자 정보가 되는 것입니다.

다음으로 더 중요한 것은 코인에 관한 상시적인 투자 정보입니다. 국내 기업인 크로스앵글이 운영하는 '쟁글(Xangle)'이라는 사이트는 주식시장 투자자라면 반드시 이용해야 하는 금융감독원의 전자공시시스템인 '다트(DART)'와 같은 개념으로, 전문 공시플랫폼이라고 할 수 있습니다. 가상화폐 시세는 물론이고 코인과 관련된 전문 공시 내역을 한눈에 파악할 수 있습니다. 실제 빗썸과 코인원, 코빗 등 국내 주요 가상화폐 거래소들도 이 플랫폼의 정보를 자신의 고객들에게

제공하고 있습니다.

아울러 쟁글에서는 신규 상장 및 연기·철회, 투자 유의종목 지정 및 해제, 토큰 유통량 변동 정보, 가상화폐에 대한 신용도 평가 보고서, 재무 현황 등 다양한 정보를 확인할 수 있습니다. 현재 국내 거래 사이트 중 코빗과 고팍스, 해외 거래 사이트 중에선 일본 리퀴드글로벌, 인도네시아 인도닥스, 태국 비트커브가 쟁글의 신용도 평가를 프로젝트 발굴이나 상장 심사에 활용하기도 한다고 하니 그 신뢰도는 이미 시장에서 검증되었다고 할 수 있겠습니다.

기본적인 코인들의 시세를 확인하기 위해서는 각 가상화폐 거래소 사이트를 이용해도 좋지만, 전 세계에서 원화 외에도 달러화 등으로 거래하는 해외 거래소들의 시세까지도 한눈에 살펴보기 위해서는 코인마켓캡(coinmarketcap.com)이라는 사이트를 활용하면 좋습니다. 이 사이트에서는 각 코인들의 시세와 거래대금, 시가총액, 차트 등을 살펴보기 편합니다.

또한 크립토워치(cryptowat.ch)라는 사이트에서는 각 거래소의 실시간 지표를 1분 단위로 제공하고 있어서 거래소 마다 다 다른 국제 코인 시세를 한눈에 확인할 수 있습니다.

국내 최대 가상화폐 거래소인 업비트는 별도로 코스피지수와 같은 상장 코인들을 지수화해서 제공하고 있습니다. 또한 개별 가상화폐 정보에 대해서는 기술과 개발 목적을 설명하는 백서, 자산 구조 변화 등 주요 변동 사항을 전하는 프로젝트 공시, 개발자의 소셜 네트워크 서비스 계정 등을 알려주고 있습니다.

미디어 중에서는 실시간으로 가상화폐 뉴스가 제공되는 코인니스(kr.coinness.com)가 투자자들 사이에서 즐겨찾기 1순위라고 합니다. 주요 코인들의 상장 소식, 가상화폐 코드 변경, 화폐 거래량 등 가상화폐시장의 다양한 뉴스가 올라오고 있어 전체적인 시장 흐름을 파악하는 데 도움이 되고 있습니다.

164

이와 유사한 사이트로 해시넷(www.hash.kr)도 있는데, 이는 블록체인 및 가상화폐 정보 포털을 지향하고 있습니다. 코인니스처럼 가상화폐 관련 뉴스를 제공하면서 이 사이트만의 독자적인 블록체인·가상화폐 관련 정보들도 제공하고 있습니다. 코인들의 A부터 Z까지 세세한 정보와 국내외 가상화폐 거래소의 역사, 가상화폐시장에 파급력이 큰 주요 인물들에 대한 정보 등을 전자도서관처럼 제공해주고 있습니다.

그 밖에도 플립사이드크립토(flipsidecrypto.com)는 코인 평가 사이트로, 개발자 활동과 사용자 활동, 시장 성숙도를 기준으로 각 코인을 평가합니다. 헥슬란트(Hexlant)라는 블록체인 기술연구소도 산하에 리서치센터를 운영하면서 블록체인과 관련된 기술 관련 리포트를 공유하고 있습니다. 아울러 비트맨(Bitman)과 같이 수십만 명에 이르는 회원을 가진 커뮤니티 사이트에서도 기본적인 투자 정보나 기술적 분석 등을 소개하고 있으니 활용해볼 만합니다.

비트코인 초보자를 위한 꿀팁

주식에 비해 상대적으로 역사가 짧은 가상화폐시장은 투자 정보도 상대적으로 빈약합니다. 그렇다 보니 코인투자자들은 소셜미디어나 유튜브, 커뮤니티 사이트 등 비공식적인 채널을 통해 정보를 얻곤 합니다. 그러나 이는 부정확하기도 하고, 때로는 고의적으로 시세를 조작하기 위해 악용되기도 합니다. 그러니 투자자들은 해당 코인을 발행하는 기업의 백서부터 각종 거래소와 정보 사이트에서 제공하는 투자 정보 및 공시 사항을 놓치지 않고 잘 살펴봐야 합니다.

좋은 코인과 나쁜 코인을
평가해주는 곳도 있나요?

경제에 조금이라도 관심을 가진 투자
자라면 '신용등급(Credit Rating)'이라는 용어를 한 번쯤은 들어봤을 겁니다. 신용
등급은 특정한 국가나 기업, 개인에 대한 시장에서의 신인도, 신뢰도를 말합니
다. 채권을 발행해 자금을 조달하는 정부나 기업, 금융회사로부터 돈을 빌리려
는 개인의 재무적인 능력을 측정해 보여주는 지표이기도 합니다. 이 신용등급이
높다는 건 빚을 갚을 수 있는 능력이 높은 우량한 경제주체라는 뜻이 되죠.

이를 기업에만 국한시켜놓고 본다면, 국제적으로는 '무디스(Moody's), 스탠더
드앤드푸어스(S&P), 피치(Fitch)'라는 3대 신용평가사가 있고, 국내에는 '한국기업
평가, 한국신용평가, 한국신용평가정보'라는 3대 평가사가 있습니다. 우리는 특
정 기업의 신뢰도를 평가하거나 대출 상환능력을 평가할 때 이들 평가사들이
매기는 신용등급을 보고 한눈에 파악할 수 있습니다.

다시 가상화폐 얘기로 돌아와서, 이 '코인시장에도 이렇게 공신력 있고 누구나 믿을 만한 코인들의 신용등급이 있으면 얼마나 편할까?' 하는 생각이 있었습니다. 이에 50년 정도 역사를 가진, 미국 내 자그마한 독립 신용평가사인 와이스 레이팅(Weiss Rating)이라는 회사가 세계 최초로 이러한 생각을 실제 현실로 만들었습니다.

와이스 레이팅은 비트코인 광풍이 전 세계에 불어닥쳤던 지난 2018년 1월부터 주요 코인들의 신용등급을 평가해 발표하고 있습니다. 비트코인과 이더리움, 리플 등 총 100여 종에 이르는 개별 코인들에 대해 가장 높은 등급인 A부터 B, C, D, E까지 5개의 등급을 부여하고, 각 등급마다 '+'와 '-'를 둬 'A+'와 'A' 'A-'처럼 총 15개의 등급을 매기고 있습니다. 홈페이지를 보면 와이스 레이팅은 자신들의 코인 평가에 대해 '전통적인 신용평가의 틀 내에서 50년 이상의 신용평가 경험과 정확성을 가상화폐에 적용했고, 특히 앞선 컴퓨터 분석 모델을 통해 여러 코인들의 가치와 리스크를 평가하고 있다'고 설명하고 있습니다.

회사 측이 상세하게 공개하고 있진 않지만, 코인 별 거래 패턴과 실물경제에서의 채택(Adoption), 보안, 기반이 되는 블록체인 기술력, 투자 위험 대비 보상(risk-to-reward)*이라는 큰 카테고리를 가지고, 그에 따른 1,000여 개의 세부 항목을 평가해 해당 코인의 등급을 발표하고 있습니다. 와이스 레이팅 측은 매주 한 번씩 100여 개 코인의 등급을 공개하고, 그 과정에 신용등급이 올라가거나 내려간 코인에 대해서는 코멘트도 첨부합니다.

또한 매주 월요일과 수요일, 금요일

위험대비 보상 (Risk-to-Return)

투자자가 얼마의 돈을 투자했을 때 부담해야 하는 리스크가 얼마이고, 그에 따른 기대 수익이 얼마인 지를 통계적으로 산출한 지표. 통상 위험 대비 보상이 1:2 또는 1:3 정도일 때 투자를 실행하게 됨

등 격일로 '와이스 크립토 얼럿(Weiss Crypto Alert)'이라는 일종의 뉴스레터를 회원들에게 발송해 가상화폐에 대한 전문가들이 작성한 투자 정보와 시장 내 스캠(Scam)* 정보, 시장 전략 등을 제공하고 있습니다.

다만 와이스 레이팅은 2018년 1월에 전 세계가 지켜보는 가운데 처음으로 내놓은 평가 보고서에서 비트코인 신용등급을 'C+'로, 이더리움 등급을 'B'로 제시해 평가의 적정성에서 많은 비판을 받기도 했습니다. 특히 이 같은 신용등급 자체가 해당 코인의 투자 수익을 반영하지 않는 만큼 실제 투자자 관점에선 별로 의미 없는 지표라는 지적도 이어졌습니다.

실제로 와이스 레이팅의 설립자인 마틴 와이스는 한 언론과의 인터뷰에서 "투자자들은 시장에서 얼마나 많은 돈을 벌지에만 관심을 가지고 있다"면서 "우리 회사의 신용등급은 시장에서의 시세 변동보다는 해당 코인 프로젝트의 기술력이나 실제 경제에서의 적용 가능성 등에 더 큰 의의를 두고 있다"고 언급한 바 있습니다.

이렇게 본다면 와이스 레이팅에서 발표하는 코인 신용등급이 그 자체로 가상화폐투자에 큰 도움이 되진 못하더라도 장기투자를 원하는 투자자들에게는 신뢰할 만한 코인을 찾는 데 있어서 나름대로 유용한 정보가 될 수도 있다고 할 수 있겠습니다.

이 와이스 레이팅이 유용하긴 하지만, 글로벌 가상화폐 거래소에 상장된 주요 코인만을 대상으로 하기 때문에 국내 투자자들이 거래하는 국내 코인만을

평가 등급에 따른 코인 등급

등급 전망	신용 등급	코인	유형	기술/ 실생활 활용도 등급	시장 실적 등급
🔖	A- ↑	◆ 이더리움 (ETH)	코인	A-	C+
🔖	B+ ↑	Ⓑ 비트코인 (BTC)	코인	A-	C+
🔖	B- ↑	🖋 스텔라 (XLM)	코인	B-	D+
🔖	B- ↑	Ⓛ 라이트코인 (LTC)	코인	B-	D+
🔖	B- ↑	🅣 테조스 (XTZ)	코인	B-	C-

실생활 활용도에 따른 코인 등급

등급 전망	신용 등급	코인	유형	기술/ 실생활 활용도 등급	시장 실적 등급
🔖	B+ ↑	Ⓑ 비트코인 (BTC)	코인	A-	C+
🔖	A- ↑	◆ 이더리움 (ETH)	코인	A-	C+
🔖	C+	✖ 리플 (XRP)	코인	B-	D+
🔖	C	Ⓓ 도지코인 (DOGE)	코인	C+	E+
🔖	B- ↑	🖋 스텔라 (XLM)	코인	B-	D+

출처: 와이스레이팅

위한 등급 평가가 필요할 겁니다. 그 역할을 앞서 언급한 크로스앵글이 '쟁글 (Xangle.io)'이라는 사이트에서 제공하고 있습니다.

쟁글은 금감원 전자공시인 '다트'와 같은 역할을 한다고 앞서 설명했는데, 쟁글은 이런 공시 데이터를 기반으로 해서 코인에 등급을 매기는 서비스까지도 하고 있습니다. 해당 코인의 발행 회사와 팀 역량, 투자자관계(IR)과 공시 활동, 발행 회사의 재무 건전성, 토큰의 지배구조, 경영 성과, 기술 감사와 법률 자문

여부 등을 기준으로, 코인을 최고인 'AAA' 등급부터 최하 'D'등급까지 총 18개 등급으로 나눠 평가하고 있습니다. 현재 비트코인은 'AA+'로 모든 코인들 중에서 가장 높은 등급을 받고 있고, 이더리움은 'AA'로 비트코인의 뒤를 잇고 있습니다.

비트코인 초보자를 위한 꿀팁

당장 투자에는 큰 도움이 안 되더라도 중장기적으로 특정 코인에 대한 신뢰도를 보여주는 지표로 코인 신용등급이 있습니다. 해외에서는 와이스 레이팅이라는 신용평가회사가, 국내에선 쟁글이라는 민간 사이트가 이런 코인 신용평가 서비스를 제공하고 있습니다. 투자할 만한 코인을 선택하는 데 어느 정도의 지침이 될 수 있으니 잘 활용해보기 바랍니다.

기본적으로 가상화폐시장에서도 주식과 마찬가지로 가격 변동과 그 변동의 흐름, 거래대
금 변화 등을 통해 가격을 전망하는 기술적 분석이 널리 활용됩니다. 반면 가상화폐는 일
반 주식과 달리 블록체인 네트워크 상에서 실제 활용 추이를 살피거나 쏠림이 많은 특성
상 투자자들의 심리적 변화를 살피는 방식의 분석도 함께 활용되고 있습니다.

코린이가
활용해야 할
가상화폐
분석방법

질문
TOP 33

비트코인 지배력은
시장에서 어떤 의미가 있나요?

다들 알다시피 가상화폐시장을 대표
하는 이른바 '대장주'는 바로 비트코인입니다. 2021년 10월 22일 기준 2조 6천억
달러 정도인 가상화폐시장 전체 시가총액 중에서 비트코인은 절반이 조금 안
되는 1조 2천억 달러 수준을 유지하고 있습니다.

전 세계에서 1만여 종이나 되는 코인들이 존재한다지만, 비트코인 하나의 시
총이 전체 시장의 절반 가까이 된다는 건 어마어마한 수준입니다. 이렇게 전체
시장 시총에서 비트코인이 시총이 차지하는 비중을 '비트코인 지배력(Bitcoin
Dominance)'이라고 부릅니다.

가상화폐 거래소가 처음 문을 열었을 땐 변변한 알트코인이 없었다 보니 시
장 시총의 거의 전부가 비트코인이었겠지만, 이후 이더리움을 중심으로 한 알트
코인들의 도약으로 인해 시간이 갈수록 비트코인의 지배력은 줄어들 수밖에 없

5장 _ 코린이가 활용해야 할 가상화폐 분석방법 ━━━━ **175**

었습니다. 지금은 시장 상황에 따라 비트코인 지배력이 30~60% 안팎을 오르내리고 있습니다.

가상화폐에 투자할 때 비트코인 지배력이 중요한 이유는 뭘까요? 그것은 바로 비트코인이 차지하는 시총 비중에 따라 시장 상황을 가늠하는 것은 물론 앞으로를 어느 정도 점칠 수 있기 때문입니다.

비트코인 지배력이 50%를 넘어 60%, 70%까지 높아진다는 것은 어떤 의미일까요? 다음과 같이 크게 두 가지 상황으로 볼 수 있습니다.

우선 한 가지는, 가상화폐시장 내 투자심리가 썩 좋지 않다는 것입니다. 앞서 가상화폐시장 내에서 비트코인은 상대적인 안전자산이라는 말씀을 드렸습니다. 금융시장 전체적으로 비트코인은 여전히 위험자산 축에 속하지만 전체 유동성이나 실생활에서의 활용도, 기관투자가 참여, 네트워크 규모 등에서 여타 알트코인에 비해 안전자산일 수밖에 없죠. 투자자들이 가상화폐에 투자하면서도 알트코인보다 비트코인투자를 많이 한다는 건 그만큼 시장 에너지가 강하지 않다는 뜻으로 해석 가능합니다.

다른 하나는, 개인들보다 기관투자가들이 시세 흐름을 주도하는 것으로 볼 수 있습니다. 최근 가상화폐시장에 기관들의 투자가 늘고 있지만, 대부분의 기관들은 거래량이 많고 유동성이 양호한 비트코인 위주로 투자하는 경향이 있습니다. 그렇다 보니 기관 주도 장세일 땐 아무래도 알트코인보다 비트코인이 강할 수밖에 없는 것이죠. 주식시장에서 삼성전자나 SK하이닉스 등 대형주들이 주도하는 장을 생각해보면 훨씬 이해가 쉬울 수 있습니다.

다만 시장에서의 쏠림은 일정 시간이 지난 후에 해소될 수밖에 없습니다. 비트코인이 너무 강해 지배력이 크게 높아진다면, 투자자들은 상대적으로 가격이 비싸진 비트코인을 덜 사면서 상대적으로 싸다고 느껴지는 알트코인을 매수하

176

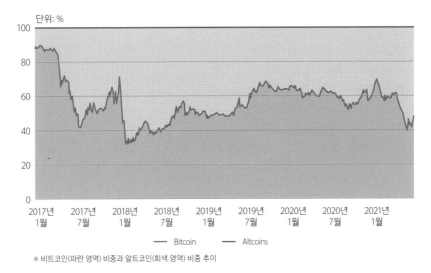

단위: %

— Bitcoin　　— Altcoins

※ 비트코인(파란 영역) 비중과 알트코인(회색 영역) 비중 추이

출처: 코인마켓캡

려 할 것이니 비트코인 지배력은 다시 내려갈 겁니다. 즉 비트코인 지배력이 고점에 가까워질수록 알트코인 매수 기회가 커진다는 것으로 이해하면 될 것 같습니다.

반대로 비트코인 지배력이 50% 아래로 내려가 40%, 30%까지 간다면 시장은 과열로 볼 수 있습니다. 비트코인 지배력이 낮아진다는 건, 그만큼 알트코인들의 시총이 높아진다는 뜻입니다. 그리고 비트코인에 비해 알트코인들은 상대적으로 투자 위험이 높은 편이니, 비트코인 지배력이 내려간다는 건 시장 내 과열 또는 투기적 움직임이 커졌다는 뜻이 됩니다.

비트코인 가격이 무한정 오를 수만은 없으니, 비트코인 가격이 정체되는 상황에서 어느 정도 리스크가 더 따르더라도 상대적으로 덜 오른 알트코인에 투자하는 것은 '위험과 그에 따르는 보상(risk-reward profile)'이라는 투자의 원칙에서 충분히 납득이 되는 부분입니다. 그러나 기관이 상대적으로 장기투자하는 반면 개인들은 단타 위주라는 관점이라면, 개인 참여가 많은 알트코인이 지나치게 강해지는 건 그만큼 시장이 위험하다는 신호이기도 합니다.

실제 이런 관점에서 전통적인 애널리스트들은, 비트코인 지배력 하락을 가상화폐시장 과열은 물론이고 버블의 징후로 해석하는 경향이 강합니다.

2021년 초에 70%까지 치솟았던 비트코인 지배력이 4월에 40%까지 급격하게 내려가자 미국 월스트리트를 대표하는 투자은행인 JP모건은 "주로 개인투자자들의 투기적인 수요로 인해 알트코인 가격이 뛰면서 비트코인 지배력이 약화하고 있다"면서 "지난 2017년 말에 있었던 것과 비슷한 현상이 지금 시장에서 나타나고 있는 만큼 이를 향후 시장 하락의 징후로 볼 수 있다"고 강하게 경고했습니다.

그러나 앞으로도 이런 공식대로 시장이 흘러가지 않을 수 있습니다. 비트코인 지배력 감소를 단순한 개인투자자들의 투기 수요에 의한 것이 아닌, 보다 구조적인 변화로 볼 필요가 있기 때문입니다.

최근엔 기관투자가들이 비트코인 외에 이더리움까지 포트폴리오에 담고 있기도 합니다. 2017~2018년과 달리, 디파이(Defi 탈중앙화금융)와 대체불가능토큰(NFT)* 등이 활성화하면서 플랫폼으로서의 이더리움 가치가 크게 높아지고 있습니다. 이처럼 실생활에서의 사용 측면에서 강점을 보여주고 있는 이더리움에 투자 수요가 몰릴 수 있다는 점은 간과할 수 없습니다. 결국 비트코인 지배력이 낮아질 때 시장 과열을 우려해야 하지만, 앞으로는 다른 한편에서 시장 내에 근본적인 변화가 나타나는 것 아닌가 하는 의문도 함께 가져야만 올바른 투자 선택을 할 수 있을 겁니다.

비트코인 초보자를 위한 꿀팁

전체 가상화폐시장 시가총액에서 비트코인 시총이 차지하는 비중을 비트코인 지배력이라고 하며, 이는 시장 에너지가 얼마나 되는지, 또한 시장 내 투자 열기가 얼마나 높은지를 가늠해볼 수 있는 좋은 지표가 됩니다. 비트코인 지배력이 평균 이상으로 높아지면 알트코인을 매수할 기회를 노려봐야 하고, 반대로 지배력이 너무 낮아지면 알트코인투자 과열을 고민해봐야 합니다.

비트코인에도 가치를 평가하는
지표가 있나요?

정부 당국자들이나 주류 금융시장 전
문가들은 흔히 "비트코인은 내재가치가 없거나 그 가치를 측정할 수 없다"는 비
판을 많이들 내놓곤 합니다. 주식이야 그 주식을 발행한 기업의 재무제표를 보
고 회사의 현재나 미래 가치를 평가할 수 있고, 달러나 원화 등 화폐도 그 화폐
가치를 보증하는 국가의 경제 펀더멘털을 보고 가치를 매길 수 있습니다. 하지
만 비트코인은 그런 실체가 보이지 않는 게 사실입니다.

비트코인 가치를 끌어올리고 더 많은 사람들이 이를 이용하도록 하기 위해
자신의 경제적 이득을 노리고 뛰는 회사가 따로 있는 것도 아니고 그 가치를 담
보해주는 정부와 같은 강력한 뒷배가 있는 것도 아니니, 자산가치 또는 내재가
치를 평가한다는 건 어려워 보일 수밖에 없습니다. 그러나 여기서 생각해야 할
것은 비트코인이 실체를 눈으로 볼 수 없다는 것뿐이지, 그 자체로 존재하지 않

는 건 아니라는 점입니다.

비트코인은 네트워크 상에서 전자적으로 존재하는 디지털 화폐입니다. 그렇다 보니 그 가치 또한 이 네트워크 상에서 따져봐야 하는 것입니다. 그 대표적인 지표가 바로 NVT(Network Value-to-Transaction Ratio)입니다. 이는 주식시장에서 가장 흔히 사용되는 특정 주식의 수익성 지표인 주가수익비율(PER)과 유사해 '비트코인시장의 PER'로도 불리고 있습니다.

주식시장에서의 PER은 특정 주식의 가격을 그 주식을 발행한 기업의 주당순이익(EPS)으로 나눈 값으로, 기업이 얻는 이익에 비해 주가가 어느 정도 수준에 와 있는지를 따져보는 지표입니다. 이 PER이 높은 기업은 만들어내는 이익에 비해 주가가 비싸다는 뜻이고, 반대로 PER이 낮은 기업은 창출하는 이익에 비해 주가가 싸게 형성되어 있다는 뜻입니다.

반면 비트코인은 일반 기업과 달리 수익을 창출하지 않습니다. 거래는 발생하지만 이 거래가 수익을 내진 못하는 것이죠. 대신 비트코인 네트워크 내 거래량이 늘어나게 되는 겁니다. 결국 NVT는 비트코인 가치를 평가할 때 비트코인이라는 블록체인 네트워크 내 거래량을 기준으로 삼아, 특정 시점에서의 비트코인 가격이 고평가되어 있는지 아닌지를 살펴보는 지표라고 할 수 있습니다.

흔히 NVT는 네트워크 가치를 비트코인의 하루 거래량으로 나눠서 산출합니다. PER을 구할 때 쓰는 주가 대신에 네트워크 가치를 대입하고, 주당순이익 대신에 일일 거래량을 대입하는 셈이라고 보면 됩니다. 이때 비트코인의 네트워크 가치는 비트코인 시가총액을 말합니다.

따라서 비트코인의 NVT는 비트코인 시총을 비트코인 하루 거래량으로 나눠서 구합니다. 만약 가상화폐시장 전체의 NVT라면, 가상화폐 전체 시총을 가상화폐 총 거래량으로 나누면 되겠죠. 이 지표는 글래스노드(Glassnode)라는 온체인 데이터 공급업체는 물론이고 우불차트(Woobull Charts)와 같은 사이트에서도 매일 게시하고 있습니다.

실제 역사적인 비트코인 차트를 보면, 비트코인 초창기에 NVT는 100을 넘어 상당히 고평가되어 있다가, 그 버블이 2012년 즈음까지 꺼지면서 약 92%에 이르는 가격 조정을 보였습니다. 이후 2014년부터 비트코인 NVT는 다시 평균치를 웃도는 버블을 보였고, 이후 83%에 이르는 조정을 겪었습니다. 반면 2017년에는 비트코인 가격이 너무 많이 뛰었다며 곳곳에서 버블 우려를 제기했지만, 실제 NVT는 여전히 낮은 수준이었고 그 결과 비트코인 가격은 조정 없이 2018년 초까지 가파른 상승랠리를 이어갔습니다.

다만 단순히 NVT만으로도 비트코인 가격의 고평가 여부를 살피는 것은 위험할 수 있습니다. 투기적인 거래나 가상화폐 거래소가 자전거래* 형식으로 행하는 거래까지 비트코인 전체 거래량에 포함되어 있기 때문이죠. 결국 가상화폐 거래소에서의 비트코인 거래량을 따로 집계하지 않는 탓에 NVT만을 기준으로 할 경우 비트코인 가치를 과도하게 높게 평가하는 우를 범할 수 있습니다.

이 때문에 보조 지표를 함께 보는 게 바람직합니다. 즉 비트코인 존재의 기초가 되는 채굴(마이닝)과 그 채굴에 의한 비트코인 가격의 근간이 되는 필수 원자재인 전기를 이용한 지표들 말입니다.

앞서 우리는 작업증명(PoW)이라는 방식을 통해 이뤄지는 채굴에 따른 보상이 비트코인이라고 얘기했습니다. 이 작업증명을 위해서는 네트워크가 내는 고난도의 수학문제를 풀어야 하는데, 이를 위해서는 더 많은 컴퓨팅 파워, 즉

자전거래
증권사나 거래소가 같은 종목을 동일한 가격으로 동일 수량의 매도 및 매수 주문을 내 인위적으로 매매거래를 체결하는 것으로, 대개는 거래량을 부풀리기 위해서 주로 실행함

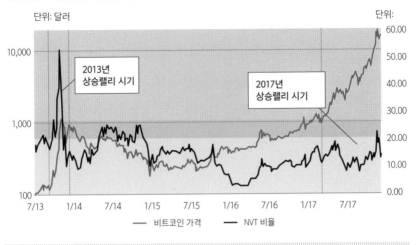

단위: 달러

2013년
상승랠리 시기

2017년
상승랠리 시기

― 비트코인 가격 ― NVT 비율

출처: 글래스노드

전기를 사용해야 합니다. 기업이 제품을 팔아서 벌어들이는 매출과 이 매출을 위해 투입해야 하는 원재료 비용을 뜻하는 매출원가처럼 비트코인 가격과 전기 사용료는 그런 상관관계를 가집니다. 그래서 비트코인 가치를 평가하는 또 하나의 지표는 바로 비트코인 '채굴 원가'입니다. 이는 채굴장비와 전기료, 냉각장치 비용 등 채굴에 필요한 모든 경비를 기초로 산출하는 일종의 비트코인 생산 단가입니다. 이 채굴 원가대비 비트코인의 현재 시세 차이를 통해 비트코인 고평가와 저평가를 따져볼 수 있습니다.

아울러 S2F(Stock-to-Flow)라는 분석 모델도 있습니다. 이는 주로 금이나 은 등 매장량이 제한되어 있는 귀금속의 가격 흐름을 분석할 때 쓰는 지표인데, 현재 시장에 유통되고 있는 공급량을 연간 생산량 증가율로 나눈 값입니다. 이를 비트코인에 적용한 모델은 2019년 3월 '플랜B'라는 아이디를 가진 인물이 개발했는데, 지금까지는 가격을 잘 맞춰왔습니다. 특히 반감기 즈음에 줄어드는 생산량에 따른 가격 전망에 잘 맞아떨어지는 경향을 보였습니다.

　다만 이는 수요를 고려하지 않은 모델인 만큼 최근처럼 수요 측면에서의 가격 상승기를 점치는 덴 한계가 있다는 지적도 나오고 있습니다. 결국 이 모델은 수요 증감과 무관하게 특정 시점에서의 비트코인 유통량을 기준으로 비트코인 가격 수준을 평가하는 정도로 참고해볼 만합니다.

비트코인 초보자를 위한 꿀팁

비트코인의 전체 시가총액을 하루 거래량으로 나눈 NVT는, 주식시장에서 흔히 쓰이는 PER에 비견될 만큼 비트코인의 가치 수준을 평가할 수 있는 대표적인 지표로 불리고 있습니다. 다만 이 외에도 비트코인 채굴 원가나 S2F와 같은 지표를 함께 고려해 밸류에이션을 평가하는 게 필요합니다.

가상화폐에서도
지지선, 저항선, 추세선이 있나요?

"하락하고 있는 코스피가 3000선에서 지지를 받을 겁니다." "삼성전자 주가가 계속 오르고 있지만, 8만 원에서는 저항을 받으면서 더 오르긴 어려울 것 같습니다." 주식투자를 해본 투자자라면 이런 얘기를 많이들 들어봤을 겁니다.

여기서 말하는 지지와 저항은 각각 지지선과 저항선을 말하는 것으로, 지수와 주가가 과거부터 이어온 추세를 연결한 선(線)인 추세선을 기준으로 파악하는 것입니다. 즉 그동안 주가가 움직여온 흐름을 나타낸 차트 상에 선을 그어서 과거의 일정한 주가 흐름을 파악하고, 이를 토대로 미래 주가 흐름을 전망하는 것입니다.

추세선(Trend Line)은 주가 흐름의 방향을 나타낸 선입니다. 주가가 일정 기간 동안 같은 방향으로 움직이는 경향을 추세라고 하는데, 이때 정점과 바닥을 이

비트코인(BTC/USD) 4시간 차트

단위: 달러

4,200.0000
4,100.0000
4,000.0000
3,897.1626
3,800.0000
3,700.0000
3,600.0000
3,500.0000
3,400.0000
3,300.0000
3,200.0000

12월 2 3 4 5 6 7 8 11 12 13 14 15 16 17 18 19 20 21 22 23 24 25 26 27 28 29

※ 수평으로 그어진 저항선과 우상향으로 그어진 지지선을 통해 추세를 확인할 수 있다.

출처: 포렉스크런치

루는 점을 이어서 주가가 움직이는 방향을 알기 쉽게 표시한 것이 바로 추세선입니다. 이는 주식시장뿐 아니라 코인시장에서도 마찬가지입니다.

추세선에는 크게 두 가지가 있는데 하나는 지지선이고, 다른 하나는 저항선입니다. 지지선은 주가가 오르내린 파동에서 하한점들을 연결한 선을 말하며, 반대로 저항선은 주가가 올라간 뒤 대량으로 거래되면서 정체된 상한점들을 연결한 선입니다. 쉽게 말해 주가가 올라가다가 일정한 가격대에서 더 오르지 못하고 멈칫하는 가격대를 저항선이라 하고, 주가가 내려가다가 더 내려가지 않고 멈추는 가격대를 지지선이라고 하는 것이죠.

이 지지선과 저항선이 중요한 이유는, 해당 주식이나 코인의 가격 추세를 가늠함으로써 매매 시점을 나름 예측해볼 수 있기 때문입니다. 그 매매 원칙은 아주 간단합니다. '가격이 지지선에 가면 매수하고, 저항선에 가면 매도하라'는 것입니다.

물론 지지선과 저항선을 미리 예측할 수 있다면 그 이전에 미리 사거나 팔 수 있겠지만 현실에선 그게 어려운 만큼 수익을 좀 낮게 잡더라도 지지선과 저항선이 확인되고 난 다음에 매매하는 것이 바람직합니다. 실제 가격이 지지선을 확인하고 나면 곧바로 매수하고, 저항선에 닿고 난 뒤 곧바로 매도하는 전략 말입니다.

이 같은 지지선과 저항선을 이용한 매매는 박스권 장세이거나 단기투자를 하는 투자자에겐 유리할 수 있지만, 문제는 이 지지선을 뚫고 더 내려가거나 저항선을 뚫고 더 올라가는 추세 전환일 경우엔 이런 방식의 매매는 손실을 낳거나 잠재적인 이익의 기회를 놓치는 결과를 낳게 된다는 것입니다. 주가는 지지선과 저항선 사이에 위치하려는 성향이 강하기 마련인데, 이를 아래로나 위로 이탈한다는 건 그만큼 큰 폭으로 추가 하락하거나 혹은 추가 상승할 가능성이 높다는 뜻이 됩니다.

따라서 시세가 지지선을 뚫고 내려가면 추가 하락을 염두에 두고 매도해야 할 상황이라고 보면 좋습니다. 반대로 시세가 저항선을 뚫고 올라간다면 추가 상승을 염두에 두고 매수해봐도 좋을 상황이 된다고 하겠습니다.

특히 우리가 차트 상에서 저항선과 지지선을 그렸을 때 이 두 선이 평평할 경우를 평행추세선이라고 하고, 오른쪽 위로 올라가는 모습일 때 상승추세선, 오른쪽 아래로 내려가는 모습이면 하락추세선이라고 합니다. 이때 시세가 상승추세선을 밑돌면 매도 시그널로 해석하고, 하락추세선을 넘어서면 매수 시그널로 해석하는데, 이는 앞서 설명한 지지선과 저항선을 돌파할 때와 같은 식으로 보면 좋습니다.

주식과 마찬가지로, 코인시장에서도

> **양봉과 음봉**
>
> 봉 모양의 주가 차트에서 시가보다 주가가 상승해 종가가 더 높게 끝나는 경우를 양봉이라 하고, 반대로 시가에서 주가가 하락해 종가가 더 낮게 끝나는 경우를 음봉이라 함

골든크로스 발생 사례

단위: 달러

121.77

※ 단기인 50일 이동평균선이 상향하면서 장기인 200일 이평선을 상향 돌파하는 구간에서 골든크로스가 발생하고 있다.

출처: TradingView

대표적인 시세 추세를 보여주는 선은 뭐니 뭐니 해도 이동평균선입니다. 이 이평선을 이용해 앞으로의 시세를 점칠 수 있습니다. 이평선이 두 번 바닥을 치고 올라오는 쌍바닥(W자)을 그린 뒤 크게 양봉*을 그리면 매수 타이밍으로 볼 수 있습니다. 반대로 두 번 천장에 부딪히고 내려오는 쌍봉(M자)을 그린 뒤 음봉*을 그리면 매도 타이밍으로 볼 수 있습니다. 특히 이때 두 번째 바닥이 더 높아지는 쌍바닥이나 두 번째 천장이 더 낮아지는 쌍봉일 때 확률이 더 높아진다고들 합니다.

아울러 단기 이평선이 장기 이평선을 상향 돌파하는 골든크로스(Golden Cross)는 매수 타이밍이라고 하고, 그 반대로 단기 이평선이 장기 이평선을 하향 돌파할 때인 데드크로스(Dead Cross)는 매도 타이밍이라고 합니다.

다만 이처럼 추세선을 이용한 매매 분석은 데이터의 시계열이 길수록 더 신뢰도가 높은데, 비트코인은 물론이고 다른 알트코인은 그 시계열이 길지 않아 제대로 먹혀 들지 않는 경우도 있습니다. 따라서 단순한 추세 분석만 이용하지 말고, 여러 지표를 동시에 고려한 투자전략을 세우는 편이 더 바람직합니다.

비트코인 초보자를 위한 꿀팁

주식과 마찬가지로, 가상화폐시장에서도 지지선과 저항선 등 추세선을 활용한 기술적 분석이 널리 이용되고 있습니다. 지지선에서의 매수와 저항선에서의 매도를 염두에 두되 추세 전환 가능성도 감안한 전략을 짜야 하지만, 상대적으로 데이터의 시계열이 짧은 가상화폐의 특성 상 과도하게 기술적 분석에 의존한 투자는 위험할 수 있습니다.

가상화폐투자자들의 심리를
알려주는 지표도 있나요?

앞서 추세선과 이동평균선을 통해 비트코인을 비롯한 가상화폐 가격의 향후 방향성을 미리 점쳐보는 방법에 대해 간략하게 설명했습니다. 문제는 펀더멘털 영향이 강한 주식시장과 달리 가상화폐시장은 투자자들의 심리에 더 큰 영향을 받기 때문에 기술적 지표와 투자자 심리지표를 함께 살펴야 시장 방향성을 더 효율적으로 파악할 수 있다는 것입니다.

그래서 가상화폐시장에서는 거래소를 이용하는 모든 투자자들은 물론이고, 많은 비중의 가상화폐를 보유하고 있는 이른바 '고래(Whale)'와 같은 큰손 투자자들의 움직임, 최근 들어 영향력이 커지고 있는 주요 가상화폐 간접투자펀드에서의 자금 유출입 동향 등이 투자자들의 투자심리와 시장 방향성을 동시에 보여주는 지표로서 많이 활용되고 있습니다.

그중에서 가장 널리 활용되는 지표는 가상화폐 거래소들이 보유하고 있는 비트코인 보유량(BTC: All Exchanges Reserve)입니다. 이는 크립토퀀트 (CryptoQuant)와 같은 데이터 생산업체들이 주로 산출하고 있으며, 기본적인 데이터는 홈페이지 상에서 무료로 볼 수 있습니다. 다만 거래소들에서의 비트코인 순유출입 현황이나 현물과 선물 거래소들에서의 유출입 현황 등의 세부 데이터는 유료 회원 가입을 해야만 확인할 수 있습니다.

이 '거래소 비트코인 보유량'은 투자자들이 조만간 자신들이 가지고 있는 비트코인을 내다 팔 것인지 여부를 가늠해볼 수 있는 지표입니다. 일반적으로 투자자들이 가까운 미래에 비트코인을 매도할 생각이 있으면 자신의 프라이빗 월렛에서 비트코인을 거래소 계좌로 이동시켜 보관하곤 합니다. 이렇게 거래소에 보관된 비트코인 양이 많아진다는 것은 가까운 시일 내에 이를 팔아서 현금화하고자 하는 투자자가 늘고 있다는 뜻입니다.

반대로 가지고 있는 비트코인을 팔 생각이 없다면 굳이 해킹 위험이 있는 거래소 계좌에 둘 필요없이 더 안전한 자신의 프라이빗 월렛으로 비트코인을 옮겨두는 것이죠. 이렇게 해서 거래소가 보유하고 있는 비트코인 양이 줄어들면 당장 이를 매도하고자 하는 투자자가 많지 않다는 뜻이니 시장에는 호재가 되는 것입니다. 결국 거래소의 비트코인 보유량은 투자자들이 현재 시장 상황에서 단기투자를 할 것인가, 장기 보유 전략을 펼 것인가를 파악할 수 있는 지표가 되는 셈입니다.

여기서 파생된 지표도 있는데, 샌티멘트(Santiment)라는 업체는 전체 유통 비트코인이나 이더리움 수 중에서 거래소가 보유하고 있는 비트코인이나 이더리움 수를 비율로 나타내 보여주고 있습니다. 이는 0~50% 범위 내에서 주로 움직이는데, 통상적으로는 20% 안팎 수준을 유지하곤 합니다. 이 숫자가 20% 이하

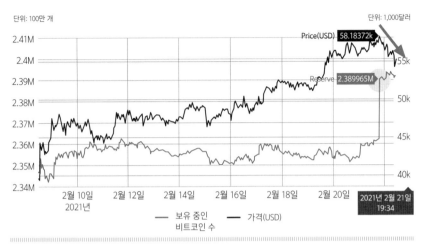

모든 거래소들의 월렛에 보유 중인 비트코인 수와 비트코인 가격 추이

단위: 100만 개

단위: 1,000달러

Price(USD) 58.18372k

Reserve 2.389965M

2.41M
2.4M
2.39M
2.38M
2.37M
2.36M
2.35M
2.34M

55k
50k
45k
40k

2월 10일 2021년   2월 12일   2월 14일   2월 16일   2월 18일   2월 20일   2021년 2월 21일 19:34

보유 중인 비트코인 수 ── 가격(USD)

출처: 글래스노드

일 경우 그 비율이 낮은 편이니 시장 내 매도압력이 낮다고 평가하면 되고, 20% 이상이면 높은 편이니 시장 내 매도압력이 높아진 상태라고 해석하면 되겠습니다. 즉 이는 가상화폐 거래소들이 보유하고 있으면서 조만간 매물이 될 수 있는 비트코인과 이더리움의 잠재 매물비율을 말합니다.

이처럼 거래소 비트코인 보유량과 전체 유통 비트코인 중 거래소 보유량 비율로는 장기적인 시장 전망은 어렵지만 단기 또는 중기적인 시장 방향성을 직접적으로 보여주는 지표로서 매우 의미 있는 것이라고 할 수 있으니 적극적으로 활용하면 좋을 듯합니다.

이와 함께 비트코인과 같은 가상화폐의 경우 큰손인 '고래'들의 보유 비중이 높아 이들의 매매동향에 따라 시장이 크게 영향을 받는다고 앞서 얘기했습니다. 그래서 우리가 눈여겨봐야 할 지표 중 하나가 바로 '거래소 고래 비율

(Exchange Whale Ratio)'입니다. 이는 가상화폐 거래소들에 들어오는 비트코인 입금량 기준으로 상위 10건의 비트코인 수량을 전체 입금량으로 나눈 값입니다.

통상 거래소 고래 비율은 72시간 이동평균선을 보는 방식으로 해석하곤 하는데, 이 비율이 85% 이하일 때는 상승장이 지속될 가능성이 높습니다. 85~90%에서는 조정이 발생할 확률이 높은 반면 드물게 이 비율이 90% 이상을 찍을 때엔 급락이 발생할 가능성이 높게 점쳐집니다. 이 역시 가격 하락을 예상한 고래들이 자신이 보유한 코인을 거래소에 입금해 즉시 판매 가능한 상태로 만들기 때문에 이 비율이 높아지는 것입니다. 반대로 가격 상승을 예상하는 고래들이라면 코인을 거래소에 덜 입금하니 이 비율이 낮아지는 것입니다.

다만 최근 들어서는 주식시장에서의 '동학개미'들처럼 코인시장에서도 고래들의 이 같은 움직임을 역이용하려는 개미들까지 등장하고 있는 만큼, 거래소 고래 비율이 높아진다고 해서 무조건 시세가 하락한다고 보기엔 무리일 수도 있습니다. 그런 점에서 당장의 비율 대신에 고래들의 거래소 입금량을 7일 이동평균으로 산출한 데이터를 활용해 추세적인 판단을 해야 한다는 지적도 있습니다.

이 밖에도 현재 총 279억 달러, 원화로 약 35조 원에 이르는 자금을 굴리면서 전 세계에서 운용되고 있는 가상화폐 간접투자펀드 중 최대 규모인 '그레이스케일* 비트코인 트러스트(Grayscale Bitcoin Trust)'에 매주 얼마나 많은 자금이 들어오고 나가는지를 보여주는 순유출입(Netflow) 데이터도 시장 내 잠재

그레이스케일(Grayscale)
세계에서 가장 큰 규모의 자금을 굴리는 가상화폐 전문 자산운용사로, 이 회사가 운용하는 그레이스케일 비트코인 트러스트는 비트코인을 보유한 기관 중 단일 최대 보유를 기록해 비트코인 시세에 큰 영향을 주고 있음

매수세가 많은지, 매도세가 많은지를 파악하는 데 도움이 되는 지표로 알려져 있습니다. 특히 이 그레이스케일 트러스트에 투자하는 투자자들 중 대다수는 기관투자가나 법인들인 만큼 이 자금 유출입 현황은 기관투자가들의 투자심리를 파악하는 데 유용한 지표가 될 수 있습니다.

비트코인 초보자를 위한 꿀팁

추세선과 함께 가상화폐시장에 참여하고 있는 고래(큰손)나 일반 투자자들의 향후 매매 동향을 가늠할 수 있는 거래소 보유량 또는 입금량 지표를 동시에 감안해야 제대로 된 가상화폐 방향성을 점쳐볼 수 있습니다. 아울러 최근 시장 영향이 커진 간접투자펀드에 얼마만큼의 투자금이 들어오고 나가는지도 참고자료로서 의미가 있습니다.

비트코인 매매시점을 알려주는
지표가 따로 있나요?

비트코인 가격이 오르거나 떨어질 때 늘 생기는 궁금증이 있지요. 그것은 바로 '지금 비트코인을 사도 될까?' 또는 '이 제 비트코인을 팔아야 하는 걸까?' 하는 물음입니다. 흔한 말로 '주가가 오를지, 내릴지는 하나님도 모른다'고들 하죠. 그만큼 수많은 투자자들이 참여하고 있는 시장에서의 가격은 그 누구도 쉽사리 예측할 수 없는 법입니다.

그러나 이런 시장가격을 미리 점쳐보고자 하는 투자자들의 욕구가 좀처럼 사라지지 않는 만큼 미래의 가격을 점칠 수 있도록 도와주는 보조지표들은 끊임없이 등장하고 있습니다. 가상화폐시장에서 이런 매매 타이밍에 힌트를 주는 가장 대표적인 지표가 바로 '비트코인고통지수(Bitcoin Misery Index·BMI)'입니다.

BMI는 월가 투자은행에서 주식 전략가로 활동했던 토마스 리가 월가 최초로 가상화폐투자분석 전문업체로 설립한 펀드스트랫 글로벌 어드바이저스에서

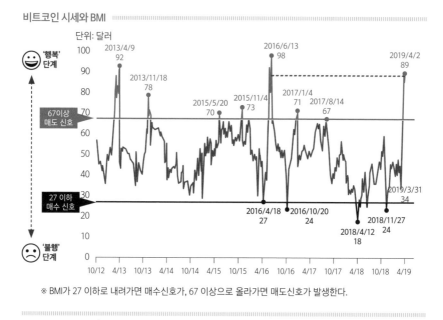

비트코인 시세와 BMI

단위: 달러

67이상
매도 신호

27 이하
매수 신호

'행복'
단계

'불행'
단계

2013/4/9
92

2013/11/18
78

2015/5/20
70

2015/11/4
73

2016/6/13
98

2017/1/4
71

2017/8/14
67

2019/4/2
89

2016/4/18
27

2016/10/20
24

2018/4/12
18

2018/11/27
24

2019/3/31
34

10/12 4/13 10/13 4/14 10/14 4/15 10/15 4/16 10/16 4/17 10/17 4/18 10/18 4/19

※ BMI가 27 이하로 내려가면 매수신호가, 67 이상으로 올라가면 매도신호가 발생한다.

출처: 블룸버그

만든 지표로, 비트코인 가격 하락이 극심할 때에 맞춰 매수 타이밍을 알려주고자 하는 의도로 만들어졌습니다. 리 창업주는 비트코인에 대해 장기적인 낙관론을 견지해오고 있는 인물로, 현재 비트코인에 관한 정기적인 보고서를 내놓고 목표주가를 공식적으로 발표하고 있는 월가 내 유일한 투자전략가로 꼽히고 있습니다.

BMI는 각 가상화폐 거래소에서 집계하는 비트코인 가격과 가격 변동성, 총 주문량 가운데 매매로 체결되는 비중 등을 토대로 산출합니다. 이 지수는 0~100 범위 안에서 움직이는데 이 지수가 100일 때가 시장이 가장 행복한 상태이며, 0일 때에는 가장 불행한 상태로 판단하면 됩니다. 즉 지수가 높아질수록 시장 상황을 그만큼 낙관적으로 해석하면 됩니다.

다만 이를 활용해 비트코인을 사고팔 때에는 한 번 더 생각을 꼬아야 하는데, 이는 BMI가 일종의 역발상 지수(contrarian index)라는 점 때문입니다. 비트코인 가격 변동성이 클수록 지수가 0에 가까워져 매수 타이밍이 근접했음을 알려주는 식입니다. 증시에서도 시카고옵션거래소(CBOE)에서 거래되는 VIX(변동성지수)는 '공포지수'로 불리며, 이 같은 역발상 지수로 널리 활용되고 있습니다. 변동성이 커지면 시장 내 비관론이 큰 만큼 주가가 반등할 가능성이 높습니다. 반대로 변동성이 줄어들면 낙관론이 지나쳐 조정이 임박했다는 징조로 받아들여지고 있습니다.

실제 이 지수를 만드는 일을 주도했던 리 펀드스트랫 창업주는 지난 2011년부터 2018년까지 비트코인시장과 BMI를 분석해 이와 같은 시사점을 찾아냈습니다. 그는 "BMI가 27 아래로 내려가게 되면 고통 국면에 들어가는데, 이때 비트코인을 매수하게 되면 향후 12개월 간 비트코인 가격은 가장 좋은 수익률을 냈다"면서 "이런 신호는 1년에 한 번 꼴로 발생하며 이렇게 BMI가 고통 국면으로 내려갈 때 매수에 가담한다면 기대 수익이 높을 수 있다"고 추천했습니다.

반대로 BMI가 67선을 넘어서면 행복 국면으로 접어들어 비트코인을 매도할 수 있는 기회가 생기게 되는 겁니다.

이와 함께 가상화폐 매매시점 포착에 도움을 주는 지표는 RSI(Relative Strength Index·상대강도지수)입니다. RSI는 1978년 미국의 경제학자인 월레스 와일더가 개발한 것으로, 가격 상승 압력과 하락 압력 간의 상대적인 강도를 나타내는 수치입니다. 일정 기간 가격

> **과매수와 과매도**
> 주가나 코인 가격이 급등하면서 투자자들이 적정수준 이상 가격에서 매수세를 지속하는 것을 과매수라 하고, 그 반대의 경우를 과매도라고 함. 즉 과매수일 땐 향후 가격이 반락할 가능성이 높고, 과매도일 땐 가격이 반등할 가능성이 높음

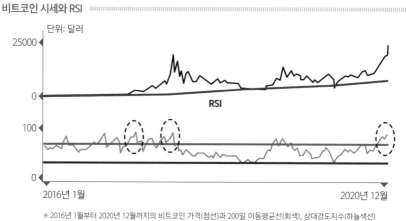

※ 2016년 1월부터 2020년 12월까지의 비트코인 가격(점선)과 200일 이동평균선(회색), 상대강도지수(하늘색선)

출처: CNBC

이 전일 가격에 비해 상승한 변화량과 하락한 변화량의 평균값을 구해 상승한 변화량이 크면 과매수*로, 하락한 변화량이 크면 과매도*로 판단하는 식입니다.

RSI의 핵심은 '일정 기간'인데, 그 기간을 며칠로 보는가에 따라 판단이 달라지며 와일더는 14일을 사용할 것을 권유했습니다. 와일더는 이렇게 RSI를 구한 뒤 그 비율이 70% 이상일 경우 초과 매수 국면으로 봤고, 30% 이하일 때 초과 매도 국면으로 규정했습니다.

따라서 RSI가 70%를 넘어서면 가격이 너무 올랐다고 판단해 매도 포지션을 취하는 것이 유리하고, 반면 30% 밑으로 떨어지면 매수 포지션을 취하는 것이 유리하다는 얘기가 됩니다.

다만 초과 매수나 초과 매도 국면에 오래 머물 경우가 많다 보니, 아예 RSI가 70%를 넘어선 뒤 이 위에서 머물다 70%를 다시 깨고 내려올 때 매도하는 식으로 보완하는 쪽도 나오고 있습니다. 이렇다 보니 아예 RSI가 50%를 상향 돌파하면 선제적으로 매수했다가 70%를 넘으면 매도하고, RSI가 50%를 하향 돌파할 때 매도해 30%를 밑돌면 매수하는 식으로 응용하는 경우도 있습니다. 이는 투자자 각자의 경험에 따라 판단하는 것이 유리할 수 있습니다.

RSI는 시세 천정과 바닥을 찾기 쉽다는 장점이 있는 반면, 천정과 바닥이 잘 나타나지 않는 상황에서는 유용성이 떨어진다는 한계도 있습니다. 예를 들어 이 지수가 50% 안팎에서만 조금씩 오락가락할 땐 이 지표를 활용할 수 없다는 얘기죠. 게다가 대형 호재 등에 따라 시세가 지속적으로 올라간다면 RSI가 70%를 넘어도 차익실현 매물이 나오지 않을 수 있습니다. 결국 RSI는 독립적으로 활용하기보다는 다른 지표들의 보조적 판단 근거로 쓰는 게 더 유용할 수 있습니다.

비트코인 초보자를 위한 꿀팁

주식시장에서의 공포지수와 같은 개념으로 개발된 BMI는 그 수지가 낮아실 때 매수할 타이밍을, 숫자가 높아질 때 매도할 타이밍을 찾을 수 있도록 도와줍니다. 또한 RSI는 시장 내 과매수와 과매도 상태를 알려주기 때문에 지수가 과도하게 높아질 때 매도 타이밍을, 지수가 과하게 낮아질 때 매수 타이밍을 잡으면 좋습니다.

질문
TOP 38

금값으로도 비트코인 방향을
예측할 수 있나요?

이번에는 비트코인 그 자체가 아니라
비트코인과 닮은 꼴이면서 경쟁자이기도 한 금(金)을 이용해 비트코인 가격 방
향성을 점칠 수 있는 아이디어를 공유해보고자 합니다.

앞서 얘기했듯이 많은 사람들이 비트코인을 '디지털 금'이라고 합니다. 총 발
행량이 2100만 BTC로 제한되어 있어 희소성을 가짐으로써 인플레이션 상황에
대응할 수 있는 자산이라는 공통점 때문에 비트코인과 금을 하나의 카테고리
에 포함시키는 것이죠. 그래서 일부 언론들은 인플레이션이 상승하는 국면에는
비트코인과 금값이 항상 뛰어야 하는 것처럼 기사를 쓰기도 합니다.

그러나 비트코인이 공식적인 투자자산의 반열에 오르기 전까지는 '포트폴리
오 내의 투자 위험을 헤지(위험회피)하기 위한 자산'이라는 지위를 놓고 금과 치
열한 경쟁을 치러야 하는 만큼, 상당 기간 비트코인과 금값은 서로 상반된 움직

200

임을 보일 가능성이 높습니다. JP모건
체이스가 "비트코인과 금의 경쟁이 시
작되었다"고 평가하는 것도 이와 같은
맥락입니다.

포트폴리오를 구성해 대규모로 자
금을 운용하는 매니저들은 주로 주식
과 같은 위험자산에 60%, 채권과 같
은 안전자산에 40%를 배분하는 이른

바 '60 : 40' 전략을 씁니다. 다만 이때 포트폴리오 전체 위험을 줄이고 상대적
인 수익률을 높이기 위해 대체투자(Alternative Investment)*로 금이나 비트코인에
1~5% 정도를 투자하곤 합니다. 일종의 포트폴리오 다변화인데, 이 1~5%의 비
중을 두고 비트코인과 금이 다투고 있는 것이죠.

이렇다 보니 화폐가치가 하락하고 인플레이션이 상승할 것으로 예상되는 시
기에 비트코인과 금은 주목받는 자산이지만, 어느 한쪽이 강한 랠리를 보이면
다른 한쪽은 쪼그라드는 정반대의 움직임을 보이고 있습니다.

이를 입증이라도 하듯 최근 1년간 비트코인과 금 가격 간 상관계수가 마이너
스(-)로 돌아서면서 최근 3년 만에 최저 수준까지 내려왔습니다. 두 자산 간의
상관계수는 0을 기준으로 플러스일 때 정비례하고, 마이너스일 때 반비례하는
양상을 보입니다. 즉 최근 1년간 비트코인과 금 가격은 동시에 오르거나 떨어지
지 않고 어느 한쪽이 올라갈 때 다른 한쪽이 떨어지는 패턴을 보이고 있다는 겁
니다. 이런 역(逆)의 상관관계를 이용하면 비트코인 가격의 방향성을 점칠 수 있
는 것이죠.

최근 일부 시장 전문가들은 비트코인과 금 가격이 90일 정도 시차를 두고 통

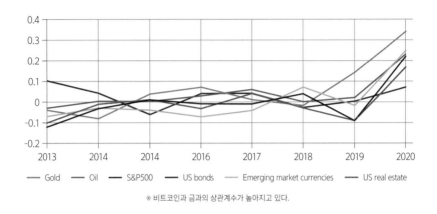

※ 비트코인과 금과의 상관계수가 높아지고 있다.

출처: 벤에크자산운용

계적으로 유의미한 역의 상관관계를 보인다고 분석하고 있습니다. 이에 따라 비트코인과 금 가격 사이의 상관계수가 -1에 가까워질 때에는 금 가격을 보고 비트코인 저평가나 고평가 여부를 판단해 매수나 매도 시점을 잡는 게 가능하다는 것이죠.

실제로도 이런 패턴은 2021년 들어 주기적으로 반복되고 있습니다. 2021년 초 비트코인이 강한 랠리를 보이자 대체투자 자금은 금에서 비트코인으로 급격하게 몰려들었지만, 2021년 4월부터 비트코인이 반토막에 이르는 조정을 받자 이 자금은 다시 금으로 돌아갔습니다. 그러다 비트코인 조정이 잠잠해진 2021년 7월부터는 다시 비트코인에 좀 더 많은 자금이 몰리는 식이었습니다. 이 때문에 2021년 들어 8월 중순까지 비트코인 가격이 57%에 이르는 수익률을 기록하는 동안 금값은 7.5%나 하락했습니다.

금은 이미 수십 년간 공식적인 투자자산으로 인정받아온 만큼 많은 전문가들의 분석 리포트가 나오고 있고, 선물과 상장지수펀드(ETF) 등 여러 데이터를 통해 가격을 예상할 수 있습니다. 즉 분석이 쉽지 않은 비트코인 방향성을 점치 기보단 금 가격의 방향성을 점쳐서 비트코인이 앞으로 어떻게 움직일지를 가늠 해보는 게 훨씬 더 편한 방법일 수 있습니다.

물론 한계도 있습니다. 비트코인만큼은 아니지만, 금값의 고점이나 저점 여부 를 판단하는 게 쉽지 않다는 게 하나의 한계입니다. 또 하나의 한계는 비트코인 이 금과 비슷한 양상으로 움직일 경우, 유용한 지표로 활용하기 어렵다는 것입 니다. 하지만 글로벌 금융시장이 극도로 안정되거나 불안정해지는 등 가격 변동 성이 커지는 상황에서는 충분히 활용 가능한 지표로 받아들여질 수 있습니다.

비트코인 초보자를 위한 꿀팁

'디지털 금'이라 불리는 비트코인은 금과 같은 성격을 가지고 있지만, 대체투자 차원에서 한동안 경쟁을 벌여야 하는 상황입니다. 이 때문에 비트코인과 금 가격은 서로 다른 방 향으로 움직일 가능성이 높고, 이에 금값을 전망하는 방식으로 비트코인투자 시점을 가 늠해보는 것도 유용한 방법이 될 수 있습니다.

거래대금이 늘거나 주는 건
어떤 의미일까요?

2020년 하반기부터 시작된 가상화폐 상승랠리가 본격화한 2021년 3월쯤 국내 주요 경제신문들은 '가상화폐 거래대금이 코스피(유가증권시장) 거래대금을 드디어 추월했다'며 대서특필했습니다. IT에 환호하는 일부 젊은층과 투기 거래자들의 전유물인 양 치부했던 가상화폐가 주류라 불리는 주식시장 거래대금을 앞지른 건 분명 하나의 중요한 사건이었습니다.

거래대금은 특정한 자산의 시장 가격에 거래량을 곱한 값입니다. 가상화폐시장으로 치자면, 전 세계 주요 거래소에 상장되어 있는 모든 코인들의 가격과 거래량을 곱해서 구한 값이 바로 가상화폐 전체 거래대금입니다.

그렇다면 이런 가상화폐시장 거래대금이 코스피 거래대금을 앞질렀다는 게 왜 중요한 사건인 걸까요? 그건 바로 그만큼 가상화폐 가격이 올랐다는 뜻이고,

그만큼 더 많은 투자자들이 시장에 뛰어들어 거래를 하고 있다는 뜻이기 때문입니다.

한마디로 시장 내에서 거래대금은 그 시장이 가지는 힘, 에너지, 활력을 보여주는 대표적인 지표입니다. 특히 가상화폐시장의 경우 투자자들이 상대적으로 더 젊고 투자 경력이 많지 않을 가능성이 높아 쏠림 현상이 발생하곤 하기 때문에 주식에 비해 거래대금이 주는 의미가 더 크다고 할 수 있습니다.

어떤 자산의 거래대금이 많다는 것은 크게 두 가지 이유 때문입니다. 하나는 해당 자산의 가격이 많이 올랐다는 것이고, 다른 하나는 그 자산의 거래량이 많이 늘었다는 겁니다. 자산 가격이 오른다는 것은 그 자산에 대한 호재가 많고, 투자자들이 사고 싶을 만큼 매력도가 높다는 뜻입니다. 어떤 자산의 거래량이 늘어난다는 것도 그 자산이 시장 참가자들로부터 많은 관심과 인기를 얻고 있다는 뜻입니다.

이런 맥락에서 주식과 마찬가지로 가상화폐시장에서도 거래량이나 거래대금은 해당 자산의 가치가 위로 치고 올라갈 수 있는 에너지의 척도가 됩니다. 가상화폐시장에서 어떤 코인의 거래량과 거래대금이 눈에 띄게 늘어나고 있다면, 그 코인에는 분명 무엇인가 '이벤트'가 생겼다는 뜻입니다. 호재나 악재도 없이 거래가 늘어난다면, 그 역시 이벤트인 셈이죠.

이를 가상화폐시장 전체로 확장시켜본다면, 가상화폐 거래량과 거래대금이 늘어난다는 건 코인시장 자체의 상승 에너지가 충만해지고 있다는 뜻으로 볼 수 있습니다.

실제 비트코인 가격이 6만 달러를 넘어서면서 역대 최고가를 찍었던 2021년 4월에 전 세계 주요 가상화폐 거래소들의 한 달 거래대금은 무려 3조 달러, 원화로 약 3,350억 원에 이르렀습니다. 이는 불과 6개월 전에 비해 여섯 배나 불어난

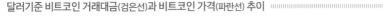

달러기준 비트코인 거래대금(검은선)과 비트코인 가격(파란선) 추이

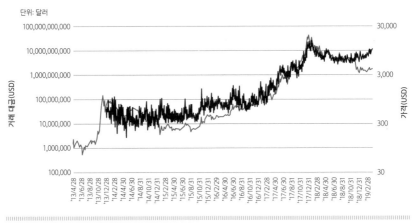

단위: 달러

출처: 코인마켓캡

것으로, 그만큼 시장 내 투자 열기와 에너지가 충만했다는 것을 잘 알 수 있습니다.

다만 여기서 주의할 점이 있습니다. 우리가 기술적 분석에서 거래대금을 중요한 지표로 받아들일 땐 해당 자산의 가격을 함께 보고 판단해야 합니다.

일반적으로 자산 가격이 오르면 거래대금은 줄어들기 마련입니다. 가격이 오르면 해당 자산을 매수하기가 부담스러워져 매수세가 덜 붙기 때문이지요. 그런데도 자산 가격이 오를 때 거래대금이 늘어난다면 이는 강력한 매수 시그널이 되는 겁니다. 가격이 비싸서 부담스러운데도 자산을 사겠다는 투자자가 많기에 거래가 늘어나기 때문이죠.

반대로 자산 가격이 떨어지면 통상적으로 거래대금은 늘어나는 게 맞습니다. 가격이 떨어지면 그만큼 싸게 살 수 있는 장점이 생기기 때문에 투자자들의 저가 매수가 늘어나고, 이런 저가 매수의 수요가 거래를 활발하게 만들어주기 때문입니다.

그러나 가격이 떨어지는데도 거래대금이 늘어나지 않는 경우가 있습니다. 이는 떨어진 가격에도 저가 매수 매력이 보이지 않는다는 뜻으로 해석할 수 있습니다.

이를 좀 더 살펴보겠습니다. 코인 가격이 계속 올라가면 거래대금이 줄어든다고 앞서 얘기했습니다. 그런데 갑자기 거래대금이 너무 크게 줄어들기 시작했다면 이는 매수세력이 그만큼 약해졌다고 봐야 하기 때문에 해당 코인 값이 고점 근처에 왔을 가능성이 높습니다.

반대로 코인 가격이 계속 떨어지는 와중에 갑자기 거래대금이 큰 폭으로 늘어난다면, 이는 저가 매수세가 강해졌을 가능성이 높으니 앞으로 코인 값은 바닥을 찍고 올라갈 가능성이 커보이는 식이죠.

만약 코인 가격이 별 다른 움직임 없이 정체되어 있는데 거래량과 거래대금이 늘어난다면 앞으로 그 코인 값은 올라갈 가능성이 높다는 뜻이고, 반면 가격은 멈춰 있는데 거래대금이 줄어든다면 앞으로 그 코인 값은 떨어질 가능성이 높다고 봐야 합니다. 부연하자면, 미국에서 발표된 한 연구 논문에 따르면 가상화폐의 경우 상승장보다는 하락장에서 거래대금이 던지는 시그널이 더 뚜렷하게 나타났다고 하니 참고할 만합니다.

개별 코인의 시세는 자신이 거래하는 가상화폐 거래소의 트레이딩 시스템 앱에서 확인할 수 있지만, 코인은 주식과 달리 중앙에서 전체 시장을 통제하는 주체가 없기 때문에 시장 전체 거래대금 데이터는 코인마켓캡(CoinMarketCap)*과 같은 별도의 시장 데이터 사이트에서 확인해야 합니다. 특히 코인마켓캡은 24시간 거래대금을 기준으로 전 세계 주요 가상화폐 거래소 순위를 제공해 투자자들의 거래소 선택을 돕기도 하니 투자자라면 반드시 자주 방문해야 하는 사이트입니다.

비트코인 초보자를 위한 꿀팁

가상화폐시장에서 거래량과 거래대금은 시장이 가지는 에너지와 활력을 보여주는 대표적인 척도 중 하나입니다. 특히 주식시장에 비해 그 중요도가 더 높다고 할 수 있습니다. 개별 코인은 물론이고 시장 전체의 거래량과 거래대금 변화를 꼼꼼하게 살피되, 해당 코인이나 시장 가격 동향과 함께 해석함으로써 향후 가격의 방향성을 점쳐볼 수 있을 것입니다.

비트코인 현·선물 가격 차이는
어떻게 볼까요?

지난 2017년 12월 세계 최대 파생상품

거래소인 시카고상품거래소(CME)에 최초의 주류 가상화폐 파생상품인 비트코

인 선물이 상장된 데 이어 2021년 초에는 이더리움 선물까지 같은 거래소에 상

장되었습니다. '선물 상품 상장된 게 뭐 그리 대수냐' 할 수도 있겠지만, '내재가

치도 없는 투기적 상품'이라는 천대를 받았던 가상화폐가 투자 위험을 낮출 수

있는 헤지 상품인 선물을 도입했다는 건 그만큼 주류 투자자산에 편입되었다

는 뜻으로 받아들여질 수 있습니다.

선물은 미래의 일정한 시점(만기일)에 일정한 가격(약정가격)으로 현물을 사거

나 팔겠다는 약속을 하는 거래를 말합니다. 이 선물을 어떻게 투자해야 하는지

는 뒤에서 자세히 살펴보겠습니다. 일단 여기서는 현재(현물)의 가격과 미래 일정

시점 후(선물)의 가격을 이용해 어떻게 시세를 점치는지를 대략적으로나마 살펴

보도록 하겠습니다.

앞서 '일물일가(一物一價) 원칙'에 대해 얘기했었죠. 비트코인이라는 자산은 하나인데, 그것이 거래되는 국내외 가상화폐 거래소 간에 가격 차이가 생기고 있다는 것을 살펴봤습니다. 그래서 하나의 자산은 하나의 가격을 가져야 하기 때문에 그 가격 차이를 이용한 차익거래(arbitrage)가 생겨서 가격 차이를 좁혀주는 것입니다. 이러한 원칙은 현물과 선물에서도 마찬가지입니다. 왜냐하면 현물이든 선물이든 둘 다 비트코인이라는 하나의 자산이니 그 가격이 같아야 하기 때문이죠.

다만 비트코인 선물을 매수한다는 건 지금 당장 내가 가진 돈으로 현재 형성된 가격에 비트코인을 사서 보관하는게 아니라, 지금으로부터 일정 시점 뒤에 가지고자 하는 비트코인을 적은 금액으로 미리 약정한 가격에 사는 것이기 때문에 현물보다 선물 가격이 약간 더 비싼 게 정상입니다. 또한 만기가 가까운 선물보다 만기가 더 먼 선물 가격이 조금 더 비싼 것도 정상입니다.

그래서 우리는 현물보다 선물 가격이, 만기가 가까운 선물(근월물)보다 만기가 먼 선물(원월물) 가격이 더 비싼 것을 '정상시장'이라고 하고, 영어로는 이를 '콘탱고(Contango)'라고 말합니다. 반대로 현물보다 선물 가격이, 근월물보다 원월물이 더 싼 경우를 '비정상시장'이라고 하고, 이를 영어로 '백워데이션(Backwardation)'이라고 합니다.

조금 어렵죠? 초심자 입장에선 콘탱고니, 백워데이션이니 하는 용어는 굳이 외울 필요는 없지만 시장에서 이런 얘기들이 들릴 때 '아, 이런 뜻이었지' 하는 정도는 파악하는 편이 유리하기 때문에 설명한 것입니다.

이해를 돕기 위해 추가로 설명하자면, 일물일가 원칙에 따라 같은 물건은 하나의 가격만 존재하는데, 같은 물건이 다른 가격으로 팔린다면 시장 참가자들

선물가격의 만기구조 ‖‖‖

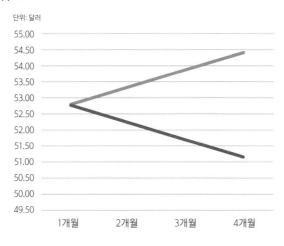

단위: 달러

55.00
54.50
54.00
53.50
53.00
52.50
52.00
51.50
51.00
50.50
50.00
49.50

1개월 2개월 3개월 4개월

━━ 만기가 길수록 가격이 높아지면 콘탱고
━━ 반대로 만기가 갈수록 가격이 낮아질 때 백워데이션

은 당연히 싼 가격에 그 물건을 사서 비싸게 팔아 아무런 위험도 없이 그 가격 차이만큼 이익을 내려고 합니다. 차익거래 말입니다. 비트코인 현물과 선물도 마찬가지입니다. 동일한 비트코인을 대상으로 거래하는 상품인데, 이 둘 사이에 가격 차이가 생기면 곧바로 차익거래가 이뤄지겠죠. 다만 선물은 미래에 현물을 사고 파는 계약이기 때문에 금융비용과 보관비용 정도만큼은 현물보다 비싼 게 당연하며 이를 콘탱고라고 합니다.

일례로 2021년 8월에 비트코인이 거래되는 (현물)가격이 있고 한 달 뒤인 9월에 비트코인을 주고받고자 하는 (선물 9월물) 가격이 있는데, 선물 가격이 더 비싸다면 이는 정상이라는 것이죠. 이렇게 한 달 뒤 거래되는 비트코인 선물 가격이 현물보다 훨씬 더 높다면, 그만큼 앞으로 비트코인 가격이 더 뛸 것으로 보는 투자자들이 많다는 뜻입니다.

또한 9월물 선물보다 12월물 선물 가격이 더 높다는 건, 당장 9월보다 연말쯤엔 비트코인 가격이 더 높아질 것으로 베팅하는 투자자가 많다는 뜻이겠죠. 즉 선물과 현물 간 가격 차이가 벌어지고, 선물 근월물과 원월물 간 가격 차이가 벌어지면 이는 추가 상승의 시그널로 볼 수 있겠습니다.

물론 선물 가격이 현물보다 과하게 높다고 판단되면, 투자자들은 가격이 비싼 (고평가된) 선물을 팔고, 가격이 싼(저평가된) 현물을 사는 차익거래에 나설 테고, 그 결과로 선물 가격은 내려오고 현물은 올라갑니다. 굳이 선물에 투자하지 않아도 두 가격 차이를 잘 파악하고 있는 투자자라면 이 시기를 이용해 비트코인 현물을 미리 사둬서 이익을 얻을 수 있겠죠.

아울러 선물 가격이 오른다고 해서 시장이 무조건 좋은 것만은 아닙니다. 앞으로 비트코인 가격이 더 오를 것으로 전망해 선물 9월물 가격이 오른다면 그보다 만기가 먼 12월물 가격은 더 높아지겠죠. 결국 이런 상황이 되면 선물이 만기가 될 때 만기를 연장하는 롤오버(roll-over)* 비용이 높아지게 됩니다. 이 때문에 만기를 연장하지 않고 미리 포지션을 청산해 현금 수익을 챙기는 투자자가 늘어날 수 있습니다. 이 경우 만기일 때마다 시장 변동성이 커질 수밖에 없습니다. 흔히 주식시장에서 '마녀가 날뛴다'고 얘기하는 '만기일 효과'와 같은 이치라고 생각하면 됩니다.

여기서 중요한 건 시장에서 나타나는 여러 지표를 한 측면에서만 해석하

> **롤오버(Roll-over)**
> 우리말로는 '만기 연장'으로 해석되며, 선물을 매수하거나 매도한 투자자가 만기일에 근월물을 매도한 뒤 동일한 규모로 원월물을 매수함으로써 자신의 선물 포지션 만기를 늦추는 전략을 말함

면 위험할 수 있다는 겁니다. 비트코인시장 규모 자체가 커지고 있고 그 못지 않게 선물시장도 빠르게 성장하고 있는 만큼, 시장에 영향을 주는 변수는 훨씬 더 늘어났고 시장을 이해하는 방식은 더 복잡해졌다는 뜻입니다. 어렵다고 해서, 선물 투자를 하지 않는다고 해서 비트코인과 이더리움 선물시장을 외면해선 올바른 투자 전략을 세울 수 없는 시점이 되었습니다.

비트코인 초보자를 위한 꿀팁

2017년 말에 처음 등장한 가상화폐 파생상품이 빠르게 성장하면서 이제는 비트코인과 이더리움 시세를 이해하기 위해서는 비트코인 선물과 이더리움 선물을 반드시 함께 살펴야 하는 상황이 되었습니다. 중요한 건, 선물과 현물 간 가격 차이가 어떻게 형성되고 있고 다른 투자자들은 그에 맞춰 어떻게 대응하고 있는지를 지속적으로 파악해야 한다는 것입니다.

가상화폐투자도 해를 거듭할수록 차츰 그 영역이 넓어지고 있는 만큼 상대적으로 높은 투자 위험을 가지는 가상화폐 직접투자를 적정 수준으로 낮추되 선물과 같은 파생상품을 이용해 위험도를 조정할 수도 있습니다. 또한 개별 코인의 가치나 위험도를 판단하기 어려운 만큼 펀드나 상장지수펀드, 코인에 투자하고 있는 기업의 주식을 거래하는 것 등 다양한 우회 투자도 고려해보는 편이 좋습니다

6장

코린이가
선택해야 할
가상화폐
투자방법

가상화폐 직접투자는
얼마나 위험한가요?

"비트코인과 같은 고위험 투자상품은
젊은 금융 소비자들의 삶에 큰 영향을 줄 수 있기 때문에 적합하지 않습니다.
특히 젊은 투자자들을 유혹하는 상황이 계속되고 있어서 우려스럽습니다."

영국의 금융감독당국인 금융행위감독청(FCA)는 전 세계 가상화폐투자 열기
가 뜨거웠던 2021년 3월, 517명에 이르는 18~24세 자기 주도(스스로 투자를 결정
하는) 투자자들을 상대로 진행한 설문조사 결과를 공개하면서 이같은 경고 메
시지를 함께 던졌습니다.

여기서 FCA가 젊은 층을 문제삼은 건 투자 경력이 짧으면서도 제대로 된 투
자 정보 없이 가상화폐에 투자하는 관행 때문이었지만, 사실 가상화폐투자는
비단 젊은이들에게만 한정된 건 아닙니다.

많은 분들이 귀가 따갑도록 들어봤을 텐데요, 뭐니 뭐니 해도 가상화폐투자

의 가장 큰 리스크는 '높은 가격 변동성(Volatility)'입니다. 그렇다면 가상화폐 중에서 그나마 가장 안전하다고 하는 비트코인의 변동성은 얼마나 되는지 살펴보겠습니다.

일반적으로 우리가 가격의 변동성이라고 말할 때, 변동성은 기본적으로 해당 자산 가격의 통계적인 표준편차를 말합니다. 비트코인의 변동성이 크다는 건 그만큼 가격이 위나 아래로 크게 변할 수 있다는 뜻이고, 그래서 투자할 때 따르는 위험이 크다는 뜻입니다.

비트코인의 경우 가격 변동성을 말할 때 대개는 연간 일별 로그 수익의 30일 표준편차로 정의합니다. 그 내용이 어렵다 보니 굳이 산출 방식까지는 구할 필요가 없는데, 우리는 비트코인의 변동성이 높은 시기를 100% 이상으로, 중간 변동성을 50~100%로, 낮은 변동성을 50% 미만으로 설정한다는 정도만 염두에 두고 넘어가면 될 듯합니다.

이를 단순화해서 예를 들어보면, 흔히 비트코인의 변동성이 70%라고 한다면 1년으로 환산한 한 달간 가격 변동폭이 70%라는 겁니다. 1천만 원짜리 비트코인이 위로는 1,700만 원까지, 아래로는 300만 원까지 오갈 수 있다는 뜻이 됩니다.

그렇다면 비트코인은 그동안 얼마나 큰 폭으로 가격이 움직였을까요? 2014년에 평균 40일간 지속되었던 높은 변동성 기간은 2018년에 136일까지 확대되었습니다. 2020년과 2021년에는 각각 36일, 32일로 줄어들긴 했지만, 여전히 변동성이 추세적으로 낮아졌다고 보긴 어렵습니다. 낮은 변동성 기간도 2014년에 45일, 2016년에 114일까지 늘었지만, 2019년과 2020년에는 다시 40일과 46일로 각각 줄었습니다.

문제는 이런 가격 변동성뿐만은 아닙니다. 앞서 언급했듯이 비트코인이나 이

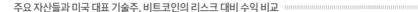

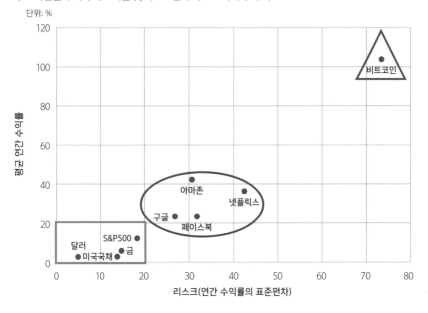

출처: 스티븐 포스터 블로그

더리움 정도를 제외한 다른 코인들의 경우 투자 정보가 많지 않은 데다 대부분 발행주체가 신생 스타트업이다 보니, 사업 실패 확률이 높다는 것도 투자 리스크가 됩니다. 설립한 지 수 년, 또는 수십 년 된 기업들도 주식시장에서 상장폐지로 사라지곤 하는데, 이런 스타트업들이야 오죽하겠습니까.

뿐만 아니라 지분 분산 요건을 충족한 뒤 주식시장에 상장하는 기업들과 달리, 코인들은 이런 규정 없이 가상화폐 거래소에 상장하다 보니 코인을 다수 보유한 특정 '고래'들에 의해 시세가 크게 흔들리는 상황까지 벌어지기도 합니다. 특히 이는 투자자 개인이 통제할 수 없는 리스크인지라 더 위험할 수밖에 없습니다.

이렇게 투자 위험이 높다 보니 최근에는 글로벌 은행감독기구가 가상화폐에 투자하는 은행이나 투자은행들에 대한 규제를 강화하는 조치를 내놓으며 투자심리를 얼어붙게 만들기도 했습니다. 그것은 바로 미국·유럽·한국 등 10개국 중앙은행과 은행감독기구로 구성된 바젤은행감독위원회가 2021년 6월에 제안한 가상화폐투자에 따른 위험 가중치입니다.

일반적으로 은행들은 고객들로부터 예금을 받아 그 돈으로 투자나 대출을 시행하기 때문에 투자나 대출 위험에 따라 충분한 자기자본을 쌓아 만약의 사태에 대비해야 하는데, 바젤은행감독위원회는 은행들에게 가상화폐에 투자했을 때 위험 가중치를 1,250%로 매기라고 권고했습니다. 이는 주택담보대출에 붙는 20%는 물론이고 (상장)주식과 펀드 250%, 비상장주식 400% 등과 비교할 때 엄청나게 높은 가중치입니다. 그만큼 가상화폐에 투자할 때 위험도가 높다는 판단인 셈입니다.

만약 국내 시중은행 한 곳이 가상화폐에 100원을 투자한다고 가정해봅시다. 위험 가중치가 1,250%이니, 100원 투자했을 때 1,250원어치 위험자산을 보유하고 있는 것으로 간주하라는 뜻입니다. 현재 우리나라 은행들은 최소 자기자본 비율을 8%로 맞춰야 하는 만큼 결국 은행이 100원 가상화폐에 투자하면 '만약에 손실이 날 경우에 대비해서' 100원을 자기자본으로 더 쌓아야 합니다. 100원 투자하면 100원 모두를 다 잃을 수도 있다는 경고이며, 이는 사실상 가상화폐에 투자하지 말라는 뜻입니다.

물론 이는 '내 돈'이 아닌 '고객 돈'을 다루는 은행이라는 특성을 감안한 조치이긴 하지만, 그만큼 가상화폐투자가 위험하다는 점을 잘 보여주는 사례라고 하겠습니다. 그런 차원에서 개인투자자라고 해도 나중에 써야 할 곳이 있는 목적성 자금이나 잃었을 때 일상생활에 영향을 줄 만큼의 목돈을 가상화폐에 투자하는 일은 자제하는 것이 좋습니다. 가상화폐는 어디까지나 소규모 여유자금으로 장기적으로 투자해야 하는 '고위험·고수익' 자산임을 잊지 않아야 할 것입니다.

비트코인 초보자를 위한 꿀팁

거래소를 통해 일반인들끼리 사고팔 수 있게 된 지 이제 10년을 갓 넘긴 가상화폐는 여전히 높은 가격 변동성을 유지하고 있습니다. 또한 특정 큰손들의 보유 비중이 높은 데다 기업 정보 공시가 미흡하고 업력이 오래되지 않은 스타트업이 발행한 경우가 많다 보니 투자 위험이 더 높습니다. 그러므로 투자는 가급적 소규모 여유자금으로 시작하는 것이 좋습니다.

직접투자로도 안정성을
높이는 방법은 없나요?

지금까지 우리는 가상화폐투자가 얼마나 위험한지에 대해 살펴봤습니다. 그렇다고 해서 투자자들이 가상화폐를 외면하진 않는 이유는 가상화폐의 높은 가격 변동성은 그 자체로 위험일 수도 있지만 다른 한편으로는 기회가 될 수도 있는 '양날의 검'이기도 때문이죠.

실제 전문가들도 이런 얘기를 하고 있습니다. 미국 내에서 이름만 대면 알 만한 유력 헤지펀드*인 모건크릭캐피탈 매니지먼트를 세운 헤지펀드 매니저 마크 유스코 최고경영자(CEO)는 최근 한 인터뷰에서 "비트코인의 높은 변동성은 적(敵)이 아니라 오히려 친구"라고 말했습니다.

> **헤지펀드**
>
> 주식과 채권, 파생상품과 실물자산, 심지어 디지털자산 등 다양한 상품에 투자해 목표대비 초과 수익을 노리는 것을 목표로 하는 간접투자 상품

그는 "투자자들은 변동성이 높으면서도, 특히 상승 쪽으로 변동성이 큰 자산을 원하는 만큼 하방 변동성이 고통스럽긴 해도 장기적으로는 변동성이 큰 자산을 보유하는 편이 낫다"면서 "비트코인이 최근 11년간 한 해 평균 223%씩 누적적으로 수익률을 올렸다는 점을 감안하면 이 정도 변동성은 당연히 받아들여야 한다"고 했습니다.

유스코 CEO의 얘기처럼 한 해 200%가 넘는 수익률을 꼬박꼬박 내준다면 지금 정도의 변동성을 핑계로 투자를 하지 않을 이유가 없겠지요. 그러나 보다 안전한 투자를 위해서는 다음의 몇 가지 사항을 반드시 염두에 두고 투자할 필요가 있겠습니다.

첫째로, 가상화폐투자는 소규모로 시작해야 합니다. 시장 변동성과 그에 따른 리스크 등을 충분히 이해하기 전까지 '다 잃어도 재무적으로 충분한 감당할 만한 정도'의 금액으로 투자해야 합니다.

다만 '자신이 감당할 정도'의 금액은 투자자들마다 다 다를 수밖에 없습니다. 100억 원 이상을 가진 자산가라면 1억 원 정도는 다 잃어도 충분히 스스로 감당할 수 있는 수준이겠죠. 그렇다고 해서 처음으로 1억 원을 투자해선 안 되겠고요. 이럴 때에는 금융자산에 투자하는 전체 포트폴리오의 1~5%, 아무리 높아도 10%를 넘지 않은 선에서 분산투자하는 방법을 고민해야 합니다.

이를 포트폴리오 효과라고 하는데요, 실제 블룸버그가 지난 2015년부터 2021년 상반기까지 5년 반 정도의 기간동안 주식에 60% 채권에 40%를 투자하는 이른바 '6:4 포트폴리오' 중에서 1~5% 정도의 자산을 비트코인으로 바꿔 편입했더니 투자 수익률이 기존 포트폴리오에 비해 최대 1.7배 더 높게 나왔다고 밝힌 바 있습니다. 이 기간 중 연간으로 환산한 비트코인의 한 달 변동성이 무려 81%나 되었는데도 이 정도의 초과 수익이 나왔다는 건 굉장히 놀라운 일입니다.

포트폴리오 배분비율에 따른 수익률

단위: %

	주식 60/채권 40	주식 59/채권 40/ 비트코인 1	주식 59.5/ 채권 40/ 비트코인 0.5
총수익률	17.1	21.5	25.8
평균 연간 수익률	5.4	6.8	8.2
연 평균 수익률	8.2	10.2	12.2
평균 연간 변동성	6.7	6.8	7.0

※ 2016년 1월 1일부터 2018년 11월 20일까지 주식 60%, 채권 40% 포트폴리오에서 각각 주식 비중을 0.5%포인트, 1%포인트 낮춘 뒤
그 만큼 비트코인에 투자했을 때 수익률이 더 높게 나타나고 있다.

출처: 코벤처리서치

둘째로, 가상화폐투자는 단타가 아닌 중장기투자로 하는 것이 유리하다는 겁니다. 실제 2021년 7월에 세계 최대 디지털자산 수탁업체인 뉴욕디지털금융그룹(NYDIG)이 내놓은 보고서에 따르면 비트코인과 주식, 채권, 원자재(커머디티), 부동산에 투자해 5년간 보유했을 때의 수익률을 보면 비트코인이 압도적인 1위를 차지했습니다. 비트코인의 경우 5년간 장기 보유했을 때 평균 136%의 수익을 올렸는데 기간에 따라 최고 304%에 이르렀고, 최악의 경우에도 29%에 이르는 수익률을 냈습니다.

비트코인을 빼곤 가장 수익률이 좋았던 자산은 미국 주식이었는데 5년간 평균 수익률이 9.7%였고, 최고 36%, 최저 -19%였습니다. 비트코인과 가장 자주 비교되는 금(金)의 경우 5년 간 평균 수익률이 5%에 불과했습니다. 최상의 경우에도 수익률은 36%에 그쳤고, 최악의 경우엔 -16%의 수익을 냈습니다.

끝으로, 이렇게 멀리 보고 투자하려면 비트코인이나 이더리움처럼 시가총액이 크면서도 성장 가능성이 큰 대형 코인에 주로 투자하는 편이 유리하다는 겁니다. 일단 비트코인과 이더리움은 특정 기업이 발행한 자금 조달용 코인이 아

닌 만큼 기업이 도산하거나 비즈니스 모델이 망가져서 코인이 사라져버릴 염려가 낮다는 점이 장점입니다.

특히 비트코인과 이더리움은 이미 많은 기관투자가들이 참여하고 있는 만큼 투자자 기반도 넓습니다. 이런 안전판이 있어야 중장기투자가 가능한 법입니다. 또한 이들은 선물과 같은 헤지 수단까지 도입되어 있는 만큼 멀리 보고 투자할 때 생기는 시세 변동 리스크를 헤지할 수도 있다는 이점이 있습니다.

비트코인 초보자를 위한 꿀팁

가상화폐가 높은 시세 번동성을 보이는 위험자산이긴 하지만, 소액의 여윳돈으로 투자를 조금씩 시작하는 것은 큰 부담이 되지 않을 수 있습니다. 그러다 투자 규모가 커진다면 전체 투자 포트폴리오 내에서 중장기투자가 가능한 시가총액 상위 대형 코인 위주로 분산투자를 한다면 충분히 일정 수준 이상의 초과 수익을 얻을 수 있을 겁니다.

비트코인도 레버리지 투자가
가능한가요?

주식투자 열기가 아주 뜨거울 때, 우
리는 경제신문 등을 통해서 이른바 '빚투(빚 내서 투자하는 일)'라는 단어를 자주
접하곤 합니다. 주식은 더 사고 싶은데 자기 돈이 없을 때 우리는 증권사에서
신용융자라는 제도를 이용합니다. 증권사가 자기자본으로 투자자들에게 주식
을 더 사라며 이자를 받고 돈을 빌려주는 것이죠. 은행에서 받은 신용대출과 같
은 개념이라고 보면 됩니다.

신용융자 외에도 일정한 한도 내에서 외상으로 주식을 사는 미수거래가 있
고, 자신이 가지고 있는 주식을 이용해 증권사에서 돈을 빌리는 주식담보대출
등도 있습니다. 투자자들에게 더 많은 주식을 사라고 유혹하는 제도들은 이렇
게 넘쳐납니다.

심지어 카지노에서도 은밀하게 도박자금을 빌려준다고들 하니, 어디 주식시

장이 아닌 가상화폐시장이라고 이런 제도가 없겠습니까. 가상화폐시장에서도 레버리지(Leverage)*를 일으켜 더 많은 자금을 투자에 넣도록 돕기 위한 마진(Margin) 거래 제도가 존재합니다.

> **레버리지(Leverage)**
> 영어로 '지렛대'라는 뜻으로, 특정한 자산에 투자할 때 수익률을 최대한 높이기 위해 돈을 빌려 매입에 나서는 투자전략을 뜻함

마진은 원래 선물이나 옵션거래를 하려는 투자자가 증권회사에 미리 맡겨야 하는 일정 금액의 증거금을 말합니다. 워낙 위험성이 높은 투자상품이라 선물과 옵션을 거래하려면 일정 금액 이상의 증거금을 미리 담보처럼 맡겨둬야 하는데, 이를 마진이라고 합니다. 가상화폐시장에서의 마진 거래는 이처럼 마진이라는 증거금을 기초로 해서 큰 자금을 빌려서 가상화폐에 투자하는 방식을 말합니다.

현재 은행에서 고객 실명계좌를 제공하는 업비트, 빗썸, 코인원, 코빗을 비롯한 국내 주요 가상화폐 거래소들은 이런 마진거래를 제공하지 않고 있지만, 일부 국내 중소형 거래소나 해외 거래소들은 마진거래를 통해 톡톡히 재미를 보고 있습니다.

그 대표적인 거래소가 비트멕스(BitMEX)로, 최대 100배까지 레버리지를 일으켜 가상화폐에 투자할 수 있도록 해줍니다. 이는 투자자가 증거금(마진)을 거래소에 예탁해두면 필요한 자금을 1~100배씩 빌려서 가상화폐를 사거나 팔 수 있도록 해주는 것이죠.

바이낸스(Binance)와 같은 해외 거래소 중에서는 소액의 증거금만으로 최대 125배까지 가상화폐 선물을 살 수 있도록 하는 레버리지 투자서비스도 제공하고 있습니다. 현물에 비해 선물은 더 적은 금액으로도 투자할 수 있도록 한 상품이다 보니 그 위험성은 더 큽니다. 바이낸스에서 이런 레버리지를 이용하면

0.8달러만으로 100달러 상당의 비트코인 선물에 투자할 수 있습니다. 반면 엄격한 규제를 받는 미국 주류 거래소인 시카고상품거래소(CME)에 상장된 비트코인 선물은 100달러 어치를 사려면 최소 38달러를 내야 하니 그 차이가 어마어마하다고 할 수 있습니다.

그나마 최근 이 같은 마진 거래의 위험성을 인지한 각국 금융당국이 바이낸스를 비롯한 글로벌 가상화폐 거래소를 규제하고 있긴 하지만, 여전히 마진 거래는 성행하는 편입니다. 문제는 이렇게 큰 레버리지를 일으키다 보면 예상한 대로 가상화폐 가격이 오르면 큰 수익을 얻을 수 있지만, 예상과 달리 가격이 하락하면 그 손실도 엄청나게 커질 수 있다는 점입니다.

이렇게 레버리지를 일으켜 투자하다가 손실이 나면서 증거금이 일정 수준 아래로 떨어지면 부족분을 메워야 하는데, 이때 만약 증거금을 제때 채우지 않으면 계약이 파기되고 자동으로 반대매매(청산)가 이뤄집니다. 이를 안내하러 증권사 직원이 '전화(call)'한다고 해서 마진 부족에 따른 반대매매를 '마진 콜'이라고 합니다.

실제로도 2021년 5월에 가상화폐 가격이 한창 급락할 때 국내 언론 경제부 기자 출신인 가상화폐 전문 유튜버가 한 대출 플랫폼에서 80%까지 대출을 받아 가상화폐에 투자했다가 수십억 원에 달하는 마진 콜을 당했다는 소식이 전해지며 그 위험성이 드러나기도 했지요.

비단 개인적 차원이 아니라 최근 가상화폐시장에서는 이런 마진 콜로 인해 시세가 하락할 때 낙폭이 커지는 일이 자주 벌어지곤 하니 시장 전체적으로도 큰 리스크가 되고 있습니다. 실제 가상화폐 데이터 제공업체인 바이비트(Bybt)는 가상화폐 시세가 급락했던 2021년 5월에는 하루에만 평균 100억 달러, 우리 돈으로 11조 원에 이르는 투자금이 강제 청산을 당했다고 전한 바 있습니다. 이

2019년 9월 24일 비트코인 폭락

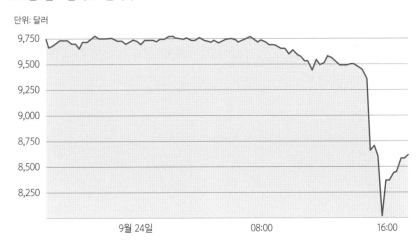

단위: 달러

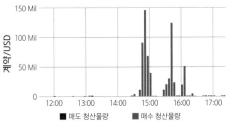

9월 24일 시간대별 비트멕스 거래소에서의 마진콜 청산물량

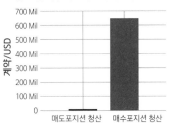

9월 24일 하루 비트멕스 거래소 청산물량

※ 2019년 9월 24일 비트멕스 거래소에서 마진콜에 의한 청산이 급증하자마자 비트코인 가격이 일시에 추락하고 있다.

출처: 코인데스크

렇게 강제 청산이 한꺼번에 쏟아질 때마다 시장은 큰 폭으로 조정을 받고 있는 상황입니다.

　마진 거래는 이처럼 개인이나 시장 전체적으로 큰 리스크가 되고 있기도 하지만, 그 자체로 그리 매력적이지 않습니다. 수수료 부담이 너무 큰 것도 문제입니다. 만약 증거금의 100배에 이르는 레버리지로 돈을 빌려 투자했다면 수수료도 100배로 물어야 합니다. 만약 거래 횟수가 늘어나면 수수료는 눈덩이처럼 불어나니 실제 투자수익률에도 큰 영향을 미칠 수밖에 없습니다. 이런 제도가 있다는 건 투자자로서 기본적으로 알아둬야겠지만, 활용은 아예 하지 않는 편이 좋겠습니다.

비트코인 초보자를 위한 꿀팁

주식시장에서 빚내서 투자하는 신용융자나 미수, 주식담보대출처럼, 코인시장에서도 자신이 맡긴 증거금(마진)을 기초로 해서 최대 100배에 이르는 돈을 빌려서 가상화폐나 가상화폐 선물에 투자할 수 있는 제도가 있습니다. 엄청난 위험과 높은 수수료를 감안할 때 가급적 피해야 하겠습니다. 다만 이로 인한 시장 변동성 확대가 빈발하고 있는 만큼, 이런 마진 거래 동향은 예의주시해야 합니다.

덩치가 커진 선물시장을
활용해도 되나요?

'선물(futures)'이라는 개념은 앞서 잠시
언급했듯이 지금 거래를 하지만 당장 자산을 사거나 팔지 않고, 미리 결정된 가
격에 미래의 일정 시점에 주고받을 것을 약속한 거래를 말합니다. 비트코인 선
물을 대입해보면, 지금 당장 비트코인을 계좌에 보유하지 않으면서도 비트코인
의 미래 가격에 베팅해 비트코인투자 효과를 노리는 거래를 말합니다.

비트코인 선물은 국내 대형 가상화폐 거래소에는 없지만, 일부 중소형 거래
소나 국내에서도 직접 가입할 수 있는 바이낸스나 OKEx 등 몇몇 해외 거래소
에서 서비스가 제공되고 있습니다.

다만 이는 개별 가상화폐 거래소가 만든 상품이라 유동성이나 신뢰도 면에
서 취약한 감이 있습니다. 그러다 보니 주류 파생상품 거래소인 미국 시카고상
품거래소(CME)나 뉴욕증권거래소(NYSE)를 소유하고 있는 런던 인터컨티넨탈익

백트(Bakkt)

세계 최대 파생상품 거래소인 영국 런던의 ICE 거래소가 출자해 만든 가상화폐 거래소로, 여기에는 세계 최대 커피 프랜차이즈인 스타벅스도 지분을 출자하고 있음. 향후 스타벅스는 이 백트와 협력해 비트코인 결제서비스를 제공할 계획을 가지고 있음

스체인지(ICE)가 만든 백트(Bakkt)* 거래소에 상장되어 거래되는 비트코인 선물과 이더리움 선물이 대표 상품으로 인정받고 있지만, 국내 투자자들에게는 아직 문호가 열려 있지 않습니다.

이렇게 제한적이고 거래에 불편함이 따르는데도 비트코인 선물에 투자하는 건 그만큼 장점을 가지고 있다는 걸 방증합니다. 무엇보다 선물은 상대적으로 적은 증거금(마진)만으로 거래할 수 있으니 지금 바로 비트코인을 사거나 파는 것보다 부담 없이 투자할 수 있다는 장점이 있습니다. 즉 레버리지가 큰 투자상품이라고 할 수 있습니다.

가장 대표적인 CME의 비트코인 선물을 예로 들면, 비트코인 선물 1계약이 총 5개의 BTC 거래 규모입니다. 비트코인 선물 2계약만 사면 비트코인 10BTC에 투자한 것과 같은 결과이니 레버리지가 얼마나 큰지 가히 짐작할 수 있을 겁니다. 또한 최소 증거금은 13만 3천 달러, 원화로 약 1억 5,500만 원 이상 되어야 선물 거래를 시작할 수 있고, 요구 증거금은 거래금액의 50%입니다. 현재 비트코인 가격이 5만 달러라고 했을 때 비트코인 10BTC를 사려면 50만 달러가 필요한 반면, 선물로는 2계약을 반값인 25만 달러(50만 달러×50%)에 살 수 있습니다.

지금 당장 손에 비트코인을 쥐고 있지 않고도 비트코인 가격 하락에 대비할 수 있는 거래가 가능하는 것도 큰 장점입니다. 즉 비트코인 가격이 하락할 것으로 예상할 때 비트코인을 가지고 있는 투자자는 이를 팔아서 현금화하는 것 외에 달리 대응 방법이 없습니다. 그러나 비트코인 선물을 매도할 경우, 나중에 실제 비트코인 가격이 하락하면 그만큼의 수익을 올릴 수 있습니다.

단위: 10억 달러

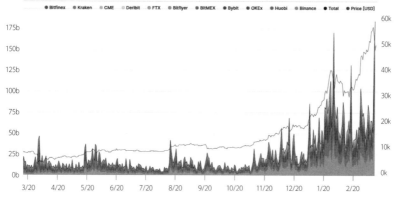

출처: 글래스노드

이렇다 보니 선물을 통해 위험회피(헤지)도 가능합니다. 예를 들어 비트코인을 가지고 있는데 앞으로 가격이 하락할 것 같다고 가정해봅시다. 이에 대비하기 위해선 비트코인을 팔아야 하는데, 이를 팔 생각이 없다면 비트코인 선물을 매도함으로써 잠재적 손실을 상쇄할 수 있습니다. 비트코인을 보유하면서 비트코인 선물을 매도한다면, 비트코인 가격이 올라가면 선물 매도만큼만 손해를 보면 되고, 반대로 가격이 떨어지면 선물 매도로 이익이 나니 보유하고 있는 비트코인 가격 하락을 만회할 수 있습니다. 이런 전략적 측면 때문에 최근 뱅크오브아메리카(BoA)나 골드만삭스 등 월가를 대표하는 투자은행들이 가상화폐 전문 트레이딩 데스크를 열고 가상화폐와 가상화폐 선물 매매를 시작한 것입니다.

실제 비트코인을 가지고 있지 않은 한 투자자가 비트코인 가격이 오를 것을 예상해, 만기일이 9월인 비트코인 선물 9월물을 2021년 8월에 1계약 샀다고 합시다. 당시 비트코인 가격은 5만 달러였는데, 투자자는 한 달 뒤에 비트코인 가격이 올라갈 것으로 예상해 선물 1계약을 5만 5천 달러에 매수한 겁니다. 이후 만기가 되어 비트코인 가격이 오히려 4만 5천 달러까지 하락했다면, 투자자는 총 5천 달러 손실을 부담해야 합니다. 물론 선물을 매수한 뒤 가격이 내려가면 만기일 이전에 이보다 적은 손실을 지고 손절매를 해도 되겠죠.

반대로 지금 가지고 있는 비트코인이 전혀 없더라도 나중에 비트코인 가격이 떨어질 것으로 예상한다면 투자자는 9월물 선물을 4만 5천 달러에 매도할 수도 있겠지요. 그리고 한 달 내에 예상대로 비트코인 가격이 떨어지면 투자자는 선물 매도로 이익을 보게 됩니다.

그러나 비트코인 선물이 가진 이 같은 장점에도 불구하고 단점 또한 뚜렷해 잘못 투자하면 큰 독이 될 수도 있습니다. 선물 투자는 레버리지가 크다 보니 자칫 시장 예측을 잘못할 경우 큰 투자손실을 입을 수 있는 위험이 있습니다.

특히 가상화폐 선물은 상대적으로 투자자 수나 호가, 거래량 등이 많지 않은 편이라 만기일에 가까울수록 포지션을 청산하기 수월치 않을 수 있다는 점에 유의해야 합니다. 아울러 앞서 지적한 것처럼 주요 해외 가상화폐 선물 거래소에서는 최대 100배까지 레버리지를 지원하고 있기 때문에 투자 손실이 생기면 한 순간에 파산할 가능성까지도 있으니 더욱 신중을 기해야 하겠습니다.

비트코인 초보자를 위한 꿀팁

비트코인 선물이 CME 거래소에 상장된 지도 벌써 4년째를 맞이하면서 가상화폐 선물시장도 급속도로 성장하고 있습니다. 이에 비트코인과 이더리움 선물을 활용해 저렴하게 가상화폐에 투자하거나 위험을 회피하는 헤지 거래를 하는 등 다양한 투자전략을 펼 수 있게 되었습니다. 그러나 높은 변동성을 가진 가상화폐보다 더 위험성이 높은 게 가상화폐 선물인 만큼 투자에는 신중을 기해야 합니다.

가상화폐에 간접투자하는
상품이 있나요?

국내 주식시장의 개인투자자 비중은 꽤 높은 편이지만, 오랜 시장 전통을 가진 미국만 해도 주식시장 내 개인 직접투자 비중은 미미한 편입니다. 오랜 시간 축적된 데이터를 통해 정보 취득 능력이나 전문적인 운용 능력, 자금 동원력 등에서 절대 우위에 있을 수밖에 없는 자산운용사에 자금을 위탁하면 더 높은 수익을 기대할 수 있다는 인식 덕분입니다.

가상화폐시장의 경우 역사가 얼마되지 않았기 때문에 국내뿐 아니라 미국에서도 개인투자자 비중이 절대적으로 높은 편입니다. 그러나 코인 발행 기업들의 정보를 취득하기 용이하지 않은 데다 일명 '고래'로 불리는 큰손들의 입김이 큰 가상화폐시장인지라, 개인들이 직접 이들을 상대하기보다는 펀드라는 결집체를 통해 대응하는 것이 보다 효율적이라는 게 전문가들의 공통된 의견입니다.

가상화폐시장이 본격적인 대세 상승기에 접어들었던 2020년 하반기부터 이

시장 내에서도 변화가 나타나기 시작했습니다. 가상화폐에 대한 간접투자가 늘어나고 있다는 겁니다. 특히 개인투자자는 물론이고 상장회사나 심지어 기관투자가들조차도 펀드를 통해 이 시장에 뛰어들기 시작했다는 점이 눈길을 끕니다.

그런 가상화폐 간접투자 시대를 열어젖힌 대표적인 펀드가 바로 그레이스케일 인베스트먼트(Grayscale Investment)라는 자산운용사가 만든 '그레이스케일 비트코인 트러스트(Grayscale Bitcoin Trust)'입니다. 현재 297억 달러, 우리 돈으로 약 35조 원에 이르는 막대한 운용자산을 굴리고 있는 이 펀드는, 기관투자가들과 거액 개인 자산가들의 투자 덕에 가파른 성장세를 보이고 있습니다. 지금은 세계 최대 비트코인 간접투자상품(펀드)으로 등극하며, 그 자금 유출입에 따라 가상화폐시장을 쥐락펴락할 정도로 컸습니다.

여기서 트러스트(Trust)라는 용어가 그리 익숙하지 않을 겁니다. 우리 말로는 '투자신탁'이라고 하며, 일반 대중들로부터 자금을 모아 자산에 투자하는 펀드이면서도 주식시장에 상장해 하나의 기업처럼 움직입니다. 투자자들은 이 회사

그레이스케일 비트코인 트러스트 추이 ||||||||||||||||||||||||||||||||||||

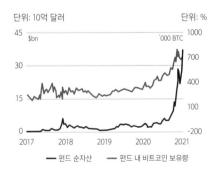

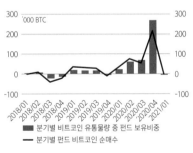

출처: 블룸버그

의 주식을 보유하는 주주가 되며, 이 펀드에 투자하고 싶은 투자자는 운용수익에 따라 주가가 오르내리는 이 회사 주식을 주식시장에서 사면 됩니다.

지금으로부터 8년 전인 2013년에 처음 설정된 이 그레이스케일 비트코인 트러스트는 기관투자가나 일정 수준 이상 자산을 보유한 적격 개인투자자들로부터 돈을 모은 뒤 이 자금 100%를 비트코인에 투자해 수익을 올리고 있습니다.

놀라운 건 이 펀드의 수익률인데, 펀드 설정 이후 지금까지 누적 수익률이 무려 30,485%에 이릅니다. 최근 12개월 수익률도 288%가 넘습니다. 2021년 8월 기준 최근 한 달간 수익률도 39%에 이릅니다. 이런 눈부신 수익률을 등에 업고 많은 기관투자가 자금을 끌어모으고 있습니다. 아쉽게도 비트코인 간접투자수단이 전혀 없는 국내에서는 이 펀드에 투자할 길이 없는 실정입니다.

그럼에도 이 펀드가 많은 투자자들로부터 관심을 모으고 있는 건, 이 펀드가 가상화폐시장 내에서 가지는 영향력 때문입니다. 8년 가까이 미 증권거래위원회(SEC)가 비트코인 상장지수펀드(ETF)를 퇴짜 놓은 탓에 그레이스케일 비트코인 트러스트는 큰손들의 가상화폐투자자금을 빨아들이면서 비트코인 가격을 끌어올리는 핵심 수급원 역할을 해왔습니다. 이제는 매주 발표되는 트러스트의 자금 유출입 동향에 따라 비트코인 투자심리가 엇갈릴 정도입니다.

이 펀드에 한 번 가입한 투자자는 처음 6개월간 보호예수(락업)* 적용을 받아 투자한 트러스트의 주식을 시장에 내다팔 수 없습니다. 반 년 전에 투자했다가 손실을 본 투자자들이 보호예수 기간 이후에 주식을 처분하고, 이에 따

> **보호예수(락업)**
> 기업이 새로운 주식을 발행하는 경우 일정 기간 동안 일정 지분 이상을 가진 주주들의 거래를 제한함으로써 개인투자자와 소액투자자들을 보호해주는 제도. 다만 이 기간이 해제되고 나면 유통가능 주식수가 늘어나 한꺼번에 매도물량이 몰리는 경우가 있음

라 그레이스케일이 트러스트에 담고 있는 비트코인을 매도하면서 시장이 하락하는 것 아니냐는 우려가 확산되기도 했습니다. 다행히 트러스트 주식을 내다 판 투자자가 많지 않았던 걸 보면, 이 펀드 투자자 다수가 중장기적인 관점에서 투자를 하고 있다는 해석이 가능할 것 같습니다.

비트코인 트러스트에 이어 2021년 7월에는 미국에서 첫 비트코인 뮤추얼펀드까지 등장했습니다. 프로셰어스(Proshares)라는 운용회사가 출시한 '비트코인 스트래티지 프로펀드(Bitcoin Strategy ProFund)'라는 이름의 뮤추얼펀드는 운용자산을 비트코인에 직접투자하진 않지만, CME에 상장되어 있는 비트코인 선물에 투자해 비트코인 시장 수익률 이상을 추구하면서 비트코인에 투자하는 다른 펀드나 트러스트, 비트코인 거래소와 투자기업 등의 주식에도 두루 투자할 계획인 것으로 알려지고 있습니다.

국내에서도 가상화폐 간접투자 시도가 없었던 건 아닙니다. 지난 2018년 지닉스(Zeniex)라는 신생 가상화폐 거래소가 국내 첫 가상화폐 펀드인 'ZXG 크립토펀드'를 1호와 2호 연속으로 출시하며 큰 반향을 불러일으켰지만, 금융당국이 자본시장법 위반 소지가 있다며 검찰에 수사를 의뢰하자 펀드 출시를 취소한 바 있습니다. 그 이후 가상화폐 펀드라는 시도 자체가 사라지긴 했지만, 국내에서도 서서히 가상화폐 간접투자에 대한 요구가 커질 것으로 예상됩니다.

비트코인 초보자를 위한 꿀팁

국내에서는 아직까지 먼 얘기이긴 하지만, 금융의 본고장인 미국에서는 이미 가상화폐에 집중투자하는 트러스트(투자신탁)와 뮤추얼펀드 등이 잇달아 출시되며 가상화폐 간접투자 시대가 본격적으로 열리고 있습니다. 정보와 자금력에서 개인들에게 '기울어진 운동장'인 가상화폐시장에서도 간접투자 요구가 차츰 늘어날 것으로 예상됩니다.

비트코인도
ETF가 대세일까요?

'편하긴 하지만 위험성이 있는 주식의 직접투자와 안전하긴 하지만 다소 번거로움이 따르는 간접투자의 장·단점을 선별적으로 취합한 투자상품이 나온다면 얼마나 좋을까?' 하는 생각이 만들어 낸 멋들어진 작품이 바로 상장지수펀드(ETF)입니다. 실제로도 최근 전 세계 주식시장에서 ETF는 대세 투자상품으로 각광받고 있는데, 그래서인지 가상화폐 시장에서도 ETF의 등장을 기대하는 목소리가 큰 상황입니다.

특히 2021년 2분기 초까지의 신바람 나는 상승랠리 이후 각국 정부와 금융당국의 규제 움직임과 그에 따른 투자심리 냉각으로 인해 가상화폐 가격이 조정을 받으면서 가상화폐 ETF 대망론은 더 고조되고 있습니다.

사실 가상화폐 업계에선 2017년 이전부터 비트코인 ETF를 만들어보겠다는 시도가 나왔지만, 지금까지 수년간에 걸쳐 미국 금융당국인 증권거래위원회

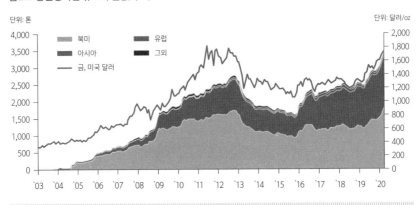

단위: 톤

단위: 달러/oz

- 북미
- 아시아
- 유럽
- 그외
- 금, 미국 달러

출처: 세계금위원회, SK증권

(SEC)로부터 퇴짜를 맞아왔습니다. 이에 미국을 우회해 캐나다와 남미, 유럽 등지에서 비트코인 ETF를 출시해 당국 상장승인 허가를 받았지만, 전 세계 금융 허브인 미국에서의 허가를 노리는 금융회사들의 시도는 끊이지 않고 있습니다.

'가상화폐 전도사'로 불리는 윙클보스 형제가 운영하는 제미니(Gemini)를 비롯한 몇몇 업체들을 시작으로, 2020년에는 미국 자산운용사인 윌셔피닉스·뉴욕증권거래소 아카(NYSE Arca), 가상화폐 정보제공업체 비트와이즈, 블록체인 업체 솔리드X·자산운용사 밴에크 등이 비트코인 ETF 신청서를 넣었지만 SEC 입장에는 변화가 없었습니다. 그러다 2021년 들어서는 피델리티와 뉴욕디지털 투자그룹(NYDIG) 등 대형사들까지 참여해 현재 9건의 비트코인 ETF 신청이 제출되어 있습니다.

그렇다면 가상화폐업계에서 왜 이리도 비트코인 ETF 출시에 목을 메고 있는지 알아볼 텐데요, 우선은 이야기를 풀어가기 위해 ETF가 무엇인지부터 알아보겠습니다.

ETF란 개별적인 주식과 채권, 원자
재(상품) 가격은 물론이고 이들을 기초
자산으로 만든 주요 가격지수가 오르
고 내리는 만큼 수익률이 따라가도록
설계한 투자상품입니다. 여러 사람의
돈을 모아 투자하는 일종의 인덱스 펀

인덱스 펀드
펀드매니저가 사전에 특정하게 정
해놓은 목표 지수가 등락하는 데 따
라 동일한 수익률을 올릴 수 있도록
설계해둔 펀드

드*입니다. 이 펀드를 주식시장에 상장시켜 개별 종목처럼 사고팔 수 있도록 한
게 바로 ETF입니다. 일례로 테슬라 주식을 살지, 애플 주식을 살지 고민이라면
이들 종목이 다 포함되어 있는 미국 테크주 ETF에 투자하면 되는 것이죠. 또한
ETF는 펀드에 가입해야 하는 번거로움 없이 쉽게 사고팔 수 있는 데다 개별 주
식을 사고팔 때에 비해 훨씬 더 낮은 수수료만 물면 된다는 것도 굉장한 장점입
니다. 그렇다 보니 미국 시장에서는 직접 주식에 투자하는 개인보다 주식 ETF
에 투자하는 개인이 더 많을 정도입니다.

특히 금처럼 현물을 직접 사고파는 게 번거로운 투자자산일 경우 ETF로 매
매하는 건 더 매력적일 수밖에 없습니다. 금 ETF는 투자자들의 돈을 모아서 한
꺼번에 실물 금을 사고, 런던에 있는 자신의 지정금고에 금을 보관합니다. 금
ETF 1주로 금 0.1온스 정도를 산다고 하는데, 이런 수요가 워낙 많다 보니 현재
전 세계에서 가장 규모가 큰 금 ETF인 'SPDR 골드셰어즈'가 보유하고 있는 금
만 무려 1,248톤으로, 중국 정부가 들고 있는 금 보유량(1,948억 톤)에 육박하고
있다고 합니다.

이 때문에 만약 미국에서 비트코인과 이더리움 ETF가 등장하게 될 경우 가
상화폐 시세에도 큰 호재가 될 것으로 기대됩니다. 'SPDR 골드셰어즈'라는 첫
금 ETF는 출시 사흘 만에 10억 달러를 끌어 모았고, 지금은 550억 달러, 우리

돈으로 64조 3천억 원이라는 초대형 ETF로 성장했습니다. 이후 수많은 금 ETF 가 출시되어 현재 미국 내에서만 1천억 달러가 넘는 자금이 ETF를 통해 금에 투자되고 있습니다.

현재 금 현물 최대 보유처는 미국, 독일, 국제통화기금(IMF) 순인데, 4위가 금 ETF입니다. 이런 ETF의 자금력 덕에 금의 시가총액은 네 배나 폭발적으로 불어났습니다. 물론 비트코인이 이와 똑같은 과정을 밟을 것이라 기대할 순 없지만, 분명 수급 상으로 엄청난 호재라는 건 부인할 수 없을 겁니다.

현재 시장에서는 이르면 2022년 또는 그 이후쯤 SEC가 비트코인 ETF를 승인해줄 것으로 예상하고 있습니다. 최근에는 게리 겐슬러 SEC 위원장이 한 민간 행사에서 진행한 강연을 통해 시카고상품거래소(CME)에 상장된 비트코인 선물을 기초자산으로 하는 ETF에 대해 우선 승인할 것을 시사하는 발언을 해 관심을 끌기도 했습니다. 이 경우 상황이 달라집니다. 비트코인 현물을 기초로 한 ETF가 투자금 100%를 비트코인에 투자하는 반면, 선물을 기초로 한 ETF는 증거금인 10분의 1 정도만 비트코인 선물에 투자한 뒤 나머지는 국채 등을 사서 안정적인 이자 수익을 추구하는 등 운용 방식이 다르기 때문입니다.

선물 ETF는 현물 ETF에 비해 초과 수익을 내는 데는 더 유리하지만, 선물가격의 변동성이 크면 투자 손실을 볼 위험이 더 커지게 됩니다. 또한 현물과 달리 선물은 만기 별로 롤오버(Rollover)를 해줘야 하기 때문에 수익률이 나빠질 소지도 있습니다. 무엇보다 선물 ETF는 해당 자산의 선물을 사는 것이지, 현물을 직접 매수하는 게 아니기 때문에 직접적으로 현물 가격을 끌어 올리는 호재가 되지 않는다는 점에서 비트코인 ETF를 기다려온 투자자들에게는 실망스러운 대목일 수도 있습니다. 그러나 비트코인 선물 ETF가 우선 도입된다면 우회적이긴 하지만 비트코인 가격에도 긍정적 영향을 줄 것이고, 비트코인 ETF 허용으로

가는 시간도 더 단축될 수 있을 것으로 기대됩니다. 이렇게 비트코인은 정규 제도권 시장으로 향하는 발걸음을 차분히 내딛고 있습니다.

다만 최근 들어 미국에서는 비트코인 ETF 허용에 대한 기대감이 커지고 있는데. 구분해야 할 것은 게리 겐슬러 SEC 위원장이 허용 가능성을 시사하고 있는 건 '비트코인 현물'을 기초로 하는 ETF가 아니라 '비트코인 선물'을 기초로 한 ETF라는 점입니다.

현물을 기초로 한 ETF는 투자금 전부를 비트코인 현물에 투자하게 되지만, 선물을 기초로 한 ETF는 증거금 거래를 하기 때문에 통상 10분의 1 정도만 비트코인 선물을 투자하고, 나머지는 국채 등을 사서 안정적인 이자수익을 얻는 식으로 운용됩니다. 이 때문에 선물 ETF는 현물 ETF에 비해 초과수익을 낼 기회는 많지만, 반대로 선물가격 변동성이 크면 투자손실을 볼 위험이 커집니다. 또한 비트코인 현물에 직접 투자하는 게 아니므로 ETF 투자금이 늘어난다고 해서 직접적으로 비트코인 가격을 끌어올릴 가능성은 더 낮습니다. 무턱대고 '비트코인 ETF가 허용된다더라'는 말만 믿고 투자하기보다는 조심할 필요는 있어 보입니다.

비트코인 초보자를 위한 꿀팁

비트코인에 직접투자할 때의 장점과 간접투자할 경우의 장점을 동시에 살린 비트코인 ETF가 유럽과 캐나다 등지에서 속속 등장하면서, 금융의 본산인 미국에서도 이런 ETF 상장승인 허가에 대한 기대감이 커지고 있습니다. 이미 9건에 이르는 비트코인 ETF 승인 신청이 금융당국에 접수되어 있는 상황입니다. 비트코인 ETF가 출시되면 가상화폐 가격을 끌어올릴 대형 호재가 될 수 있는 만큼 그 진행 상황을 예의주시해야 하겠습니다.

가상화폐 수혜기업 주식을
사도 좋을까요?

비트코인이나 이더리움 등을 직접 매

수하는 게 꺼려지면서도, 정신없이 뛰는 가상화폐 가격을 그냥 지켜보고만 있

기는 배아픈 투자자라면 어떤 자산을 사야 할까요? 이럴 때 비트코인 선물이나

가상화폐 펀드, 상장지수펀드(ETF) 외에 투자할 만한 자산을 꼽으라면 가상화

폐와 직·간접적으로 관계를 맺고 있는 상장회사들의 주식을 들 수 있습니다.

대표적인 기업들이 바로, 미국 최대 규모의 가상화폐 거래소이면서 나스닥시

장에 상장해 거래되고 있는 코인베이스(Coinbase)입니다. 미국 내 4위 거래소인

크라켄(Kraken)과 국내 최대 가상화폐 거래소인 업비트를 운영하고 있는 두나무

등이 2022년 중 증시 상장을 추진하고 있지만, 적어도 아직까지는 전 세계 가상

화폐 거래소 중에서 주식시장에 상장된 기업은 코인베이스가 유일합니다. 이런

희소성 덕에 코인베이스는 많은 관심을 끌며 2021년 4월 나스닥시장에 데뷔했

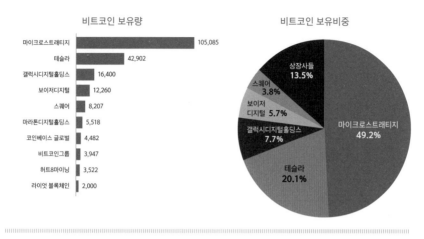

비트코인 보유량 많은 기업 순위 및 각 기업별 비트코인 보유 비중

비트코인 보유량

마이크로스트래티지	105,085
테슬라	42,902
갤럭시디지털홀딩스	16,400
보이저디지털	12,260
스퀘어	8,207
마라톤디지털홀딩스	5,518
코인베이스 글로벌	4,482
비트코인그룹	3,947
허트8마이닝	3,522
라이엇 블록체인	2,000

비트코인 보유비중

상장사들 13.5%
스퀘어 3.8%
보이저디지털 5.7%
갤럭시디지털홀딩스 7.7%
테슬라 20.1%
마이크로스트래티지 49.2%

출처: 크립토트레저스 TAB리서치

고, 상장 넉 달 정도가 지난 2021년 8월 기준 5,100억 달러, 우리 돈으로 600조 원 정도에 이르는 높은 시가총액을 기록하고 있습니다.

기본적으로 코인베이스 주가는 가상화폐시장 시세에 연동될 수밖에 없습니다. 2020년 기준으로 코인베이스의 매출 가운데 무려 86%가 가상화폐 거래에 따른 수수료 수익이라고 하니 가상화폐시장이 호조를 보이고, 그로 인해 거래 대금이 늘어나면 회사 수익과 주가가 함께 뛸 겁니다. 반대로 시장과 거래가 위축되면 자연스럽게 회사 수익도 급감할 것이니 주가가 떨어질 것입니다.

다만 개인투자자라면 또 하나의 리스크가 있는데, 그건 기관투자가들의 동향에 따라 주가 등락리스크가 생길 수 있다는 겁니다. 상장 초 캐시 우드 최고경영자(CEO)가 이끄는 자산운용사인 아크 인베스트먼트(ARK Investment)는 코인베이스 주식을 대거 사들이면서 주가 상승에 일조했지만, 4월 이후부터 가상화폐시장 조정이 계속되자 8월쯤 돌연 코인베이스 주식 9만여 주를 매도해버리고 말았습니다. 이렇듯 코인베이스 주식을 사들이는 기관투자가들도 가상화폐 시황에 따라 들쭉날쭉하다는 점을 감안해 투자해야 할 듯합니다.

그럼에도 코인베이스나 앞으로 상장할 대형 가상화폐 거래소 주식을 사는 건 길게 보면 유망할 수 있습니다. 코인베이스는 물론이고 2022년 상장을 준비하고 있는 크라켄, 두나무 등은 모두 해당 국가 내에서 첫 손가락에 꼽힐 정도로 큰 가상화폐 거래소다 보니 상대적으로 안전한 데다, 정부 규제의 칼날 아래에서도 살아남게 되면 오히려 줄어든 경쟁자들 속에서 더 큰 수혜를 볼 수 있다는 기대도 있습니다. 그 과정에서 '주식시장 상장=제도권 편입'이라는 인식으로 상대적인 프리미엄(웃돈)을 얻을 가능성도 높습니다.

코인베이스처럼 가상화폐 업계에 직접 종사하진 않지만, 가상화폐에 거액을 투자함으로써 시장 상황에 따라 수익에 영향을 받는 상장사들의 주식에도 관심을 가질 만합니다. 회사가 가지고 있던 현금으로 비트코인과 이더리움 등을 사서 들고 있는 세계 최대 전기차업체 테슬라(Tesla)와 기업용 소프트웨어 개발업체 마이크로스트래티지(Microstrategy), 미국을 대표하는 모바일 결제업체인 스퀘어(Square) 등이 그들입니다.

이 회사들은 가상화폐시장이 강할 때 투자수익이 늘어나 회사의 자산가치가 올라가고 그 결과 회사 주가가 올라갈 수밖에 없는 기업들이니 투자자 입장에서는 이 기업들의 주식을 사두면 가상화폐 상승랠리의 곁불을 쬘 수 있습니다. 특히 가상화폐에 투자하고 있는 상장사들의 경우엔 각 회사의 매출과 수익을 책임질 유망한 본업을 따로 가지고 있다 보니 설령 가상화폐에서 투자 손실이 나도 회사가 망할 위험이 거의 없다는 장점도 있습니다.

단일 기업으로는 전 세계에서 비트코인에 가장 많이 투자한 마이크로스트래티지는 2021년 8월 말 기준 총 10만 5,084BTC의 비트코인을 들고 있습니다. 4만 달러대 중반인 비트코인 가격 가격을 단순히 곱해도 47억 달러, 원화로 5조 6천억 원이 넘는 규모입니다.

전환사채(CB)
대규모로 자금을 조달할 수 있는 채권의 한 종류로, 일정한 조건에 따라 채권을 발행한 회사 주식으로 전환할 수 있는 권리가 부여된 채권. 이런 점에서 전환사채는 주식과 채권의 중간 형태로도 불림

이렇다 보니 가상화폐에 직접투자하길 꺼리는 국내 투자자들이 해외 직구로 이 주식을 적극적으로 사들이고 있습니다. 비트코인을 직접 사는 것보다야 덜 위험하긴 합니다만, 마이크로스트래티지는 남는 회삿돈 이외에 전환사채(CB)*까지 발행해 조달한 자금을 비트코인투자에 쏟아붓고 있다 보니 비트코인 시세에 따라 주가가 널뛰기하고 있는 만큼 투자에 신중해야 할 필요가 있습니다. 그나마 테슬라나 스퀘어 등은 보유하고 있는 여윳돈 중 일부만 비트코인에 투자하고 있어 리스크가 적은 데다, 이렇게 비트코인에 투자하는 것도 가상화폐 관련 사업을 염두에 둔 것이라는 점에서 좀 더 유망해 보이긴 합니다.

그 밖에도 국내 주식시장에서도 가상화폐 거래소 지분을 가지고 있는 기업들이나 자체 코인을 발행하는 기업들, 디지털화폐 발행과 관련한 인프라를 개발하는 기업들의 주식이 일종의 테마주를 형성하기도 하지만, 가상화폐와 관련된 매출이나 수익이 의미 있는 수준이 아닌 만큼 과도한 기대는 금물입니다.

비트코인 초보자를 위한 꿀팁

가상화폐에 직접투자하길 꺼리는 투자자들은 가상화폐 입황에 따라 수익이 등락을 보이는 가상화폐 거래소 운영회사의 주식을 사거나 가상화폐에 투자하고 있는 상장사들의 주식을 사는 방식으로 가상화폐투자의 과실을 나눠 가질 수 있습니다. 다만 아직까지는 가상화폐투자의 불확실성이 큰 만큼 과도한 투자 규모를 가진 기업은 가려야 합니다.

가상화폐를 빌려주고
돈을 벌 수 있나요?

삼성전자 주식을 샀건, 비트코인을 샀건 간에 자신이 처음 매수한 가격보다 지금 가격이 더 올랐다면 우리는 이를 두고 '이익이 났다'고 말합니다. 그러나 엄격하게 구분해보면 삼성전자 주식과 비트코인을 팔아서 잔고를 언제든 법정화폐로 인출할 수 있는 상태가 되었을 때를 '실현 이익'이라고 하며, 아직 팔지 않고 장부 상으로만 이익이 난 상태인 것을 '평가 이익'이라고 합니다. 평가 이익 상태일 때는 주가나 코인 값이 다시 하락하면 그 이익은 사라져버리게 되는 것이죠.

이렇듯 우리가 투자해서 번 이익을 최종적으로 확정하려면 반드시 '매도'라는 행위가 있어야 합니다. 주식시장과 코인시장에서는 이 매도 없이도 자신이 가지고 있는 주식과 코인을 필요한 누군가에게 잠시 빌려주고 그 대가를 받는 방식으로 수익을 내는 방법도 존재합니다.

주식시장에서 대차거래라는 것이 있습니다. 공매도*라는 단어를 많이들 들어봤을 겁니다. 이 공매도를 하려고 하는 투자자는 반드시 주식을 빌려서 이를 팔아야 하는데, 이때 공매도 투자자에게 자신이 가진 주식을 일정 기간 동안만 빌려주고 기간에 따른 이자를 받

> **공매도**
> 주식이나 채권 등을 가지지 않은 상태에서 매도하는 행위. 특정 종목 주가가 하락할 것으로 예상하면 이 주식을 빌려서 매도한 뒤 나중에 가격이 실제 하락하면 싸게 사서 이를 되갚는 매매 기법

는 걸 대차거래라고 합니다. 해당 주식을 장기간 보유하고 싶은 투자자가 자신이 가진 주식을 팔지 않고도 잠시 빌려주고 이익을 낼 수 있는 방식이죠.

이런 방식이 코인시장에서도 존재하는데 바로 코인 스테이킹(Coin Staking)입니다. 스테이킹이라는 영어 표현이 익숙치 않을 텐데 스테이크(stake)는 영어로 '지분(자기가 가진 몫)'이라는 뜻이며, 스테이킹은 '지분으로 맡기다'라는 정도의 뜻입니다. 즉 자신이 보유하고 있는 가상화폐 중의 일정량을 지분으로 고정한다는 것인데, 본인이 가진 가상화폐를 블록체인 네트워크에 예치한 뒤에 이 플랫폼 운영과 검증에 참여해서 이에 대한 보상을 가상화폐로 다시 받는 걸 말합니다.

앞서 언급한 주식 대차거래와 마찬가지로, 코인을 장기간 보유하려고 하거나 한 번 코인을 샀는데 자신이 산 가격보다 떨어져 평가 손실을 떠안고 있는 투자자라면 코인 스테이킹을 이용하면 코인 가격이 오르내리는 것과 무관하게 예치 기간 동안에 일정한 수익을 얻을 수 있게 됩니다.

다만 이 스테이킹은 작업증명(PoW)이 아닌 지분증명(PoS) 합의 알고리즘을 채택하고 있는 블록체인 네트워크에서 가능합니다. 지분증명은 채굴기를 돌려서 어려운 수학 문제를 푸는 대신에 코인을 많이 보유한 노드가 채굴하는 방식

인데, 이를 위해 코인을 빌리는 수요가 생기는 것이죠. 이오스나 테조스, 코스모스 등의 가상화폐가 이에 해당됩니다.

최근에는 지분투자 형식처럼 가상화폐 거래소 사업자 등에게 이 가상화폐를 맡기면 이들이 가상화폐로 채굴과 신규 발행, 거래 인증 등을 대행해주고 발생하는 수익을 공유해줍니다. 글로벌 거래소는 물론이고 국내에서도 빗썸이나 코인원 등 주요 대형 거래소들이 이런 서비스를 제공하고 있습니다.

이와 유사한 예치라는 것도 있습니다. 일반적으로는 예치와 스테이킹을 같은 뜻으로 쓰고 있지만, 차이를 보자면 예치는 블록체인 네트워크에 가상화폐를 맡기는 게 아니라 예치서비스 사업자에게 코인을 빌려주는 겁니다. 이때 사업자는 빌린 코인으로 차익거래 등으로 코인을 굴려 수익을 내고 일정 대가를 예치자에게 되돌려주는 겁니다. 코인을 잠시 빌려주는 대가를 받는다는 뜻으로 보면 예치와 스테이킹은 거의 같은 뜻이지만, 이렇듯 빌려간 쪽에서의 코인 쓰임새는 엄연히 다릅니다.

물론 스테이킹이나 예치에 따르는 리스크가 있는 만큼 시작하기 전에 신중해야 합니다. 몇몇 가상화폐 거래소들은 스테이킹을 원금 손실 위험이 전혀 없는 것처럼 홍보하고 있지만, 스테이킹으로 예치한 코인은 정해진 기간 동안 출금되지 않기 때문에 그동안의 시세 변동에 무방비로 노출될 수밖에 없다는 리스크는 염두에 둬야만 합니다.

실제 해외 거래소에 자신의 가상화폐를 예치했다가 원금을 잃는 투자자들이 늘어나고 있다는 소식도 들립니다. 투자 손실에 따른 원금 피해가 있을 수 있는데도 예치한 상품이 어떻게 운용되는지 내역도 파악하기 힘들기 때문에 조심할 필요가 있다는 겁니다.

아울러 일반적인 상황은 아니지만 자신이 맡긴 코인을 찾지 못할 위험도 있습니다. 중소형 가상화폐 거래소를 잘못 이용하면 해당 거래소가 문을 닫았을 때 예치한 코인을 되돌려받지 못할 수 있습니다. 또한 최근 국내 특금법 규제로 인해 해외 가상화폐 거래소의 국내 서비스 철수나 서비스 차단 등이 나타나고 있는 만큼, 해외 거래소에 스테이킹을 잘못하면 자신의 코인 계좌가 동결되거나 접근 불가 상태가 될 수도 있습니다.

비트코인 초보자를 위한 꿀팁

주식시장에서 보유하고 있는 주식을 일정 기간 동안 공매도 투자자들에게 빌려주고 이자를 받는 걸 대차거래라고 하며, 코인시장에도 스테이킹, 예치 등 이 같은 방식으로 수익을 올릴 수 있는 서비스가 있습니다. 다만 코인을 맡긴 동안 발생하는 손실 가능성이나 아예 맡겨둔 코인을 되돌려 받지 못할 리스크가 존재하는 만큼 신중하게 위험을 파악하고 이용해야 합니다.

각국의 규제로 차츰 자리를 잡아가곤 있지만 가상화폐는 여전히 자금세탁이나 테러자금 용도로 악용되는 경우가 있고 일부 세력의 시세 조작 의혹도 받고 있습니다. 또한 최근 관심이 커진 '기후변화에 역행한다'는 비판도 받고 있습니다만, 이런 문제를 하나씩 해결 해나가고 있다는 점은 긍정적입니다. 다만 여전히 특정 인물의 발언에 휘둘리거나 중앙은 행이나 금융당국 등에 의한 규제 영향에서 벗어나지 못하고 있는 점은 리스크입니다.

7장

코린이가
꼭 숙지해야 할
가상화폐의
위험요인

가상화폐는 왜
범죄와의 고리를 못 끊나요?

소고기와 닭고기, 돼지고기 등을 가공
해서 판매하는 세계 최대 다국적 정육회사인 JBS는 2021년 5월에 러시아 해커
집단으로 추정되는 해커들로부터 공격을 받았습니다. 해커들은 이 회사의 컴퓨
터 시스템에 침투해 악성코드를 심어 육류 가공공장과 도축장 등의 작업을 마
비시켰고, 이를 정상화하는 데 무려 1,100만 달러, 우리 돈으로 120억 원에 이르
는 비트코인을 요구했습니다. 업무가 마비된 JBS는 해커들이 요구한 비트코인
을 지급하고 말았습니다.

사실 과거 비트코인이 나오기 전까지만 해도 수십 년간 해커와 테러 집단들
이 몸값 요구나 자금세탁용으로 주로 활용해온 건 100달러짜리 미국 달러화 지
폐였습니다. 지폐 하나가 우리 돈으로 10만 원이 훌쩍 넘는 고액권인 데다 자금
추적이 쉽지 않다는 점 때문이었는데, 최근 들어서는 JBS 사건처럼 그 자리를

비트코인이 차지하게 된 겁니다.

비트코인을 비롯한 가상화폐는 자금 출처와 사용처 등을 추적하기 어려운 익명성 때문에 해커나 테러리스트, 세금 탈루자 등이 주로 이용하려 하고 있습니다. 아울러 북한과 같은 공산주의 국가나 아프리카와 남미 등지의 독재국가에서는 엄격한 자본 통제까지 행하고 있는데, 비트코인은 이런 통제에서도 벗어나 있다 보니 이른바 '지하경제'에 주로 이용되고 있습니다.

특히 사이버 보안 전문가들은 가상화폐의 등장이 랜섬웨어 방식의 해커들에게 날개를 달아줬다고 보고 있습니다. 세계적인 사이버 보안업체인 이스라엘의 가디코어(Guardicore)에서 일하는 오프리 지브 리서치센터장은 "과거만 해도 누군가에게 거액을 받고 보낸다는 것이 매우 어려운 일이었지만, 지금은 클릭 몇 번으로 추적을 피해 그 큰 돈을 나를 수 있는 환경이 되었다"며 "결국 랜섬웨어가 늘어나는 이유는 이런 가상화폐 결제시스템 덕분"이라고 말할 정도입니다.

실제 이는 데이터로도 나타나는데, 시장 조사업체 사이버시큐리티벤처스(Cybersecurity Ventures)에 따르면 2021년 한 해 랜섬웨어 피해액은 200억 달러에 이르러 6년 전인 2015년 대비 57배나 급증할 것으로 보입니다. 또한 2031년이 되면 2,650억 달러까지 10배 이상 불어날 것으로 예상되고 있습니다.

이처럼 가상화폐가 지하경제와의 밀접한 관련성에서 서둘러 벗어나지 못할 경우 투자 관점에서도 리스크가 커질 수밖에 없습니다. 가장 큰 리스크는, 가상화폐에 대한 부정적인 인식입니다. IT에 친숙한 젊은층 외에 기존 세대들이나 정부당국 등으로부터 부정적인 평가가 계속되는 한, 가상화폐는 가장 대중적이면서도 친숙한 투자자산이나 지급결제 수단으로 자리매김하기는 쉽지 않다는 것이죠.

특히 최근에는 ESG*(환경·사회·지배구조) 투자라고 해서 친환경적이거나 사회적 책임을 다하고 지배구조가 양호한 기업을 골라 투자하는 경향이 강해지고 있다 보니, 사회적으로 부정적 인식을 심어줄수록 가상화폐에 대한 기관 투자가들의 투자는 어려워질 수 있습니다. 가상화폐 진영 스스로가 사회적인 평판 리스크를 관리해야 할 시대가 된 겁니다.

> **ESG**
> Environment(환경)와 Social(사회), Governance(지배구조)의 앞 글자를 딴 것으로, 기업 활동에 친환경과 사회적 책임, 지배구조 개선 등을 고려하도록 요구하는 한편 그런 분야에서의 우수한 기업에 투자하는 것을 통칭함

그 다음으로는, 가상화폐에 대한 계속되는 규제 강화 위험입니다. 이미 미국이나 유럽연합(EU) 등에서는 가상화폐 관련 사업자들에게 엄격한 자금세탁방지(AML) 의무를 부과하고 있습니다. 국내에서도 2021년 3월부터 시행된 개정 특정금융정보법에 따라 거래소를 비롯한 가상화폐 사업자들은 AML 체계와 담당 조직을 마련해야 하고, 만약 가상화폐 내 의심스러운 자금 흐름이 감지되면 곧바로 금융당국 산하의 금융정보분석원(FIU)에 신고해야 하는 의무를 지게 되었습니다. 이런 시스템을 갖추지 못한 거래소는 신고를 하지 못해 2021년 9월 하순부터 퇴출될 수도 있는 것이죠.

아울러 국제적으로도 규제가 생겨나고 있는데, 국제자금세탁방지기구(FATF)가 2019년 6월에 권고안을 내놓으면서 시행되는 트래블 룰(Travel Rule)이 대표적입니다. 이는 나라와 나라 사이에 돈이 이동할 때 자금 세탁을 차단하기 위해 은행이나 가상화폐 사업자들이 따라야 하는 규칙입니다. 코인이 주인을 바꿔가며 이동하는 과정 내내 그 소유와 거래에 관여하는 당사자 신원과 이동 목적 등을 모두 기록하고 확인해, 필요하면 당국에 제공해야 한다는 규제입니다.

국내에서도 개정 특금법에 이 내용이 들어가 있어서 국내 가상화폐 사업자

들도 이에 따라야 합니다. 이 때문에 빗썸, 코인원, 코빗 등 이른바 국내 대형 가상화폐 거래소는 이에 공동 대응할 합작법인을 만들기로 했지만 중소형 거래소들은 대응에 어려움이 있다고 합니다. 만약 이 규정을 따르지 못하는 거래소는 사업자 신고가 불가능하니 최악의 경우 폐업으로 갈 수도 있습니다.

비트코인 초보자를 위한 꿀팁

전자 상에서 존재하면서도 익명성을 가지고 있다는 비트코인의 장점은 역설적으로 테러리스트나 해커 등 범죄집단의 선호로 이어지는 결과를 낳고 있습니다. 이런 지하경제와의 연관성은 비트코인을 비롯한 가상화폐 전체에 대한 부정적인 인식과 규제 강화로 이어지고 있는 만큼 이 연결고리를 서둘러 끊어야만 대중들에게 사랑받는 투자자산이나 지급결제 수단이 될 수 있습니다.

가상화폐 시세도
조작할 수 있나요?

'매도수량 109만 6,876개(평단 63원). 수익금 5만 9,099달러(7천만 원).' 2021년 6월 김병욱 더불어민주당 의원이 국회에서 개최한 가상화폐 관련 세미나에 참석한 한 코인 개발자는 자신이 몸담고 있는 코인 개발업체의 시세조종 관련 문자메시지 내용을 이같이 공개했습니다. '마켓 메이킹(Market Making)*'이라고 하는 시세조종팀은 자신들이 띄울 코인 가격 목표와 그 지점에서 매도할 수량, 예상 수익금까지 정해준다고 합니다.

이들이 쓰는 방식은 이른바 '가두리'라고 하는데, 공식적으로 가상화폐 거

> **마켓 메이킹(Market Making)**
> 우리말로 '시장조성'이라고 하며, 특정한 자산시장이 형성되는 초기에 거래 활성화를 위해 지정된 금융회사들이 인위적으로 일정한 가격 수준에서 사고파는 일을 돕는 행위. 단, 코인시장에서의 마켓메이킹은 일종의 시세조종으로 받아들여짐

래소에 상장할 때 실제 유통 코인 수보다 적은 숫자를 투자자들에게 알린 뒤 외부에서의 코인 입출금을 막아버리는 것입니다. 이런 가두리 방식을 써야 조금만 코인을 사도 가격을 쉽게 띄울 수 있습니다. 이렇게 코인 가격이 뛸 때 투자자들이 몰리면 자신들은 숨겨둔 코인을 팔아서 이득을 챙깁니다. 이는 일부 부도덕한 거래소와 짜고 치는 수법입니다.

가상화폐시장에서는 '펌핑과 덤핑(Pumping & Dumping)'이라고 해서 인위적으로 짜고 치는 거래나 허위 정보를 흘려 코인 가격을 끌어올린 뒤, 일반 투자자들이 몰려들면서 거기에 대고 코인을 팔아서 부당하게 이득을 취하는 방식입니다. 미국에서는 이미 2018년부터 텔레그램(Telegram)이나 디스코드(Discord) 등과 같은 익명성이 높은 소셜미디어에서 투자자들끼리 모여 특정한 코인 가격을 높인 뒤 처분해버리는 수법을 공모하는 펌프&덤프 그룹 같은 모임이 성행했습니다. 국내에서도 몇몇 SNS나 투자 토론방 같은 곳에서 이 같은 방식을 공모하는 경우가 심심치 않게 발견되곤 합니다. 이런 요인들이 가상화폐의 높은 가격 변동성을 초래하고 있다고 할 수 있습니다.

심지어는 가상화폐시장을 제대로 관리해야 할 위치에 있는 가상화폐 거래소와 그 임직원들이 나서 자전거래로 특정한 코인 시세를 조작하는 일도 일어나고 있습니다. 이 때문에 국내 금융당국은 2021년 9월부터 가상화폐 거래소가 자체적으로 발행한 코인을 거래할 수 없도록 하면서, 거래소 임직원들이 자신이 소속된 거래소에서 코인을 거래할 수 없도록 금지시킨 바도 있습니다.

2021년 6월 유사수신행위 규제에 관한 법률 위반과 사기 등의 혐의로 수사당국에 입건된 가상화폐 거래소 브이글로벌 대표와 임직원 등은 '수백만 원짜리 계좌를 열면 자산을 세 배 불려주겠다'고 속여 4만여 명에게 1조 7천억 원가량의 자금을 모았습니다. 다단계 사기 수법이긴 했지만, 실제 거래소가 펌핑하는 경우가 흔하다 보니 4만 명이나 되는 투자자들이 돈을 태웠던 셈입니다.

이뿐만 아니라 가상화폐시장 자체가 아직 그리 긴 역사를 가지지 못하다 보니 다수의 투자자들이 투자 정보를 각종 소셜미디어나 유튜브 등으로부터 얻고 있고, 이 과정에서 구독자들을 상대로 시세조작을 일삼는 인플루언서(Influencer)들이 나오고 있는 것도 또 다른 문제점이라고 할 수 있겠습니다.

실제로도 구독자가 40만 명 이상인 한 가상화폐 유튜버가 자신이 들고 있던 한 가상화폐의 목표 가격을 은연중에 제시하면서 투자자들을 끌어들이는 사기 수법으로 경찰에 적발되는 일이 벌어지기도 했습니다. 이렇다 보니 김병욱 민주당 의원 등은 가상화폐를 이용한 시세조작이나 불공정 거래가 적발되면 엄벌에 처하도록 하는 법안을 발의하기도 했습니다.

이에 앞으로는 시세조작 행위가 줄어들 것으로 기대됩니다. 앞선 2019년까지만 해도 "가상화폐 거래소에서 행해지는 펌핑과 덤핑으로 인해 가격이 너무 크게 등락하는 양상을 보인다"면서 비트코인 상장지수펀드(ETF) 승인을 불허했던 캐나다 온타리오 증권위원회(OSC)는 2021년 2월에는 비트코인 ETF를 승인한 바도 있습니다. 이는 거래소에서의 가격 조작이 이전보다는 다소 나아졌다고 판단한 데 따른 것으로 볼 수 있습니다.

비트코인 초보자를 위한 꿀팁

하나의 거래시장으로서 자리잡은 지 오래되지 않았을뿐더러 한동안 정상적인 규제가 이뤄지지 않았던 가상화폐시장은 통상 '펌핑과 덤핑'으로 불리는 시세 조작에서 그리 자유롭지 못한 상황입니다. 그러나 최근 각국 당국의 규제가 강화하고 있는 만큼 머지 않아 시장은 깨끗하고 투명해질 것으로 보입니다. 그 이전까지는 이상 시세가 감지되는 코인을 무턱대고 쫓아가는 투자는 자제해야 할 것입니다.

비트코인과 기후변화 시대, 공존할 수 있을까요?

"비트코인은 인류에게 알려진 그 어떤 다른 방식보다도 더 많은 거래 당 전기를 소비합니다. 비트코인을 비롯한 가상화폐가 더 인기를 끌수록 그것은 더 많은 탄소발자국(개인이나 기업 등이 활동이나 상품을 생산하고 소비하는 과정에서 발생시키는 온실가스)을 남기게 될 겁니다. 결국 비트코인은 기후변화 문제에 악영향을 미치는 존재입니다."

2021년 초 가상화폐가 한창 역사상 최고치를 경신하는 랠리를 보일 때 빌 게이츠 마이크로소프트(MS) 창업주는 월스트리트저널(WSJ)과의 인터뷰에서 이처럼 비트코인을 비판하는 발언을 쏟아냈습니다. 사실 당시만 해도 가상화폐 상승세가 워낙 뜨겁다 보니 아무도 귀담아 듣지 않았지만, 그로부터 몇 달 뒤부터 기후변화 이슈는 가상화폐 가격에 중요한 변수로 자리 잡았습니다.

그 단적인 예가 바로 세계 최대 전기차업체인 테슬라(Tesla)의 비트코인 결제였습니다. 2021년 3월 말에 일론 머스크는 자신의 트위터를 통해 "앞으로 테슬라 전기차를 비트코인으로도 결제할 수 있다"고 알렸고, 그로부터 한 달쯤 뒤인 4월 말에 실제 비트코인 결제 시스템을 열어 전 세계 투자자들을 열광시켰습니다. 그러다 한 달도 채 되지 않은 5월에 테슬라는 난데없이 "비트코인 결제를 중단한다"고 알렸고, '비트코인이 채굴과정에서 너무 많은 전기를 사용한다'는 걸 그 이유로 들었습니다.

사실 비트코인은 작업증명(PoW)을 통해 보상하다 보니 채굴과정에서 막대한 전기를 소모하는 문제를 가지고 있습니다. 비트코인은 모든 네트워크 내 참여자가 블록 내에 들어가는 암호를 풀고 거래내역을 공공 장부에 기록하는 대가로 주어지는 것이며, 이 암호를 풀려는 참여자가 많아지면 연산 난이도가 높아져 더 많은 컴퓨팅 파워를 가져야 하고, 이는 많은 전기 소모로 이어집니다. 특히 아직도 꽤 많은 비트코인 채굴업체들이 사용하는 전기는 화석연료로 만들어지니, 자연스레 막대한 온실가스를 배출하는 겁니다.

실제 시장데이터업체인 디지코노미스트가 내놓은 자료에 따르면 하나의 비

비트코인과 주요 국가의 한 해 전기 사용량 비교

단위: 테라와트시(TWh)

체코
62.34
Twh per
year

오스트리아
64.60
Twh per
year

비트코인
64.63
Twh per
year

콜롬비아
68.25
Twh per
year

베네수엘라
71.96
Twh per
year

출처: 캠브리지대 저지비즈니스스쿨

트코인을 채굴해서 거래하는 데까지 드는 탄소 배출량은 73만 5,121건에 이르는 비자카드 거래 처리나 5만 5,280시간의 유튜브 시청에 맞먹는 수준인 것으로 알려지고 있습니다. 또한 한 해 비트코인이 발생시키는 탄소 배출량은 뉴질랜드와 아르헨티나가 전체 국가 차원에서 한 해 배출하는 양과 비견할 만하다고 하니 정말 엄청난 셈이죠.

그러나 "가상화폐가 기후변화 시대에 살아남을 수 없을 것"이라는 우려는 섣부른 것이라고 할 수 있습니다. 이미 주류 기업들이나 금융회사들이 비트코인 등을 실물경제에 대규모로 채택(Mass Adoption)하도록 하기 위해 가상화폐 업계 스스로가 먼저 보다 친환경적인 방식을 고민해오고 있기 때문입니다.

일단 비트코인 블록체인이 현행 작업증명이 아닌 지분증명(PoS)과 같이 에너지 집약도가 낮은 보안 메커니즘으로 전환할 가능성이 있습니다. 이더리움이 지분증명으로 전환하는 과정에 있고, 테조스나 코스모스 등 여러 블록체인이 지분증명 모델을 성공시킨 만큼 중장기적으로 고려해볼 수 있는 옵션입니다. 다만 당장 비트코인의 근간을 뜯어고치는 일은 결코 쉬운 일이 아닙니다.

그렇다 보니 현실적인 대안은 비트코인 채굴에 사용되는 에너지원을 깨끗하고 탄소 배출이 없는 재생에너지로 대체하자는 것입니다. 그리고 업계에서는 벌써부터 그런 '친환경(그린) 비트코인'에 대한 움직임이 나타나고 있습니다.

과거 한때 10%도 채 안 되던 중국 이외 지역에서의 비트코인 채굴이 지금은 30~40% 안팎까지 늘어났고, 이들 중엔 재생에너지를 활용하는 사례

> **마이닝 풀(Mining Pool)**
> 여러 사람들이 모여 목돈을 마련하기 위해 계를 붓듯이, 비트코인을 채굴할 때 여럿이 하나의 그룹으로 함께 참여해 혼자서 채굴할 때에 비해 보상 받을 확률을 높이되 그 결과물을 나눠 가져 꾸준한 수입을 올리는 방식

가 늘고 있습니다. 이미 캐나다와 미국에서는 수력발전을, 노르웨이에서는 지력발전을 주로 활용하는 마이닝 풀*이 가동되고 있습니다. 일례로 수력발전으로 알루미늄 제련공장이 모였던 미국 뉴욕주에선 공장이 철수한 곳에 비트메인 (Bitmain)이나 라이엇 블록체인(Riot Blockchain) 등이 들어오면서 재생에너지로 비트코인을 채굴하고 있습니다. 최근 도이체방크가 내놓은 자료에서는 전 세계 비트코인의 최대 77.6%가 재생 및 원자력 에너지를 이용하고 있다고 추정하기도 했습니다.

이뿐만 아니라 지난 2021년 3월 코인쉐어에 의해 1차 투자가 완료된 민트그린과 같은 업체는 채굴 효율을 극대화해 에너지 사용을 줄이는 방식도 고민하고 있습니다. 이 회사는 채굴과정에서 뿜어져나오는 열을 이용해 위스키를 숙성하거나 염전의 수분을 증발시키는 부수적 효과를 거두고 있습니다. 미국 투시티 (Seetee)라는 미국 투자회사도 "비트코인 채굴에 신재생에너지 자산을 활용할 계획"이라며 자신들이 투자하고 있는 풍력과 수소전력, 태양광 발전 등을 비트코인 채굴에 활용하겠다고 밝혔습니다. 트위터 공동 창업주이자 스퀘어 최고경영자(CEO)인 잭 도시 역시 탄소 배출이 없는 청정한 비트코인 채굴기술을 개발하는 데 쓰도록 자신이 가진 자산 1천만 달러를 기부하겠다고 약속한 바 있습니다.

물론 아직도 석탄화력발전을 주로 활용하는 중국 채굴업자들이 대세로 남아 있는 만큼 비트코인이 환경에 가하는 피해는 여전하다고 할 수밖에 없습니다. 하지만 가상화폐업계가 이런 적극적인 노력을 하고 있는 만큼 비트코인과 가상화폐에 대한 인식은 서서히 개선될 것으로 보입니다.

머스크 CEO, 게이츠 창업주 등과 함께 북미지역 비트코인채굴협의회(BMC)를 만들어 기후변화 문제에 대응하고 있는 마이클 세일러 마이크로스트래티지

CEO는 "가상화폐 산업이 탄소 배출이라는 문제에 적극 대응해 ESG라는 목표를 이루기 위해 노력한다면 가상화폐의 가치는 다시 높아질 것"이라고 기대했습니다. 아직 갈 길은 멀지만, 가상화폐가 기후변화와 공존할 수 있는 길은 이미 열려 있다고 하겠습니다.

비트코인 초보자를 위한 꿀팁

채굴과 운영 과정에서 막대한 양의 탄소를 배출하고 있는 비트코인과 다수의 가상화폐는 기후변화 대응의 시대에 골칫덩이가 될 가능성이 높습니다. 일부에선 이미 기후변화에 역행하는 가상화폐를 비판하는 목소리도 있습니다. 그러나 업계 스스로가 재생에너지를 활용하거나 탄소 배출을 최소화하는 방식을 고민하고 있는 만큼 가상화폐와 기후변화가 함께 공존할 수 있는 길은 머지 않았다고 판단됩니다.

가상화폐도
해킹이 되나요?

2021년 6월에 가상화폐업계를 잇달아 깜짝 놀라게 한 사건이 있었는데, 미국 최대 송유관 운영회사인 콜로니얼 파이프라인(Colonial Pipeline)이라는 회사 시스템에 러시아 해커집단인 다크사이드(Darkside)가 침투해 총 440만 달러, 우리 돈으로 49억 원에 이르는 비트코인 75 BTC를 받아간 사건입니다. 이 사건이 있고 나서 며칠 뒤, 미 연방수사국(FBI)이 비트코인 해킹을 통해 이 중 63.7 BTC를 회수했다는 소식은 또 한 번 모두를 놀라게 했습니다.

우린 앞서 비트코인의 기반이 되는 기술인 블록체인이 네트워크에 참여하는 사람들에 의해 모두에게 분산되어 있는 원장에 암호화한 방식으로 거래내역을 기재하는 방식이라 위·변조는 물론이고 해킹이 사실상 불가능하다고 얘기했었습니다. 그런데 아무리 천하의 FBI라지만, 이런 완전무결성을 가지는 비트코인을 해킹했다니, 이건 사건이었습니다. 이 소식이 전해진 뒤 시장에서는 '비트코인 조차도 안전하지 않을 수 있다'는 우려가 퍼지면서 비트코인 가격이 하락하는 모습까지 나타났습니다.

물론 아직까지 최종적인 결론이 난 건 아니지만, 당시 FBI가 비트코인 네트워크 자체를 해킹한 것은 아니라는 게 정설입니다. 이 비트코인을 받아간 다크사이드 측이 이를 보관하고 있던 가상화폐 거래소와 그 전자 월렛을 확인해 회수한 것이라는 얘기죠. 최근 KYC(사용자 신원확인) 인증을 의무화한 탓에 대부분 가상화폐 거래소는 계좌를 만들 때 받은 고객의 개인 인증과 거래내역 등을 가지고 있고, FBI가 이 거래소를 통해 범죄자 정보를 확인한 것으로 보입니다.

특히 다크사이드 측에서 거래소 계좌에만 이 비트코인을 옮겼을 뿐, 거래소에서 자신의 개인 월렛으로 이체해두지 않은 탓에 회수당했을 가능성이 높습니다. 만약 개인 월렛으로 비트코인을 옮겼더라도 이 월렛에 접근할 수 있는 비밀번호인 개인 키를 유출했을 수 있습니다.

많은 전문가들이 이렇게 판단하고 있는 이유는 블록체인, 특히 그중에서도 다수에게 개방된 퍼블릭 블록체인이 가지는 안전성 때문입니다. 특정 공격자가 블록체인 네트워크를 해킹하려면 50% 이상의 참가자(노드) 또는 블록을 해킹해야 하며, 해킹 속도 또한 블록체인 내에서 새로운 블록이 생성되는 속도인 통상 10분 안팎보다 빨라야 합니다. 이런 이유 때문에 대규모 퍼블릭 블록체인일수록 규모가 더 작은 프라이빗 블록체인에 비해 태생적으로 더 안전하다고 할 수 있습니다.

다만 우리는 가상화폐 거래소가 해킹 당해 가지고 있던 가상화폐를 다 털렸다는 소식은 가끔씩 접할 수 있는데, 이 역시 가상화폐의 기반 기술인 블록체인이 해킹된 게 아니라 중앙집중형으로 되어 있는 가상화폐 거래소의 취약성이 만든 해킹 사례라고 할 수 있습니다.

2018년 일본 가상화폐 거래소인 코인체크(Coincheck)는 해커들에게 시스템이 뚫려, 보관하고 있던 고객들의 가상화폐인 뉴이코노미무브먼트(NEM) 580억 엔, 원화 약 5,700억 원어치를 탈취당하는 역대 최악의 해킹사고를 내고 말았습니다. 미국 월스트리트저널(WSJ) 집계에 따르면 지난 2014년 이후 가상화폐 거래소 해킹 피해액만 14억 달러, 약 1조 5,100억 원에 이르고 있는 것으로 추산되고 있습니다.

가상화폐 거래소의 경우 자체 서버를 통해 가상화폐를 갈취당하거나 거래소의 계정 정보를 해킹 당하는 경우가 많습니다. 또한 해커들이 악성코드를 심어 발송한 이메일로 인해 거래소 직원들의 개인용 컴퓨터(PC)가 바이러스에 감염되어 고객들의 계좌 자료를 탈취당하는 사례도 몇몇 거래소에서 발생했습니다. 특히 거래소가 이렇게 해커들에게 털려버리면 거래소를 청산한 뒤 그 자산을 일부 돌려받는 것 외에 고객들을 보호할 만한 장치가 없는 만큼, 거래소를 고르기 전에 시스템 안전성을 우선 따져볼 필요가 있겠습니다.

한편 일각에서는 최근 많이 언급되고 있는 양자컴퓨터*가 현실화된다면 비트코인 블록체인 자체를 해킹할지 모른다는 우려도 나오고 있습니다. 그 시초는 지난 2019년, 슈퍼컴퓨터로 1만 년 걸리는 연산을 수백 초 만에 푸는 양자 컴퓨터 '시커모어(Sycamore)'를 개발해 양자 컴퓨터가 기존 컴퓨터 성능을 앞질러 우위에 서는 '양자 우위'에 도달했다고 발표한 구글이었고, 이후 IBM과

> **양자컴퓨터**
> 반도체가 아닌 원자를 기억소자로 활용해 슈퍼컴퓨터의 한계를 넘도록 만든 첨단 미래형 컴퓨터. 병렬로 연결된 1,600여 대의 고성능 컴퓨터를 사용해 8개월 걸리는 129자리 숫자 소인수분해를 단 몇 시간 만에 해결할 수 있음

마이크로소프트, 인텔 등이 이를 연구하고 있습니다.

이에 대해 대부분 전문가들은 양자컴퓨터가 지금 나온다 해도 가상화폐 블록체인을 해킹하기 위해 알아내야 할 개인 키와 공개 키의 쌍을 만들어주는 암호 알고리즘을 해킹하는 건 불가능에 가깝다고 보고 있습니다. 다만 적어도 7~8년 내에는 새로운 양자컴퓨팅에 대항할 수 있는 새로운 암호체계를 비트코인이 도입해야 한다는 지적이 있습니다. 양자컴퓨터 기술이 발전하면 가상화폐에서도 양자암호화가 동시에 발전할 것으로 보입니다.

비트코인 초보자를 위한 꿀팁

가상화폐 거래소의 반복된 해킹 사고로 인해 거래소를 선택하는 과정에서 시스템 안정성이나 보안능력이 중요한 기준이 되고 있습니다. 그러나 항간의 우려에도 불구하고 가상화폐 기저의 블록체인 자체는 해킹으로부터 안전한 것으로 받아들여지고 있습니다. 양자컴퓨터가 나오면 블록체인도 해킹될 것이라는 것도 기우에 그칠 가능성이 높습니다.

왜 가상화폐는 머스크의
트위터 글 한마디에 휘둘리나요?

"코인(투자) 해보셨나요?" 2021년 7월 tvN의 인기 예능 프로그램인 '유 퀴즈 온 더 블록'에 출연했던 인기 배우 조승우 씨가 "시공간을 초월해 누군가에게 어떤 메시지를 전달할 수 있다면?"이라는 질문을 받자 대뜸 이렇게 진행자에게 물었습니다. 그러고는 "처음엔 별로 관심 없었는데 그냥 다들 하니까 나도 해보자 해서 시작했다"고 말을 이어간 그는, 질문의 답으로 "몇 달 전으로 돌아가서 일론 머스크한테 입 좀 다물라 하고 싶다. 가만히 좀 있으라고 얘기해주고 싶다"고 말했습니다.

우리 주변에서 얼마나 많은 사람들이 가상화폐에 투자하고 있는지를 잘 보여준 재미있는 에피소드이면서도, 다른 한편으로는 일론 머스크가 했던 발언들이 이 가상화폐시장에 얼마나 많은 노이즈를 초래했는지 공감할 수 있는 단편이기도 합니다.

그는 2021년 초부터 자신이 이끌고 있는 테슬라라는 회사에서는 물론이고 개인적으로도 비트코인을 매입했고, 이후 "비트코인으로 테슬라 전기차를 살 수 있도록 하겠다"고 했다가 비트코인 결제를 취소할 때까지, 그리고 다시 "결제를 재개할 수도 있다"는 말까지 많은 노이즈를 만들어냈습니다. 특히 그다지 주목받지 못했던 알트코인인 도지코인(Dogecoin)의 경우 노골적인 지지 발언으로 시세를 마구 흔들어놓기도 했습니다.

이처럼 특정인의 발언 하나하나에 시세가 흔들리는 것은 그만큼 가상화폐시장의 취약성을 보여주는 것이라고 할 수 있습니다. 주식시장에 비해 기관투자가 등의 비율이 낮다 보니 개인투자자가 절대적인 편이라 머스크와 같은 셀럽들의 말 한 마디에 시장이 쉽게 흔들릴 수 있다는 것이죠.

사실 이런 현상은 어제오늘 일은 아닙니다. 가상화폐 거래가 본격화된 초기에는 잘나가는 주요 코인을 만들었던 개발자가 이 시장에서 엄청난 투자 포지션을 들고서 시장을 좌지우지하곤 했었습니다.

당시 대표적인 인물만 꼽아봐도 10대의 나이에 시가총액 2위 코인인 이더리움을 창시한 천재 프로그래머 비탈릭 부테린, 코인업계 세계 최고 부호인 미국 가상화폐 거래소 제니미의 창업주인 윙클보스 형제, 3위 코인인 카르다노를 만든 찰스 호스킨슨, 세계 최대 가상화폐 거래소인 바이낸스를 이끌고 있는 창펑 자오, 리플 창업주인 브래드 갈링하우스, 미국 최대 가상화폐 거래소 브라이언 암스트롱 최고경영자(CEO) 등이었고, 이들의 말 한 마디는 시장에서 가장 큰 재료로 받아들여졌습니다.

특히 이들 발언의 영향력이 컸던 건, 아직 역사가 짧은 투자자산이라 증권사나 은행 등 기존 금융회사들이 제공하는 투자정보가 많지 않아 다수의 투자자들이 코인투자 정보를 사적으로 얻었기 때문입니다. 실제 2021년 5월 31일부터 일주일간 한화자산운용과 크로스앵글이 전국 성인 남녀 537명을 대상으로 실시한 디지털자산 투자실태 설문조사에서 디지털자산 관련 정보를 얻는 통로로 '미디어 뉴스 및 유튜브'를 꼽은 투자자가 57.7%로 가장 많았고, '주변 지인'이 51.6%, '텔레그램과 오픈 카톡

> **로빈후드(Robinhood)**
>
> 미국에서 개인투자자들의 주식시장 투자 열풍을 이끈 온라인 자산 거래 플랫폼으로, 이 앱을 통하면 수수료 없이 주식과 가상화폐 등에 투자할 수 있음. 최근에 나스닥시장에 상장하기도 했음

방, 트위터 등 사회관계망서비스(SNS)'가 48.4%였습니다.

또한 영국 금융당국인 금융행위감독청(FCA)이 517명에 이르는 18~24세 영국 투자자를 상대로 진행한 설문조사에서도 로빈후드(Robinhood)*와 같은 투자 어플리케이션을 주로 활용하는 10·20대 젊은 투자자들은 주로 유튜브나 소셜미디어(SNS) 상에서 투자 정보를 얻고 있다고 답했습니다. 이렇다 보니 SNS 상에서 주목도가 높고 많은 팔로워를 거느리고 있는 일론 머스크의 말 한마디는 아주 큰 영향력을 가질 수밖에 없는 것이죠.

문제는 이들의 발언도 가려서 들어야 한다는 겁니다. '세계 최고 갑부인 머스크가 왜 도지코인 시세를 조작하려 하겠나' 하는 생각으로 그의 말을 다 믿는 우를 범해선 안 된다는 것이죠.

머스크의 측근이 도지코인 재단이 합류했다는 소식이 나오고 있고, 머스크 본인도 도지코인을 가지고 있다고 밝혔죠. 심지어 미국 금융당국은 머스크의 시세 조작 혐의를 조사한다고 합니다. 부테린 역시 스마트계야 기능이 없고 채굴과정에서 전력 소비가 많은 비트코인이 앞으로 힘을 잃을 것이라고 말하지만, 이는 자신이 만든 이더리움을 돋보이게 하기 위한 것이니 순수하게 받아들여선 안 된다는 것이죠.

이들이 가상화폐 역사에서 엄청난 성취를 이뤄낸 인물이라는 건 부인할 수 없지만, 그들 역시 자신이 가진 사업체나 발행한 코인의 이익을 우선적으로 생각할 수밖에 없는 만큼 불가피하게 편향성을 가진다는 것입니다.

과거 철학자 프랜시스 베이컨이 경계한 네 가지 우상 중 '극장의 우상*'에 가장 빠지기 쉬운 게 바로 가상화폐시장인 만큼 계속된 학습을 통해 자기 생각을 바로 세워가야할 것입니다.

비트코인 초보자를 위한 꿀팁

주식이나 채권 등 역사가 오래된 투자자산에 비해 가상화폐는 그 역사가 짧다 보니 공식적인 채널을 통해 얻을 수 있는 정보가 제한되어 있습니다. 그 때문에 권위 있거나 이름값이 있는 거물들의 말 한 마디에 시장이 쉽게 흔들리는 경우가 있습니다. 그런 재료에 관심을 가지되 옳고 그름을 스스로 판단하려는 노력을 게을리하게 되면, 시세 왜곡에 따른 희생양이 될 수도 있습니다.

비트코인으로 돈을 벌면
세금은 얼마나 내나요?

'소득 있는 곳에 세금 있다'라는 말은
과세당국이 세금을 부과하는 가장 큰 원칙 중 하나입니다. 그런 맥락에서 보면
여태까지 국내에서 가상화폐에 대한 세금 부과가 이뤄지지 않았다는 건, 우리
정부가 가상화폐를 얼마나 홀대해왔는지를 가장 잘 보여주는 단면 중 하나일
듯합니다.

이런 문제의식으로 조세정책을 세우는 기획재정부도 2020년 세법 개정안에
서 처음으로 가상화폐에 대한 과세 방침을 확정했고, 그 내용이 국회를 통과함
으로써 최종 확정되었습니다. 이에 따라 가상화폐투자자들도 2022년 1월 1일부
터 이뤄지는 거래에서 발생한 소득을 신고하고, 그에 해당하는 세금을 매년 납
부하게 되었습니다.

2022년부터 개인투자자들은 가상화폐를 거래하면서 생긴 수익에 대해 20%

의 세금을 매년 한 차례 신고·납부해야 합니다. 거래할 때마다 세금을 미리 원천징수하지 않고 분리과세*하는 만큼, 한 해 동안 거래한 뒤 자신이 이용하는 거래소로부터 수익 내역서를 받아서 그 다음해 5월 종합소득세 신고기간에 전년도 거래 소득을 기타소득으로 합산해 신고하면 됩니다.

여기서 눈길을 끄는 건, 가상화폐 소득에 붙는 20% 세율이 주식에 부과하는 양도소득세율 20%와 같지만 소득 분류는 완전히 다르다는 점입니다. 주식과 채권, 펀드 등은 '금융투자소득'으로 분류되는 반면, 가상화폐는 '기타소득'으로 분류되어 있습니다. 이는 정부로서는 가상화폐를 금융투자상품으로 인정할 수 없다는 얘깁니다. 가상화폐는 저작권, 상품권, 분양권, 영업권, 회원권 등과 같은 무형자산에 불과하다는 겁니다.

이렇다 보니 생기는 결정적 차이가 있는데, 이는 바로 투자수익에 대한 소득공제액입니다. 주식투자소득에 대한 양도소득세 과세는 연간 5천만 원 소득까지는 세금을 안 매기는 반면, 가상화폐는 250만 원 소득까지만 세금을 공제해준다는 점입니다. 일례로, 한 해 동안 삼성전자 주식을 사고팔아서 6천만 원을 벌었다면 1천만 원(6천만 원~5천만 원)에 대해서만 20% 세금을 내면 되지만, 비트코인에 투자해 6천만 원 수익을 냈으면 5,750만 원(6천만 원~250만 원)에 대해 20% 세금을 내야 합니다. 투자 소득이 똑같이 6천만 원이라도 주식투자자는 200만 원만 되면 되지만, 비트코인투자자는 1,150만 원이라는 엄청난 세금을 물어야 합니다.

언뜻 봐도 가상화폐투자는 주식투자와 가장 비슷한데도 이런 과세방식을 만든 정부에 대해 학계나 업계에서의 문제 제기가 계속되고 있고, 심지어 이를 통과시킨 여당 내에서도 이에 반대하는 의견이 있는 만큼 법 시행 이전 또는 그 이후에라도 개정이 이뤄질 가능성을 배제할 수 없어 보이긴 합니다.

아울러 그동안 투자자들의 거래내역을 제대로 정리하고 기록·보관하지 않았던 가상화폐 거래소들이 투자자나 과세당국에 얼마나 정확한 소득 내역을 제출할 수 있을지 우려가 되기도 합니다. 또한 처음에 가상화폐를 얼마나 샀는지를 알아야만 투자 수익을 계산할 수 있는데, 그 취득가액을 어떻게 매길 것인지도 고민스러운 대목입니다.

현재 정부는 과세가 시작되기 전인 2021년 말까지의 가상화폐 가격 상승분은 문제삼지 않기로 했습니다. 즉 예전에 비트코인 1개를 100만 원에 산 투자자건, 1천만 원에 산 투자자건 간에 무조건 2021년 12월 31일 당시의 가격을 취득가액으로 통일하기로 한 겁니다. 또한 만약 2010년에 비트코인을 1개 샀고, 2015년 1개를 사서 2개를 가지고 있다가 그중 하나를 팔 경우, 선입선출법에 따라 매도한 것을 2010년 취득한 비트코인으로 보기로 했습니다.

또한 과세당국은 이런 소득세를 물지 않으려거나 현금이나 주식이 아닌 비트코인 등으로 세금을 피해 자녀에게 가상화폐를 상속하거나 증여하는 것을 막기 위해 역시 2022년부터 상속세와 증여세도 부과하기로 했습니다. 상속세 및 증여세율은 최대 50%로 다른 자산과 같습니다.

다만 소득세건, 상속 증여세건, 앞서 언급한 대로 얼마나 제대로 취득내역을 파악할 수 있느냐가 관건이 될 것입니다. 더구나 거래소를 이용하지 않는 개인 간 거래나 해외에 있는 가상화폐 거래소를 이용한 거래는 우리 당국이 과세자료를 파악하지 못하는 사각지대로 남아 있을 가능성이 높다는 점도 우려스러운 대목입니다.

이에 대해 우리 과세당국은 가상화폐에 투자하는 투자자 스스로가 납세자로서 제대로 세금을 신고하고 납부할 것을 권유하고 있고, 만약 이를 어긴 납세자가 적발될 경우 최소 20% 이상의 가산세를 부과하는 방식으로 패널티를 주기로 했습니다. 특히 출처가 불분명한 가상화폐가 원화로 거래되어 입금되는 경우에 자금 출처까지 조사하겠다는 경고를 던지고 있는 상황입니다.

끝으로 가상화폐 과세와 관련한 한 가지 변수는 바로 2022년 3월에 있을 대통령 선거입니다. 이를 앞두고 표심을 의식한 정치권에서 가상화폐 과세 자체를 늦추는 법안을 처리할 가능성도 있다는 겁니다. 이미 노웅래 더불어민주당 의원이 2022년 1월 1일부터 적용되는 소득세 과세를 2023년 1월로 1년 간 늦추자는 내용의 소득세법 일부개정 법률안을 발의하기도 했습니다. 또한 이낙연 캠프에서 경제 정책을 짠 홍성국 의원도 가상화폐시장이 좀더 성숙할 때까지 과세를 유예하자는 주장을 하고 있는 상황입니다. 특히 과세 유예 결정이 나오면 시장이 또 한 번 랠리를 보일 수도 있는 만큼, 투자자들은 향후 뉴스 흐름을 잘 살펴봐야 하겠습니다.

비트코인 초보자를 위한 꿀팁

그동안은 소득이 있어도 세금이 전혀 부과되지 않던 가상화폐에 대한 과세가 2022년 1월 1일부터 시작됩니다. 주식과 같은 20%의 세금이 매겨지지만 소득 공제액은 크지 않아 다소 불리하게 작용할 수 있습니다. 그러나 세금을 낸다는 것 자체가 가상화폐를 주류 투자자산으로 인정한다는 것인 만큼 시장에는 긍정적인 영향을 줄 수 있습니다. 또한 가상화폐 과세 부담을 줄여주자는 움직임도 있어 동향을 잘 살펴봐야 할 것입니다.

중앙은행 디지털화폐는
비트코인의 적인가요?

뉴스를 챙겨보는 투자자들이라면 최근 들어 중앙은행이 직접 발행하는 디지털 화폐(CBDC)라는 용어를 꽤나 자주 접했을 듯합니다. 중국 중앙은행인 인민은행이 이미 현지 주요 대도시에서 시범사업을 하고 있다는 소식도 있고, 미국 연방준비제도(Fed)나 유럽중앙은행(ECB)이 연구 개발을 하고 있다고도 하고, 심지어 한국은행도 시범사업을 위한 사업자를 최근 선정하기도 했지요. 특히 얼마 전 더불어민주당 대권 후보였던 정세균 전 국무총리가 "거래 투명성을 위해 현금 없는 경제를 도입하는 화폐 개혁을 하겠다"며 CBDC로 화폐를 개혁하겠다는 공약까지 내놓았습니다.

국제결제은행(BIS) 산하에 있는 지급결제·시장인프라위원회(CPMI)는 이 CBDC를 '전통적인 지급준비금이나 결제계좌 상 예치금과는 다른 전자적 형태의 중앙은행 화폐'로 정의하고 있는데요, 중앙은행에서 전자적 형태로 발행하는 화폐로, 단일 또는 분산원장 방식 기술로 구현됩니다. 국민 모두가 이용 가능한 소액결제용과 은행 등 금융회사들의 자금결제용으로만 쓰이는 거액결제용으로 나뉘는데, 중국에서부터 대부분 국가가 준비하고 있는 건 바로 소액결제용입니다.

방식은 대체로 이렇습니다. 중앙은행이 기존에 지폐나 동전으로 발행하던 법정화폐 일부를 CBDC라는 전자적 형태의 화폐로 발행합니다. 국민들은 중앙은행과 계약을 맺은 시중은행에 가서 CBDC 계좌를 만들고 자신의 스마트폰이나 태블릿PC, 컴퓨터 등에 CBDC 앱을 다운로드 합니다. 이렇게 해서 자신이 가진 현금을 CBDC 계좌에 넣은 개인들은 상점에서 물건을 사거나, 세금이나 벌금을 내거나, 학원비를 낼 때 이 앱으로 결제할 수 있습니다. 이렇게 CBDC가 쓰여서 옮겨 다닌 내역은 중앙은행이 가진 단일원장이나 블록체인 상의 분산원장에 기록으로 남습니다.

이 경우 개인들은 현금이나 신용카드 없이도 간편하게 일상생활에서 무엇인가를 사거나 결제할 수 있게 되는 편리함이 있습니다. 중앙은행이나 정부처럼 발권당국 입장에서도 굳이 지폐나 동전을 발행하지 않아도 되니 비용이 줄어들고, 발행한 법정화폐가 어떤 경로로 쓰이는지 한눈에 파악할 수 있으니 통화 관리에 유리할 수 있습니다. 특히 자금세탁을 통해 여러 범죄 용도로 쓰이거나 지하경제로 흘러 들어가는 유동성을 줄일 수도 있습니다.

문제는 '언젠가는 화폐 역할을 하겠다'는 꿈을 가진 가상화폐일 텐데요, 이렇다 보니 '이 CBDC가 비트코인과 같은 지급결제 용도의 가상화폐를 사라지게 만들 것인가'라는 궁금증은 이미 몇 년 전부터 일반투자자나 전문가들 사이에 꾸준히 제기되어 왔습니다.

사실 이를 두고 갑론을박이 벌어지는 와중에서도 미국 중앙은행인 연준은

이 논쟁에 직접 뛰어든 적이 없었습니다. 그러다가 얼마 전 미국 하원이 개최한 청문회에 출석한 제롬 파월 연준 의장이 이 자리에서 자신들이 연구 중인 CBDC가 비트코인을 퇴출시킬 수 있다는 발언을 내놓으면서 가상화폐시장을 깜짝 놀라게 한 일이 있었습니다. 이 자리에서 파월 의장은 "가상화폐는 적어도 미국 내에서는 주요한 결제수단이 되기 어려울 것"이라고 전망하면서 "특히 미국에서 디지털 화폐가 나온다면 스테이블 코인도, 가상화폐도 필요가 없어질 것"이라고 말했습니다.

사실 CBDC는 눈에 보이지 않는 무형의 화폐라는 점에서 비트코인과 유사하지만, 이는 형태의 차이일 뿐 개념적으로는 종전 법정화폐와 동일한 성질을 가집니다. 중앙정부가 권한을 가지고 발행하는 것도 같고, 이를 가지고 물건을 사고 세금을 내고 빌린 돈을 갚거나 무엇이든 할 수 있습니다. 그러니 활용도가 매우 높겠죠. 특히 코로나19 팬데믹 시대에 비대면 거래가 늘다 보니 CBDC는 법정화폐보다 편리하게 쓸 수도 있을 것이라고 예상합니다.

그러나 이 대목에서 알아야 할 점은, 중앙정부가 발행하는 CBDC의 액면가는 늘 고정되어 있다는 겁니다. CBDC를 많은 사람들이 쓴다고 해서 그 가치가 뛰진 않는다는 뜻입니다. 5만 원짜리 지폐는 그 액면가인 5만 원어치 물건을 살 수 있기에 매우 가치 있는 것이지만, 그렇다고 5만 원 지폐를 10만 원에 구입하는 바보는 없을 테니까요. 비트코인이 지급 결제용으로 쓰이는 데 있어서 가장 큰 걸림돌은 높은 가격 변동성이라고 하지만, 역설적으로 그런 가격 변동성은 비트코인 보유 매력을 높이는 요인이기도 합니다.

아울러 CBDC는 비트코인은 물론이고 기존 지폐에 비해서도 큰 경쟁력을 가지기 어려울 겁니다. 이미 중국은 CBDC를 국민들에게 뿌려서 사용하도록 하는 시범사업을 하고 있고, '현금 없는 사회' 프로젝트에서 가장 앞서가고 있는 스웨

덴도 CBDC 시범사업을 진행중이지만, 두 나라 모두 말 그대로 시범적으로 소액결제에 한해서만 사용하려 합니다. 기존 법정화폐의 상당수를 이 CBDC로 대체할 때 생길 수 있는 통화유통속도 저하와 은행 예금 감소 등이 통화정책에 미치는 영향을 도저히 가늠할 수 없기에 함부로 발행과 사용을 늘릴 수 없기 때문입니다. 이런 상황은 꽤 오랜 기간 이어질 수 있습니다.

CBDC가 가지는 또 하나의 약점은 바로 익명성이 보장되지 않는다는 것입니다. 완벽하진 않지만 비트코인은 그 자체로 익명성을 가지고 있고, 이를 보완해 보다 강한 익명성을 보장해주는 가상화폐들도 존재하고 있습니다. 지폐나 동전도 사용하고 나면 이 돈이 누구 손을 거쳤는지 알 수 없습니다. 거래내역이 남지 않는다는 것이죠.

반면 CBDC는 중앙은행이 가진 원장(거래 장부) 내에 모든 거래내역이 다 남기 때문에 국민 하나하나가 어디에서 어떤 경로로 돈을 쓰고 있는지 파악할 수 있습니다. 정부 입장에서는 굉장히 편리한 방식이지만, 돈을 쓰는 개개인으로서는 받아들이기 힘들 수도 있습니다. 이것은 사회주의 국가인 중국에서 CBDC가 속도를 낼 수 있는 이유 중 하나이기도 합니다.

물론 파월 의장의 발언 중 "스테이블 코인이 위축될 수 있다"는 말은 맞을 수도 있습니다. 알다시피 스테이블 코인은 지급 결제를 위해 가격 변동성을 낮춘 방식의 가상화폐인데, 그렇다 보니 CBDC가 늘어나는 만큼 스테이블 코인의 수요는 줄어들 수 있습니다. 그러나 이 역시도 100% 맞진 않을 겁니다. 한때 리브라(Libra)*로 시작했다가 디엠

> **리브라**
> 고대 로마 계량단위의 명칭을 따 미국 기업 페이스북이 주도해 발행하고자 했던 스테이블 코인. 각국의 반발로 무산된 후 디엠으로 명칭을 바꾸고, 기반이 되는 통화도 줄여서 추진하고 있음

(Diem)으로 이름을 바꾼 페이스북의 스테이블 코인 프로젝트처럼, 민간이 발행한 스테이블 코인은 그 나름의 생태계에서 활용도가 훨씬 더 높을 수 있기 때문이죠.

그런 점에서 중국과 미국, 스웨덴 등은 물론이고 세계 곳곳에서 CBDC 발행이 늘어난다면 비트코인을 비롯한 가상화폐 수요가 더 늘어날 가능성도 높습니다. CBDC 활용도를 높이는 결제 시스템 자체가 가상화폐 가치를 함께 높일 수 있기 때문입니다. 많은 나라에서 CBDC를 저장하는 개인들의 디지털 월렛에 비트코인과 이더리움, 민간 스테이블 코인 등이 담길 수도 있습니다. 또한 각국 국민들이 디지털 월렛과 CBDC를 이용한 지급 결제 방식에 익숙해진다면 그 자체로 가상화폐에 대한 거부감을 낮추고 친밀함을 높일 수도 있습니다. 미래는 누구도 알 수 없는 법입니다.

비트코인 초보자를 위한 꿀팁

지급결제용으로 쓰이는 일부 가상화폐처럼, 전자적으로 각국 중앙은행이 직접 발행하게 될 CBDC가 가상화폐를 위협하는 존재가 될 수 있다는 우려가 나오고 있습니다. 그러나 CBDC가 가진 한계와 제한성이 뚜렷한 만큼 보편적으로 쓰일 날은 아주 멀었다고 볼 수 있습니다. 오히려 CBDC와 가상화폐가 공존하는 시대가 올 가능성도 높습니다. CBDC에 대한 막연한 우려보다는 어떻게 공존할 수 있을지 가상화폐 쪽에서 적극 고민하는 일이 필요한 때입니다.

중국의 가상화폐 때리기는
언제까지 계속될까요?

2017년까지만 해도 중국은 전 세계 가상화폐 거래의 최대 98%를 차지할 정도로 절대적인 위치에 있던 나라였습니다. 중국에서 이처럼 가상화폐 거래가 활발했던 건, 시장 변동환율제를 시행하지 않았던 중국 당국이 필요에 따라 자본이 드나들지 못하도록 통제하다 보니 돈을 가진 사람들이 가상화폐를 통해 그 통제에서 벗어나려 했던 탓이 큽니다. 게다가 공산주의 경제가 무색할 정도로 돈에 대한 집착이 강하고, 투기를 선호하는 성향까지 겹친 때문이기도 합니다.

그래서인지 중국에선 일찍이 2011년에 첫 가상화폐 거래소가 세워졌습니다. 바비 리(Bobby Lee)라는 중국계 미국인이 설립한 BTCC 거래소가 1호였고, 그 뒤를 이어 오케이코인(OKCoin)이 등장했습니다. 이들은 애초 거래대금의 0.3%씩을 수수료로 받았는데, 2013년 9월 BTCC가 경쟁자들을 따돌리기 위해 3개월간 한시적으로 수수료 제로(0) 정책을 쓴 뒤 중국에서는 가상화폐 거래소들 모두가 거래에 따른 수수료를 받지 않게 되었습니다. 이 탓에 중국 내 가상화폐 거래는 기하급수적으로 불어나게 되었던 겁니다.

특히 중국 가상화폐 거래소들은 거래 수수료를 받지 않는 대신에 거래소 밖으로 현금을 인출할 때 인출 수수료를 챙겼는데, 이때 거래대금이 많은 고객들에 더 낮은 수수료를 매긴 탓에 투자자들의 거래규모도 크게 늘어났습니다. 2017년 중국 내 한 연구에선 '이런 이유 때문에 거래가 부풀려져 전 세계 거래의 98%가 중국 내에서 이뤄졌던 것일 뿐 실제 비중은 50%'라는 결과가 나오기도 했습니다. 그러나 전 세계 거래의 50%라는 수치도 엄청난 수준인 것이죠.

거래소에서 가상화폐를 사고파는 중국인들이 늘어나자, 중국 내에서는 이들 투자자를 겨냥해 가상화폐를 발행하고 대규모 자금을 조달하는 가상화폐공개(ICO)*가 폭발적으로 늘기 시작했습니다. 2017년 상반기에만 중국인 10만 명 이상이 30억 위안, 당시 환율로 원화 약 1천억 원에 이르는 ICO를 투자했다고 합니다. 당시만 해도 관련 규제나 법령도 없던 때였으니 나중에 발행회사가 먹튀를 하거나 위장 등록한 경우가 속속 적발되며 사회문제화되기도 했습니다.

상황이 이렇게 되자 중국 당국은 2017년 9월부터 본격적인 가상화폐 단속에 나섰습니다. 가상화폐 거래소에 대한 영업을 중단시키고 ICO를 원천적으로 차단하는 등 사실상 중국 내에서 가상화폐 거래를 금지하는 조치를 단행했습니다. 이로 인해 가상화폐 시세

> **가상화폐공개(ICO)**
> 회사 주식을 대규모로 일반 투자자들에게 팔아서 대규모로 자금을 조달하는 주식시장에서의 기업공개(IPO)에 빗대, 가상화폐를 발행함으로써 블록체인 관련 프로젝트를 추진하려는 기업들의 자금 조달을 일컬음. IPO와 유사한 방식인데도 증권거래법을 준수하지 않는다는 이유로 각국에서 규제를 받은 탓에 최근 ICO는 급격하게 퇴조함

가 급락했지만, 이때만 해도 중국 내 거래소들은 해외로 서버를 옮기거나 장외 거래로 대체하면서 거래를 유지했습니다. 또한 세계적으로도 가장 싼 전기요금을 이용한 중국 업체들의 비트코인 채굴도 계속 이뤄졌습니다.

이후 중국 정부는 시시때때로 위안화 가치가 불안해지고 본토 내 자금이 해외로 빠져나갈 위험이 보일 때마다 가상화폐를 옥죄는 조치를 내리기 시작했고, 그 결정판이 바로 2021년 상반기에 내려진 가상화폐 거래 및 사용 금지, 중국 내 가상화폐 채굴 전면 금지였습니다. 현재로선 중국에서는 가상화폐 발행 및 공급부터 유통, 응용서비스까지 모두 차단되어 사실상 민간 가상화폐는 명맥을 끊겠다는 선전포고로 받아들여지고 있습니다.

다만 중국 상황을 잘 이해하고 봐야 할 필요가 있습니다. 코로나19 팬데믹 이후 주식과 부동산을 중심으로 가파르게 올라간 자산가치를 낮추기 위한 '버블과의 전쟁'을 벌이고 있는 중국 당국이 그 칼날을 가상화폐 쪽으로도 휘두를 수밖에 없다는 점입니다. 특히 2021년 초부터 시중 돈줄을 죄는 정책을 펴면서 자산시장을 억누르다 보니 중국 국민들이 위안화를 환전해 해외로 나가 비트코인 등을 사고 있다는 얘기까지 들렸고, 이런 자본 통제 차원에서 가상화폐를 단속했을 것으로 보입니다.

그러나 자세히 보면 전 세계 수십 개 국가들이 앞다퉈 개발하고 있는 중앙은행이 발행하는 디지털화폐(CBDC) 경쟁에서 중국은 가장 앞서 가고 있는 국가입니다. 중국 내 주요 도시에서는 이미 CBDC 시범서비스가 진행되고 있고, 이르면 2022년부터 공식 발행이 이뤄질 것으로 예상됩니다. 이런 상황에서 혹여 경쟁자가 될지 모르는 민간 대표 코인인 비트코인을 견제할 순 있겠지만, 중장기적으로는 비트코인은 CBDC와 상호보완적으로 쓰일 가능성이 높습니다.

또한 대표적인 지급결제업체인 페이팔(Paypal)을 설립하고 페이스북 초기 투자자로서 이사회 멤버로 참여하고 있는 억만장자 벤처캐피탈리스트인 피터 틸은 "중국이 미국에 대항하는 금융부문에서의 무기로 비트코인을 활용할 것"이라고 경고하고 있습니다. 그는 "비트코인은 법정화폐, 특히 그중에서도 달러화에 가장 큰 위협이 되는 만큼 이를 약화시키고자 하는 중국 입장에서는 비트코인을 활용해야 하는 숙제가 있다"고 강조했습니다.

앞서 2017년 ICO 금지나 거래소 폐쇄 조치 이후에도 중국 정부는 글로벌 시장에서 가상화폐로 자금을 조달하는 스타트업이나 해외에서 성업하던 거래소들을 굳이 규제하려 들지 않았습니다. 신재생에너지 생산원가가 낮아진 북유럽이나 캐나다 등지로 나가서 활동하는 중국 비트코인 채굴업체들도 차단하지 않았습니다.

이렇게 본다면 중국에서의 가상화폐 규제가 당장엔 심리적으로 투자에 악재가 될 수 있는 요인이 될 것으로 보이지만, 이에 휩쓸려 코인들을 투매하기보다는 중장기적 관점에서 중국 정부가 그리는 보다 큰 그림을 이해하려는 냉정하고도 진지한 노력이 필요합니다. 어떤 국가도 하나의 산업으로서 경쟁력과 성장성을 가진 산업을 인위적으로 무너뜨리는 법은 없습니다.

비트코인 초보자를 위한 꿀팁

지난 2017년까지만 해도 전 세계 가상화폐시장을 선도했던 중국에서 반복적으로 가상화폐 규제가 나오면서 시장심리가 크게 악화하고 있습니다. 그러나 외국인 자금을 유치하고 고용을 창출하는 등 국부를 늘리는 데 도움이 되는 가상화폐산업 자체를 고사하려는 의도는 없습니다. 중국 규제에 지나치게 매몰되지 말고, 시장 전체 흐름을 함께 봐야 할 겁니다.

아직 법정화폐의 역할에는 한참 못 미치지만, 가상화폐는 서서히 화폐의 일부 역할을 나눠 가질 수 있는 잠재력을 가지고 있으며 그런 시도를 계속해나가고 있습니다. 아울러 자산 가치를 담보함으로써 증권이나 예술품을 대체하는 역할을 하고 있으며, 개별 영역이나 생태계를 더 풍성하게 만드는 매개체 역할도 하는 등 활용 가치가 날로 높아지고 있습니다.

8장

코린이가
기대해볼 만한
가상화폐의
미래

실문
TOP 57

가상화폐와 블록체인은
분리될 수 있나요?

'투기의 장(場)으로 전락하고 있는 가상
화폐는 엄격하게 규제하되 블록체인 기술은 필요하다면 적극적으로 지원하겠다.'

이는 문재인 정권이 출범하던 지난 2017년부터 지금까지 우리 정부가 변함없
이 유지해오고 있는 가상화폐 정책 스탠스입니다. 이같은 정부 발언을 두고 오
래전부터 '과연 가상화폐와 블록체인을 따로 분리해서 정책적으로 대응할 수
있을까?' 하는 물음을 둘러싸고 갑론을박이 있어 왔던 게 사실입니다. 한마디로
가상화폐와 블록체인이 분리 가능한 것인가, 아니면 하나로 밀접하게 얽혀 있는
것인가 하는 논쟁이라고 할 수 있겠습니다.

우선 이를 따져 보기 위해서는 블록체인의 종류를 크게 두 가지로 나눠서 살
펴봐야 하겠습니다. 퍼블릭(공개형) 블록체인과 프라이빗(폐쇄형) 블록체인이 그
것인데, 말 그대로 누구나 자신의 컴퓨팅 파워를 이용해 네트워크에 참여해 거

래와 열람, 검증을 할 수 있도록 문호를 열어둔 것을 '퍼블릭 블록체인'이라고 하며, 반대로 특정 주체가 내부 전산망을 폐쇄적으로 관리하는 방식이 '프라이빗 블록체인'이라고 합니다.

핵심은 퍼블릭과 프라이빗 블록체인 가운데 어느 쪽을 택할 것인가에 따라 '가상화폐와 블록체인이 분리될 수 있느냐'에 대한 답이 달라질 수 있다는 것입니다.

퍼블릭 블록체인이라면 자신의 컴퓨팅 파워라는 비용과 노력을 들여 네트워크에 자발적으로 참여하도록 하기 위해 가상화폐 발행이라는 당근책을 쓸 수밖에 없다는 겁니다. 퍼블릭 블록체인을 기반으로 만들어진 첫 가상화폐인 비트코인의 창시자였던 사토시 나카모토 역시 이를 고민했고, 그 해법으로 경제적으로 코인을 보상해주는 방식을 찾아냈다고 할 수 있겠습니다.

네트워크 참여자들 가운데 일부가 복잡한 수학 연산문제를 풀어 새로운 블록을 생성하면 그 보상으로 비트코인을 지급하도록 했습니다. 이 과정이 채굴(마이닝)이라는 건 이미 앞서 여러 차례 언급해서 다 알 겁니다. 사토시의 전략은 실제 먹혀 들었습니다. 그가 설정한 채굴 가능한 비트코인 총량 가운데 80% 이상이 이미 채굴되었으니 말입니다.

반면 프라이빗 블록체인이라면 거래에 참여하고 이를 기록하고 열람하고 검증하는 주체가 실제 거래 당사자 또는 중앙 승인기관 정도다 보니 가상화폐라는 참여 유인(인센티브)을 마련할 필요가 없겠지만, 이는 블록체인이 궁극적으로 꿈꾸는 탈(脫)중앙화의 목표에 부합하지 않는다는 것이죠. 또한 개별적인 프라이빗 블록체인들을 하나의 퍼블릭 블록체인으로 묶을 필요성도 차츰 커질 텐데, 이럴 경우 해당 생태계 내에서 통용 가능한 가상화폐는 반드시 필요할 것이기 때문입니다. 아울러 블록체인 기술을 개발하고 하나의 창업 생태계를 이루기 위해서라도 가상화폐를 합법화할 필요가 있습니다. 가상화폐 발행을 통해 블록체인 프로젝트 개발자금을 조달하는 과거 가상화폐공개(ICO)와 같은 방식이 가능하도록 하는 것이죠.

아무리 프로젝트 아이디어가 뛰어나도 벤처캐피털로부터 투자를 받거나 은행에서 대출을 받기 위해서는 까다로운 절차와 오랜 시간을 감내해야 하지만, 설령 그렇다 해도 과거 사업실적이 없는 스타트업에 비교적 큰 규모의

토큰 이코노미
(Token Economy)

행동심리학에 기초한 용어로, 어떤 행동을 이끌어내기 위해 토큰을 대가로 주고, 토큰은 유형·무형의 가치와 교환하도록 해 그 행동을 강화하는 방법. 한편 가상화폐에서는 블록체인 프로젝트 내에서 토큰 또는 코인이 수행하는 경제적 역할을 의미함

초기 투자금을 대주는 금융회사는 거의 없습니다. 토큰 이코노미*가 필요하지도 않은 일부 프로젝트의 코인 발행이 문제가 되고 있는 건 사실이지만, 대부분의 블록체인 스타트업이 코인 발행으로 자금을 조달하는 건 이 같은 장점 때문이라고 할 수 있습니다.

결국 블록체인이 만들어내는 생태계와 이코노미를 원활하게 작동시키는 윤활유 역할을 하는 게 바로 가상화폐입니다. 이는 우리 화폐경제가 끊임없이 화폐를 가지려는 경제주체들의 욕구에 의해 작동하는 것과 마찬가지 이치라고 볼 수 있습니다.

비트코인 초보자를 위한 꿀팁

가상화폐와 블록체인을 나눠 가상화폐 투기는 막고, 블록체인 기술을 육성하겠다는 우리 정부 방침에 대한 문제 제기는 오래전부터 있었습니다. 사실 가상화폐는 해당 블록체인 네트워크가 제대로, 지속 가능한 방식으로 작동할 수 있게 해주는 윤활유나 촉매제 역할을 한다는 점에서 이 둘은 서로 떼어놓을 수 없는 사이입니다.

질문
TOP 58

가상화폐가 진짜 돈처럼
쓰일 수 있을까요?

전체 인구가 645만 명에 불과한, 중앙
아메리카에서도 멕시코와 과테말라, 온두라스, 니카라과 등에 끼어 있는 자그마
한 나라인 엘살바도르가 거대한 실험에 나섰습니다. 전 세계에서 처음으로 비
트코인이라는 가상화폐를 법정화폐로 공식 채택함으로써 기울어가는 나라 경
제를 바로 세워보겠다는 실험 말입니다.

2021년 6월 미국 마이애미에서 열린 세계 최대 가상화폐 이벤트인 '비트코인
2021 콘퍼런스'에서 비트코인의 법정화폐화(化)를 전 세계에 선언했던 나이브 부
켈레 엘살바도르 대통령은 일사천리로 법안을 처리하면서 불과 석 달 뒤인 9월
7일부터 전 국민이 비트코인을 법정화폐로 쓰도록 했습니다. 그보다 앞서 미국
모바일 및 블록체인 결제업체인 스트라이크(Strike)*라는 유망 스타트업과 손잡
고 자국 내에서 실생활에 비트코인을 사용할 수 있도록 하는 금융 인프라를 구

294

축하는 작업을 시작하기도 했습니다.

사실 엘살바도르도 지난 1892년 콜론(Colon)이라고 하는 자체 법정화폐를 만들어 100년 이상 사용해왔습니다. 그러나 자국 내에 만연한 부정부패와 창궐하는 범죄조직 등으로 인해 지하경

> **스트라이크(Strike)**
>
> 수수료 없이 어디로든 자금을 보내거나 받을 수 있도록 하겠다는 목표로 출범한 미국의 지급결제업체로, 비트코인 네트워크를 기반으로 시스템이 구축되어 있음

제 규모가 비대하게 커진 데다 지나친 통화 발행에 따른 화폐가치 하락으로 콜론이 신뢰를 잃자, 지난 2001년부터 아예 미국 달러화를 법정화폐로 쓰고 있습니다. 이런 가운데 미국이 2007~2008년 글로벌 금융위기와 2020년부터 시작된 코로나19 팬데믹 하에서 대규모 통화팽창 기조를 이어가자 엘살바도르 내에서는 더 급격한 화폐 인플레이션이 나타났습니다.

엘살바도르는 전체 경제에서 대외송금이 차지하는 비중이 대단히 큰 나라입니다. 미국에서만 200만명 가까운 자국민들이 일하며 번 돈을 본국으로 보내오고 있습니다. 이렇게 해외 노동자들이 보낸 송금이 지난 2019년 기준으로 국내총생산(GDP)의 20%를 넘었습니다.

문제는 힘들게 번 돈을 고국에 있는 가족들에게 보내는 게 너무 불편하다는 겁니다. 주로 웨스턴 유니언(Western Union)과 같은 해외 송금업체를 이용하는데, 규제가 많아 돈을 보내는 게 불편한 데다 수수료까지 아주 높다고 합니다. 엘살바도르 내에만 웨스턴 유니언 지점이 500곳 이상이라고 하지만, 오죽했으면 번 돈을 모아뒀다가 가끔씩 비행기를 타고 귀국해 가족들에게 직접 돈을 가져다주는 일이 빈번하다고 합니다.

앞으로 엘살바도르에선 스트라이크의 블록체인 네트워크를 활용한 송금이 도입될 텐데, 이런 방식이 될 것 같습니다. 미국에서 열심히 일해서 달러화를 번

노동자들이 이를 스트라이크에 보내면, 스트라이크는 이 돈으로 비트코인을 사서 엘살바도르 중앙은행으로 비트코인을 이체합니다. 이 비트코인은 엘살바도르 중앙은행에 준비금으로 쌓이고, 돈을 받는 가족은 중앙은행으로부터 비트코인 또는 달러화를 찾아가서 쓰면 됩니다. 비트코인과 달러화 간의 교환 비율(환율)은 자유시장에서 결정됩니다.

이럴 경우 송금이 편리해지고 수수료도 종전에 비해 10분의 1도 채 안 되기 때문에 전 세계에서 일하는 엘살바도르 노동자들이 본국으로 보내오는 돈이 크게 늘어날 가능성이 높습니다. 엘살바도르의 비트코인 준비금이 늘어나고 이는 달러 준비금이 늘어난다는 얘기가 됩니다. 특히 비트코인 가격이라도 더 뛴다면 그 준비금이 더 불어날 수도 있습니다. 이는 엘살바도르 정부의 재정여력이 좋아져 재정지출을 확대할 수 있도록 해줄 겁니다.

일단 현재의 분위기는 그리 나쁘지 않습니다. 전 국민 가운데 무려 70% 가까운 인구가 은행 계좌나 신용카드를 가지고 있지 않아 대부분의 경제활동이 현금, 그것도 미국 달러화로 거래되고 있는 엘살바도르에서 비트코인의 수요는 확실히 높을 것으로 보입니다. 실제 스트라이크가 엘살바도르에서 출시한 모바일 결제 앱도 출시 두 달여 동안 하루에 2만 명 가까이씩 사용자가 늘어나고 있다고 합니다.

그동안 은행 계좌조차 가지지 못했던 엘살바도르 국민들은 저축이라는 개념이 거의 없었다고 합니다. 이제 비트코인 월렛을 가지게 되면 저축률이 크게 높아질 수도 있습니다. 현금 보유에 따른 분실이나 가치 하락의 리스크도 상쇄할 수 있습니다. 더구나 저축으로 이자 수익을 누릴 수 있으니 가계 가처분소득이 늘어날 수 있습니다. 앞으로 법정화폐가 된 비트코인으로는 세금이나 각종 공과금도 납부할 수 있습니다. 또한 기업이나 상인들도 제품이나 서비스 가격을 비트코인으로 매길 수 있습니다.

아울러 비트코인이 화폐로 인정되다 보니 비트코인으로 제품 값을 치르거나 거래소에서 비트코인을 사고팔아도 양도소득세를 전혀 물지 않아도 됩니다. 비트코인이나 블록체인과 관련된 글로벌 기업들이 엘살바도르로 몰려들어 산업 활성화에도 기여할 가능성이 있습니다. 부켈레 대통령은 비트코인이 법정화폐로 인정받은 다음 날, 곧바로 국영 지열전력회사에 비트코인 채굴을 위해 지열에너지를 활용한 탄소배출 제로(0)의 설비를 제공하라고 지시했습니다.

다만 이렇게 밝은 면만 있진 않을 겁니다. 무엇보다 송금이나 환전 과정에서의 비트코인 가격 변동성을 어떻게 잠재울 수 있을 것인가, 그리고 이 과정에서 국민들로 하여금 얼마나 많이 비트코인을 사용하도록 유도할 것인가 하는 것이 숙제가 될 수 있습니다. 국민들이 달러화만 보유하고자 하면 비트코인은 자국 중앙은행에만 가득 쌓이게 될 것이고, 이는 비트코인 가격 변동 리스크에 노출될 수 있으니 말입니다. 아울러 전 세계에서 조직폭력과 범죄율이 가장 높은 나라인 엘살바도르에서 제 아무리 비트코인이라도 지하경제를 양지로 끌어낼 수 있을지 지켜봐야 합니다.

그러나 이 엘살바도르에서의 거대한 실험이 설령 실패한다 해도 다른 개발도상국이나 후진국에서 언제든 다시 일어날 수 있을 겁니다. 현금 없는 사회를 채워 나갈 가상화폐, 특히 자국 통화의 신뢰가 무너진 국가들에서 그 신뢰를 채워 갈 비트코인의 앞날은 충분히 기대해볼 만합니다.

그렇다고 해서 전 세계적으로 가상화폐가 화폐 역할을 해낼 수 있다고 말하기엔 역부족입니다. 중앙은행과 정부 역할을 부정하며 태어난 가상화폐는, 송금이나 지급결제 등에서 더 많은 역할을 수행하면 할수록 중앙정부나 중앙은행, 기존 금융권으로부터 강력한 견제와 통제 압력을 받을 수밖에 없는 슬픈 운명을 갖고 있기 때문이죠. 따라서 가상화폐가 기존 우리 경제시스템에 얼마나 큰 가치를 더할 수 있느냐가 미래에 일부분이라도 화폐의 기능을 나눠 가질 수 있을지를 좌우할 것으로 보입니다. 가상화폐의 기술 발전도 이런 긍정적 요소를 더 유지하고 강화할 수 있는 방향으로 전개될 가능성이 높습니다.

비트코인 초보자를 위한 꿀팁

엘살바도르를 시작으로 자국 내 과도한 인플레이션과 통화가치 하락, 낮은 금융 이용률 등을 극복하기 위해 비트코인을 보조 수단으로 활용하고자 하는 시도가 진행되고 있습니다. 아직은 기술적인 한계나 기존 발권당국이나 금융시스템에서의 견제로 인해 어려움이 있을 수 있지만, 법정화폐와 공존하는 화폐로서의 역할은 비트코인에게는 계속 해결해야 할 숙제입니다.

가상화폐로 물건을
살 수 있는 날이 올까요?

불과 몇 년 전만 해도 '비트코인으로 물건 값을 결제한다'는 말은 다소 허황된 얘기처럼 들렸습니다. 미국이나 일본, 독일 등은 물론이고 2017~2018년에 국내에서도 이태원에 비트코인으로 결제할 수 있는 커피숍이나 미용실이 문을 열기도 했지만, 일시적인 흥미거리 또는 마케팅 차원에 그쳤던 기억이 있습니다.

실제 비트코인 블록체인 상에서 확인된 거래가 되돌릴 수 없게 되어 거래체결이 완료되는 데 최장 1시간이나 걸리고 있습니다. 그리고 소액결제에서는 거래체결 확인이 잘 안 되기도 합니다. 또한 채굴자들이 높은 수수료를 선호하다 보니 고액결제가 아니고서는 수수료 부담이 너무 클 수밖에 없는 게 현실이기도 합니다.

이런 이유에서 비트코인 네트워크를 더 유용하게 하려는 목적으로 라이트닝 네트워크(Lightning Network)와 같은 해결책이 등장하고 있습니다. 라이트닝 네트워크는 탈(脫)중앙화 한 결제 네트워크로, 두 사용자가 블록체인에 직접 알리고 확인할 필요 없이 소액결제를 할 수 있도록 해주므로 소매점에서 포스(POS) 단말기*를 이용해 즉각 지불이 가능합니다. 이 덕에 거래 수수료는 낮아지고, 결제 처리속도는 빨라집니다.

그럼에도 가상화폐에 늘 따라붙는 연관 검색어처럼 되어 있는 '높은 가격 변동성'으로 인해 현실에서의 대금 결제는 쉽게 풀 수 없는 문제입니다. 만약 현재 1천만 원인 비트코인으로 물건 값을 결제했는데, 몇 시간 뒤 시세가 1,200만 원까지 올라간다면 현금으로 결제했을 때에 비해 200만 원을 단번에 손해보는 꼴이 되니까요. 그뿐 아니라 과거 100만 원에 산 비트코인이 현재 5천만 원 가치가 되어 5천만 원인 자동차를 이 비트코인으로 산다고 할 때, 결제과정에서 투자 수익금인 4,900만 원에 해당하는 소득세를 함께 내야 한다는 점도 실제 사용을 가로막는 장애물입니다.

그러나 독자적인 가상화폐 거래소를 만들거나 다른 거래소와의 협업을 통해 이런 가격 변동성까지도 잠재움으로써 가상화폐를 실제 물건이나 서비스 결제에 사용하고자 하는 노력은 최근 더욱 속도를 내고 있습니다.

전 세계 금융당국의 견제에 불발되긴 했지만 페이스북이 시도했던 디엠(Diem) 프로젝트에 이어 2020년 10월 세계적인 지급결제업체인 페이팔은 가상화폐 트레이딩시스템과 가상화폐를 이용한 지급결제서비스를 선보였습니다. 고객들이 페이팔 온라인 월렛을 이용해 비트코인과 기타 가상화폐를 직접 사고팔고 보유할 수 있는 것은 물론이고, 페이팔 네트워크에 들어와 있는 전 세계 2,600만 상점에서 가상화폐를 이용한 온라인 쇼핑도 가능하도록 하겠다는 것이었습니다.

특히 페이팔은 앞서 언급한 대로 가상화폐 결제가 가지는 문제점들을 해결하기 위해 고객들이 가상화폐로 대금을 지불할 경우 미국 달러화 등 법정 통화를 사용해 결제하도록 했습니다. 이는 상인들이 상품과 서비스 판매 대금을 가상화폐로 받지 않는다는 것이고, 그러니 상인들이 가상화폐 결제를 피할 일이 없어지는 겁니다.

아직 구체적인 계획이 나온 건 아니지만, 세계 최대 유통업체 중 하나인 월마트(Walmart)도 2021년 들어 새로운 핀테크 스타트업을 설립했습니다. 이에 따라 월마트 역시 가상화폐 결제시장에 뛰어들 가능성이 높아 보입니다. 업계에서는 월마트가 2020년 8월 달러와 1:1 가치를 지니는 디지털 화폐 생성과 관련한 특허를 출원했었다는 이유로 벌써부터 가상화폐 결제서비스 출시를 점치고 있는 상황입니다.

국내에서도 가상화폐를 활용한 결제 시도가 나타나고 있습니다. 아직은 규제 리스크로 인해 토큰을 통한 최종 결제는 제한되고 있지만 이를 보조 수단으로 활용하는 실험이 이뤄지고 있는데, 그 대표적인 업체로 간편결제시스템업체인 차이(CHAI)와 다날 핀테크가 있습니다. 차이의 경우 블록체인 프로젝트 테라(Terra)를 기반으로 국내 지급결제업체 역할을 담당하면서 차이카드를 발급해 각종 결제 혜택을 제공하고 있습니다. 다날 핀테크는 가상화폐 결제 프로젝트인 페이 프로토콜을 통해 월렛 간 송금에 페이 코인을 보내는 사용자가 0.1%의 수수료를 부담하며, 결제 거래에는 가맹점이 0.2%의 수수료를 내는 구조로 이뤄져 있습니다.

특히 이런 결제를 활용할 경우 가맹점을 보증해주는 중개업체인 PG사와 단말기를 통한 카드 중계 역할을 수행하는 VAN사 등이 가져가는 중간 수수료를 아낄 수 있다는 장점이 있습니다. 코로나19 팬데믹으로 인해 비대면 거래가 늘고, 각국 소비자들의 해외 직구가 늘어나는 상황이라 가상화폐를 통한 결제는 머지 않아 대세가 될 가능성이 높습니다.

비트코인 초보자를 위한 꿀팁

소비자들의 수요 증가와 기술적 발전 등으로 인해 가상화폐를 이용한 지급결제가 서서히 활성화되고 있습니다. 아직은 시범적인 서비스에 그치거나 개별 가상화폐가 보조수단에 그치는 한계가 있지만, 서서히 가상화폐를 결제에 활용하는 사례는 늘어날 것으로 예상됩니다. 이럴 경우 가상화폐의 대중화가 한결 속도를 낼 것으로 보입니다.

질문
TOP 60

금융회사 없이도
금융이 가능한가요?

2020년 하반기부터 가상화폐시장이 본격적인 상승랠리를 보일 때 나타났던 가장 큰 특징 중 하나는 이더리움 가격의 약진입니다. 비트코인과의 시가총액 차이가 너무 큰 '만년 2등'에 머물 것이라고 봤던 이더리움 가격이 2020년 하반기부터 빠르게 오르면서 비트코인과의 격차를 크게 좁혔습니다.

비트코인에만 몰빵하던 기관투자가들은 서서히 이더리움으로 돈을 집어넣고 있고, 벌써부터 성급한 몇몇 전문가들은 "조만간 이더리움이 비트코인을 따라잡는 날이 온다"고 예견하고 있습니다.

물론 이더리움의 이 같은 강세 배경에는 여러 가지 원인이 있겠지만, 그중에서도 대표적인 게 바로 디파이(DeFi·탈중앙화 금융) 활성화입니다. 디파이는 한마디로 블록체인 기술을 바탕으로 한 금융이며, 금융회사를 끼지 않고도 결제부터 송금, 예금, 대출 및 투자 등 모든 금융거래를 가능하도록 해주는 금융 방식을 말합니다.

개인이 이더리움이나 비트코인 등 코인을 담보로 잡고 대출을 받는 것부터가 모두 디파이의 영역에 속합니다. 보수적인 한국은행도 최근 한 보고서를 통해 "당분간 금융회사를 통한 금융중개 방식이 여전히 일반적인 거래형태로 유지될 것"이라고 전제하면서도 "디지털 경제 확산으로 디파이의 역할은 계속 커질 수 있다"고 점칠 정도입니다.

전통적인 금융이라고 하면 은행이나 보험, 증권사 등 중간에서 거래를 매개해주는 제3자가 반드시 존재합니다. 이를 통해 대출과 보험, 주식·채권 투자 등이 이뤄지는 방식이죠. 이 경우 은행과 증권사 등이 높은 수수료를 가져가게 됩니다.

이런 전통 금융에 도전장을 낸 곳이 핀테크(FinTech)입니다. 카카오뱅크나 케이뱅크, 토스(Toss) 등이 대표적인 주자들입니다. 이처럼 금융거래 중개자가 은행과 보험, 증권사 등에서 핀테크로 대체되면서 거래 비용이 크게 절감되고 편리해지게 되었죠.

그 다음으로 진화된 금융이 바로 디파이입니다. 디파이는 금융거래의 중개자를 최소화하거나 아예 없앰으로써 수수료 부담을 낮추는 한편, 지역 간 한계도 뛰어넘고자 합니다. 물론 대출이나 투자가 전통적인 자산 대신에 토큰화한 금융자산이나 서비스가 됩니다.

이렇게 디파이가 활성화하는 이유는 분명합니다. 코로나19 팬데믹 이후 각국 정부가 경기 부양을 위해 기준금리를 거의 제로 수준까지 낮추면서 역사상 유례를 찾기 힘든 저금리 기조가 이어지고 있는 만큼 금융거래 비용을 낮추고 투자 수익을 올려야 할 이유가 뚜렷해졌죠. 특히 디파이의 경우 아직까지 이자소득세와 같은 수익에 대한 세금이 없어 더 매력적일 수 있습니다.

디파이가 얼마나 활성화하고 있는지 구체적인 수치를 살펴봐야 하겠는데, 데이터 분석업체인 디파이펄스(DeFi Pulse)에 따르면 디파이를 위해 코인 보유자들이 맡겨 둔 락업(예치) 자산규모가 2021년 6월 현재 무려 328억 달러, 원화로 36조 원에 이른다고 합니다. 이렇게 디파이 비즈니스를 하는 업체들의 코인 시가총액도 700억 달러에 거의 육박해 가상화폐 전체 시총의 5%를 넘어서고 있습니다.

디파이시장에서 코인을 받아 시장에 유동성을 공급해주는 역할을 탈중앙화 거래소(DEX)가 주로 하게 되는데, 그중 가장 대표적인 탈중앙 거래소가 바로 유니스왑(Uniswap)입니다. 물론 디파이 코인 중에서도 시총이 가장 크다고 합니다. 심지어 미국 최대 중앙화 가상화폐 거래소인 코인베이스(Coinbase)의 24시간 거래량을 넘어설 정도입니다. 이는 중앙시스템이 없는 거래소다 보니 코인 상장을 위한 요건이나 심사도 없습니다. 개발자가 직접 유니스왑을 통해 자신의 토큰을 판매할 수 있습니다.

에이브(AAVE)와 같은 디파이 대출 플랫폼도 있습니다. 자신의 코인을 이 플랫폼에 맡겨두면 이자를 받을 수 있고, 반대로 이자를 약간 낸다면 대출을 받을 수 있습니다. 이는 개인 간의 대출은 아니며, 투자자들이 플랫폼에 맡겨둔 코인을 하나의 풀(pool)로 모아두면 거기서 대출이 나가는 식입니다. 이자는 그때그때 수요와 공급에 따라 달라지는 식이고, 만약 풀에서 대부분 코인이 대출에 쓰였다면 더 많은 예치를 받고 대출을 덜 하기 위해 알고리즘에 따라 이율을 올리는 식이 됩니다.

디파이 보험도 존재하는데, 넥서스뮤추얼(NXM)이 대표적인 플랫폼입니다. 특정한 계약 조건에 맞아떨어졌을 때 자동으로 계약이 이행되는 이더리움의 스마

다오(DAO)

'탈중앙화한 자율 조직'이라는 뜻으로, 탈중앙화는 아무도 조직을 대표하거나 운영 책임을 지지 않는 만큼 최소한의 조직 운영을 위해 코인을 가진 투자자들이 전자 투표를 통해 의사 결정을 할 수 있도록 한 자율적인 거버넌스 체계를 말함

트 계약(Smart Contract) 기능을 이용하는 식으로, 일례로 사전에 보험료와 사고시 보장받는 보험금을 정해놓고선 사고가 나면 보장해둔 보험금을 자동으로 받게 됩니다. 보험금 청구와 정산까지 모든 과정이 자동으로 다 진행됩니다. 코인을 맡겨둔 투자자들이 탈중앙화 자치조직(DAO)*을 만들어 보험금 지급을 결정하고 그 대가로 보상을 받게 됩니다.

다만 디파이 서비스의 성장에 가장 불확실한 변수는 규제 이슈입니다. 당국으로서는 최근 가상화폐에 대한 규제나 과세를 도입하고 있는 만큼 디파이만 규제 사각지대에 둘 가능성이 낮기 때문입니다.

향후 모든 디파이 사용자에 대한 본인 인증 요구를 의무화하거나 기존 금융권에서 시행하던 규제 잣대를 들이댄다면 시장이 급격히 위축될 수도 있습니다. 그러나 디파이가 가진 잠재적인 혁신성을 고려할 때 디파이가 단기간 내에 유행처럼 지나가진 않을 것으로 보이며, 현재 더욱 다양한 혁신적 시도도 나타나고 있습니다.

아울러 이런 디파이의 확산은 가상화폐시장의 가격 변동성을 낮춰주는 긍정적 효과도 기대됩니다. 가상화폐 거래소에 비트코인이나 이더리움을 들고 있으면 언제든 이를 내다 팔 수 있지만, 디파이에 락업해둘 경우 이자 수익으로 인해 어느 정도 가격 하락을 감내할 수 있으니 락업한 가상화폐가 늘어날수록 시장의 가격 방어력도 높아질 수 있습니다.

2021년 초 시장을 주도해온 기관투자가들에 대해 개인투자자들이 저항했던

306

게임스톱(GameStop) 사태에서도 확인했듯이, 이제 시장은 서서히 중앙화를 거부하고 탈중앙화로 가는 긴 행보를 시작했다고 할 수 있습니다. 그리고 그 중심에 디파이가 자리 잡을 것으로 보이며, 그러는 한 가상화폐시장의 높은 변동성 또한 크게 낮아질 수 있을 것으로 기대됩니다.

비트코인 초보자를 위한 꿀팁

전통적인 금융과 핀테크를 넘어서서 중간에서 높은 수수료를 떼가는 제3의 중재자를 배제하는 디파이는 최근 가상화폐시장에서 크게 활성화하고 있습니다. 특히 디파이가 활성화할수록 가상화폐를 장기간 보유하려는 수요가 늘어날 수 있는 만큼, 가상화폐의 가치와 가격 안정성을 동시에 높일 수 있을 것으로 보입니다.

증권형 토큰은
증권시장에 왜 혁신일까요?

디파이가 기존 금융을 대체하는 형태의 탈중앙화 금융이라면, 증권형 토큰은 기존 자본시장에서의 투자나 자금 조달을 대체할 수 있는 탈중앙화 투자(investment) 또는 펀딩(funding)이라고 할 수 있겠습니다.

증권형 토큰은 전통적인 시장에 있는 주식, 채권, 부동산, 미술품 등과 같이 다양한 자산들의 가치를 토큰과 연계한 가상화폐를 말합니다. 주식과 채권, 부동산, 미술품 모두 그 가치가 높아질 경우 이를 토대로 만든 토큰 가치도 올라가도록 설계함으로써 그 토큰에 투자한 투자자가 수익을 올릴 수 있도록 한 것이죠. 그런 뜻에서 증권형 토큰은 현물 토큰, 실물 토큰, 디지털 에셋(digital asset) 등 다양한 이름으로도 불리고 있습니다.

특히 증권형 토큰은 투자자에게 수익금을 돌려줄 수 있다는 점에서 주식뿐

아니라 채권과 부동산, 예술품은 물론
이고 지적재산권, 특허권, 금, 곡물이나
에너지 등 다양한 실물자산을 토큰 형
태로 발행할 수 있습니다. 이 경우 투자
자는 배당과 이자, 의결권, 지분 등을
제공받게 됩니다. 이 과정에 블록체인

> **크라우드 펀딩**
> **(Crowd Funding)**
> 자금을 필요로 하는 수요자가 웹이
> 나 모바일 플랫폼을 통해 불특정 다
> 수의 대중들로부터 자금을 모아 제
> 품이나 서비스 등을 개발하는 방식

의 스마트 계약(smart contract) 기술이 활용됩니다.

사실 증권형 토큰은 실물자산을 효율적으로 분할해 소액 투자 시장을 개척할 수 있다는 점에서 수년 전부터 주목받아 왔습니다. 주식이나 채권의 경우 블록체인 기술을 활용하면 배당이나 이자 지급 등이 더욱 효율적일 수 있다는 기대도 존재합니다.

국내에서도 지난 2018년 말에 문을 연 미술품 공동구매 온라인 플랫폼인 아트앤가이드가 블록체인 기반의 플랫폼을 활용해, 크라우드 펀딩* 방식으로 4,500만 원을 모은 19명의 구매자들에게 김환기 화백의 수채화 작품인 '산월'을 판매한 바 있습니다.

해외에서는 부동산에 투자하는 STO가 이미 활발합니다. 부동산 블록체인 서비스업체인 아이하우스닷컴(i-House.com)이 호텔과 리조트, 공유오피스 등 상업용 부동산 자산을 토큰으로 발행하고 있습니다. 당장 현금화하기 힘든 부동산 자산을 가지고 있는 회사나 부동산 개발사는 이 자산의 소유권을 쪼개서 판매하거나 향후 자산 이용권을 미리 판매해 자금을 확보하는 유동화가 가능하고, 투자자들은 이 부동산 자산 가치가 뛸 때 이익을 볼 수 있습니다.

현재 증권형 토큰 거래 플랫폼을 준비하고 있는 미국 대표 증권거래소인 나스닥을 이끌었던 밥 그레이펠드 전 최고경영자(CEO)는 "앞으로 5년 내에 월가에서 발행되는 모든 주식과 채권은 증권형 토큰으로 대체될 것"이라고 전망한 바 있습니다. 세계 최초로 온라인쇼핑몰에 비트코인 결제를 도입했던 오버스탁(Overstock)은 2018년 대체투자시스템(ATS)인 스피드루트(SpeedRoot)를 인수한 뒤 그해 8월에 세계 최초로 프라이빗 블록체인을 기반으로 500만 달러 규모의 사모사채를 토큰 형태로 발행하는 데 성공하기도 했습니다.

이후 이런 움직임은 제도권 금융회사들에게도 확산되고 있습니다. 일본에서는 SBI홀딩스와 노무라, 다이와 등 대형 증권사들을 중심으로 이미 2019년에 증권형토큰공개(STO)협회가 설립되었고, 일본 금융청(FSA)은 2020년 이 협회를 공인 금융상품거래협회로 인정했습니다. 그리고 미쓰이스미토모 신탁은행은 2020년 3월 일본 최초로 증권형 토큰을 발행하기도 했습니다. 독일 연방금융감독청(BaFin) 역시 2020년 3월 유럽 안에서 국경을 넘는 STO를 최초로 승인했습니다. 러시아 예탁결제원은 2019년 스위스에서 소형 의료기업 미등기 주식 등을 토큰화하는 프로젝트에 착수했습니다. 미국과 싱가포르 금융당국은 2019년 STO 관련 규제를 정비했습니다.

최근 들리는 소식을 보면, 우리 금융당국인 금융위원회도 국내에서 거래되는 580여 종의 가상화폐르 기능별로 분류하고자 한다고 합니다. 이는 새로운 법을 만들지 않고도 현행 법을 활용해 일부 코인시장을 효율적으로 규제할 수 있다는 생각때문일 텐데, 그중에서 증권(Security)과 유사한 성격을 가진 증권형 토큰을 공식적으로 허용하되 기존의 자본시장법에 따라 엄격하게 규제를 하겠다는 겁니다.

다만 증권화 토큰의 경우 실물 자산과 연계되기 때문에 금융당국 규제를 받는다는 점에서 당장엔 활성화가 어려울 수 있습니다. 예를 들어 증권형 토큰이 국내 자본시장법 적용을 받는다고 할 경우, 증권형 토큰을 발행하려는 회사는 자본시장법에 따라 50명 이상에게 투자금을 모집할 때 금융위원회 심사를 받아야 합니다. 모집액이 10억 원 이상이면 증권신고서도 내야 합니다. 지금까지 코인투자자들을 모집했던 자유로운 방식은 더 이상 활용할 수 없게 되는 겁니다.

실제 한때 시가총액 3위까지 올라갔던 대표적 가상화폐 중 하나였던 리플(XRP)의 경우 글로벌 송금에 특화된 코인이긴 하지만, 회사 성장에 따른 수익을 나눠 가지는 방식으로 투자자를 모았다는 이유로 미 증권거래위원회(SEC)로부터 증권형 토큰 판단을 받아 연방 증권거래법 위반으로 제소되어 어려움을 겪고 있습니다. 자칫 섣불리 도입될 경우 코인시장을 더 옭아맬 수 있다는 우려가 나오는 이유입니다.

따라서 우리 금융당국이 증권형 토큰으로 분류해 코인을 자본시장법으로 적용한다면, 사전에 증권성에 해당하는지 여부를 가릴 수 있는 기준을 마련해야 합니다. 금융위도 국회 정무위원회에 제출한 답변에서 "금융당국에 특정 토큰이 증권성을 갖는지 묻는 질의가 다수 제기되었다"면서 "이런 불확실성을 완화하기 위해 어떤 경우가 현행 자본시장법 상 증권에 해당하는지 세부 기준을 자본시장TF가 마련해 제시할 계획"이라고 밝힌 바 있습니다.

비트코인 초보자를 위한 꿀팁

주식부터 채권, 부동산, 미술품, 저작권 등 모든 형태의 자산의 소유권과 그에 따른 수익 배분권리를 디지털 상으로 표시하는 증권형 토큰이 주목받고 있습니다. 국내에서도 기존 발행된 가상화폐부터 증권형 토큰으로 분류해 자본시장법으로 규제하려는 움직임이 일고 있습니다. 장기적으로 보면 새로운 기회가 열리는 것이지만, 단기적으로 규제 강화 가능성도 있으니 예의주시해야 합니다.

왜 NFT(대체불가능토큰)에 열광하나요?

가상화폐시장이 강한 상승 흐름을 타 던 2021년 3월쯤, 255년 역사를 지닌 세계 최대 경매회사인 크리스티에서 흥미 로운 경매가 하나 있었습니다. '비플(Beeple)'이라는 이름으로 작품활동을 하는 마이크 윈켈만이라는 디지털 아티스트가 최근 10여 년간 활동하면서 온라인 상에 올린 사진들을 한데 모아서 만든 디지털 아트가 바로 이날 경매에 붙여진 겁니다.

'에브리데이즈: 첫 5000일(Everydays-The First 5000 Days)'이라는 이름이 붙여 진 이 디지털 아트는, 비플 자신이 유명 패션 디자이너인 루이 비통과 유명 팝스 타인 저스틴 비버, 케이티 페리 등과 함께 작업한 사진들이라곤 하지만, 엄밀하 게 얘기하자면 수많은 사진을 이어 붙인 하나의 큰 JPG 파일에 불과하다고 할 수도 있습니다. 특히 이날 경매에서 이 작품이 무려 6,930만 달러, 우리 돈으로

785억 원이라는 거액에 낙찰되어 팔렸다는 소식은 더 큰 화제가 되었습니다. 디지털 아트 작품으로는 역대 최고 낙찰가라는 신기록을 썼고, 모든 미술품을 통틀어도 현존하는 작가 중에서는 제프 쿤스와 데이빗 호크니에 이어 역대 세 번째로 높았다고 합니다.

이 작품은 디지털 아트나 가상화폐에 투자하는 펀드를 운용하고 있는 싱가포르 기업 메타퍼스(Metapurse)의 최고재무책임자(CFO)인 '메타코반'이라는 인물이 낙찰받아갔다고 합니다. 작품 낙찰금액과 수수료 등을 크리스티 측에 이더리움으로 결제한 이 메타코반은 화상으로 진행된 인터뷰에서 "언제일지는 장담할 수 없지만, 이 디지털 아트는 머지않아 (낙찰가격보다 수십 배 더 올라) 수십억 달러까지 가치가 뛸 것"이라고 장담했다고 합니다.

이처럼 하나의 파일 형태로 되어 있어서 거실이나 집 안에 걸어둘 수도 없는 예술작품이 도대체 어떻게 이런 거액에 팔릴 수 있었던 걸까요? 이 비플의 작품 같은 걸 우리는 '대체불가능토큰(NFT)'이라고 부르는데, 왜 NFT가 이렇게 인기를 끌고 주목받고 있는지를 먼저 살펴볼 필요가 있습니다.

NFT는 이름 그대로 그 어떤 것으로도 대체할 수 없는 것을 블록체인 기술을 활용해 하나의 토큰으로 만들어 사고파는 것입니다. NFT는 세상 유일무이한 것을 소중하게 보관하고 저장할 수 있다는 점에서 가치가 생깁니다. 비트코인이나 이더리움과 같은 블록체인 기술을 활용하면서도 기존 가상화폐와는 달리 별도의 고유한 인식 값을 부여해 세상에 단 하나뿐인 것에 대한 소유권과 거래를 증명해주는 방식입니다. NFT는 고유성을 표현하기 위해 각각의 토큰에 일종의 고유 번호를 부여하는데, 쉽게 설명하자면 각 부동산에 고유 번호를 매겨 소유주를 관리하는 등기부 등본과 같은 장부를 탈중앙화한 것으로 보면 되겠습니다. 앞서 말한 경매처럼 디지털 아트가 그 대상이 될 수도 있고, 희귀한 사진과 동영

상 등의 콘텐츠, 게임 아이템이나 스포츠 카드, 그 외 각종 희귀 소장품 등이 거래될 수 있습니다.

사실 NFT의 원조는 크립토키티(Crypto Kittie)*라는 블록체인 게임으로, 이 게임에서 유저들은 가상의 고양이를 수집해 기르고 교환할 수 있습니다. 그리고 그 고양이들을 교배시켜 가장 희귀한 고양이를 번식시키는데, 이렇게 키운 특이한 고양이를 하나의 NFT로 사고 팔았던 것이죠. 또한 최근에는 마이클 조던 등 유명 스포츠 스타의 희귀 카드로 만든 NFT가 고가에 거래되고 있습니다. 일론 머스크의 아내이자 가수인 그라임스도 디지털 그림 NFT 10점을 판매해 화제가 되었는데, 20분 만에 무려 65억 원을 벌어들였다고 합니다. 국내에서도 바둑기사 이세돌 9단이 인류 역사상 처음으로 인공지능(AI) 알파고를 상대로 1승을 거둔 네 번째 대국 내용과 기보가 이더리움 체인 상의 토큰으로 발행되어 2억 5천 원에 팔리기도 했습니다. BNP 파리바에 따르면 전 세계 NFT 거래액은 2020년 2억 5천만 달러까지 늘어 2019년에 비해 네 배 가까이 급증했다고 합니다.

이처럼 NFT가 인기를 끄는 데는 이유가 있을 텐데, NFT는 복제나 위조가 사실상 불가능해 특정 자산이 지닌 희소성이나 소유권을 잘 보장해줄 수 있습니다. 또한 블록체인 상에 NFT 출처와 발행시간, 소유자 내역 등 정보가 공개되어 추적이 쉽고, 지분 쪼개기처럼 토큰을 n분의 1로 나눠 소유할 수 있어 투자하기에도 좋습니다.

결정적으로 가상화폐가 널리 통용되면서 가치를 바라보는 관점이 바뀌었기 때문입니다. 가상화폐나 디지털에 친숙한 젊은 세대는 NFT에 거부감 없이 접근하고 있습니다. 또한 가상화폐로 돈을 번 투자자들도 그 가치를 유지하기 위해 NFT에 앞다퉈 뛰어들고 있습니다. 실제 이번 비플의 작품 경매에서도 트론(TRX)의 창립자 저스틴 선이 6천만 달러까지 써내며 막판까지 메타코반과 경쟁을 펼쳤다고 합니다.

NFT는 앞으로 더 많은 자산을 디지털화함으로써 영역을 넓혀갈 것으로 기대됩니다. NFT는 최근 전 세계를 휩쓸고 있는 메타버스(Metaverse) 열풍을 맞아 더욱 가파른 성장세를 보일 겁니다. 메타버스는 현실 세계처럼 사회, 경제, 문화 활동이 활발하게 이뤄지는 3차원 가상세계를 일컫는 말인데, 여기서 NFT의 역할은 무궁무진합니다. 이용자 캐릭터 자체가 NFT가 될 수도, 메타버스에서 기르는 개나 고양이, 또는 부동산이 NFT가 될 수도 있습니다. NFT는 그 자체로 고유한 가치를 가질 뿐 아니라 그 가치를 다른 사람에게 팔 수도 있는데, 이런 NFT의 특성이 잘 발현되는 곳이 바로 메타버스인 겁니다.

대표적으로 최근 게임 유저들로부터 선풍적 인기를 끌고 있는 NFT 기반 게임 '엑시 인피니티(Axie Infinity)'가 있습니다. 엑시 인피니티는 포켓몬과 크립토키티를 결합한 게임인데, 유저는 게임 속 여섯 종류의 캐릭터 엑시(Axies)를 수집하고 다른 엑시와 교배할 수 있습니다. 어떻게 교배하느냐에 따라 캐릭터의 능력치가 달라지죠. 또한 자신이 기르는 엑시를 NFT 마켓에서 판매할 수도 있습니다. 게임 속 가상의 땅도 매매할 수 있습니다.

메타버스 시대에 사람들이 NFT에 열광하는 건 NFT가 단순한 투자 대상에만 그치는 게 아니기 때문입니다. 이미 가상화폐 경계를 넘어선 지 오래입니다. 가상세계에서 NFT는 자신과 자신을 둘러싼 모든 세계를 투영합니다. NFT 열풍이 일시적 현상에 그치지 않을 것으로 보입니다.

물론 초기엔 과열과 버블이라는 부작용이 따르기 마련입니다. NFT에 대한 과도한 투자 열기가 가상자산 시장에 일정 부분 버블로 연결될 수 있습니다. 라이트코인 창설자인 찰리 리도 NFT를 '무한 토큰(Non-Finite-Token)'이라고 비꼬며 "NFT는 쉽고 저렴하고, 완벽하게 복제할 수 있는 수집품 디지털 인증서에 불과한 만큼 과도한 기대는 금물"이라고 지적한 바 있죠. 그러나 NFT는 과열과 조정, 안정이라는 사이클을 그리며 성장을 이어갈 겁니다. 바야흐로 우리는 디지털 환경 속에서 전통적인 가치의 영역을 넓혀가고 있다고 할 수 있습니다.

비트코인 초보자를 위한 꿀팁

비트코인이나 이더리움과 같은 1대 1의 가치로 맞교환 가능한 가상화폐를 뛰어넘어 블록체인 상에서 단 하나뿐인 가치를 가지는 NFT가 최근 새로운 가치저장수단이나 투자자산으로 각광받고 있습니다. 특히 이는 단순한 투자를 넘어 메타버스와 맞물려 현실 세계를 투영해주기도 합니다. 우리가 생각하는 가치의 영역은 무한정 확장하고 있습니다.

메타버스는 가상화폐에도
기회가 될까요?

최근 가장 각광받고 있는 분야 중 하나를 대라면 누구나 가장 첫 손에 꼽을 만한 게 바로 메타버스(Metaverse)일 겁니다. 가상 또는 초월 등을 뜻하는 영어 단어 '메타(Meta)'와 우주를 뜻하는 유니버스(Universe)'의 합성어인 메타버스는 현실 세계와 같은 사회·경제·문화 활동이 이뤄지는 3차원의 가상 세계를 말합니다.

1992년 미국의 SF 작가인 닐 스티븐슨(Neal Stephenson)이 자신의 소설 『스노 크래시(Snow Crash)』에 언급하면서 처음으로 등장한 개념인데, 이 소설에서 메타버스는 '아바타를 통해서만 들어갈 수 있는 가상의 세계'를 가리키는 단어였습니다. 그러다 2003년 린든 랩(Linden Lab)이 출시한 3차원 가상현실 기반의 '세컨드 라이프(Second Life)' 게임이 인기를 끌면서 메타버스가 세상에 널리 알려지게 되었습니다.

메타버스는 컴퓨터로 만들어놓은 가상 세계에서 사람이 실제와 같은 체험을 할 수 있도록 하는 최첨단 기술인 가상현실(VR)보다 한 단계 더 진화한 개념으로, 아바타를 활용해 단지 게임이나 가상 현실을 즐기는 데 그치지 않고 실제 현실과 같은 사회적·문화적 활동을 할 수 있다는 특징이 있습니다.

특히 메타버스는 초고속, 초연결의 5세대(5G) 통신 상용화와 2020년 전 세계를 강타한 코로나19 팬데믹 하에서 확산되기 시작했습니다. 5G 상용화와 함께 이를 기반으로 가상현실(VR), 증강현실(AR), 혼합현실(MR) 등을 구현할 수 있는 기술이 발전했고, 코로나19 사태로 비대면과 온라인 추세가 빠르게 확산하면서 메타버스가 주목받게 된 것입니다.

현재 젊은층 외에는 이 메타버스 개념이 다소 생소할 수 있겠는데, 과거 2000년대 초 국민 SNS였던 싸이월드를 떠올려보면 쉽게 이해할 수 있을 겁니다. 싸이월드에 들어가면 나의 아바타 역할을 하는 '미니미'라는 캐릭터가 있고, 이 미니미는 미니룸에 살고 있으며, 내 개인 취향대로 미니미와 미니룸을 꾸밀 수 있었습니다. 이 미니미는 다른 미니미의 미니룸으로 놀러갈 수도 있습니다. 특히 이 미니미와 미니룸을 꾸미고 배경음악을 깔기 위해서는 도토리라는 일종의 가상화폐가 필요했습니다.

실제로도 메타버스가 단순한 게임과 차별화되는 건, 그곳에서 현실 세계와 같은 경제활동을 영위할 수 있다는 점입니다. 아이템이나 계정을 사고파는 정도의 제한적 경제활동만 하는 게임과 달리, 메타버스는 더욱 현실과 유사하고도 다양하게 그 공간에서 수익을 낼 수 있는 사업을 할 수 있어야 하고, 그러기 위해 모임도 갖고 공연도 하고 이를 위한 공간도 사고팔 수 있어야 합니다.

이런 경제활동이 이뤄지긴 위해서는 화폐가 필수적인데, 특히 메타버스는 국경 없는 서비스이기 때문에 각 나라의 화폐를 사용하는 것으로는 한계가 있을 수밖에 없습니다. 세계 최대 메타버스인 로블록스(Roblox)도 블록체인 기반은 아니지만 '로벅스'라는 자체 가상화폐를 사용하고 있습니다.

로벅스는 현금(법정화폐)으로 살 수도 있고, 로블록스 내에서의 창작활동을 통해 모을 수도 있습니다. 또한 일정 수준 이상의 로벅스를 벌었을 때 외부 계좌를 연동해 실제 달러화로도 바꿀 수 있죠. 플랫폼 내 수익의 외부 반출이 일어나는 것입니다. 이렇다 보니 로블록스가 월간 활성 이용자 수(MAU)* 1억 5천만 명, 이용자 제작 게임 5천만 개를 넘어선 비결 중 하나로 로벅스를 꼽는 전문가들도 다수입니다.

이렇듯 메타버스 생태계에서 가상화폐는 지불결제 수단역할을 하며 메타버스시장과 함께 성장해가고 있습니다. 향후 블록체인 기술과 메타버스가 만들 수 있는 시너지 효과를 고려하면 가상화폐는 메타버스 밸류 체인의 중요한 한 축이라고도 할 수 있습니다.

국내에서도 이런 움직임은 나타나고 있습니다. 극적으로 부활하고 있는 싸이월드는 도토리를 그대로 운영하면서 대신에 과거에 없던 페이코인(PCI)이라는 걸 만들어 이 가상화폐로 도토리를 구매할 수 있도록 했습니다. 페이코인은 코인원 같은 가상화폐 거래소에서 현금화하는 일도 가능합니다. 즉 도토리는 일종의 스테이블 코인 역할을 하는 반면, 페이코인은 이 싸이월드라는 플랫폼에 연동되어 가치가 오르고 내려가는 일종의 토큰 역할을 하게 됩니다.

이처럼 메타버스의 장점은 게임과 달리 그 내부에서 가상화폐를 마음껏 사용할 수 있다는 겁니다. 최근 국회 입법조사처도 보고서를 통해 "메타버스는 게임과는 다르다"고 전제하면서 "게임에 적용되는 콘텐츠 심의와 수익모델 규제를 메타버스에 그대로 적용해선 안 된다"고 조언하기도 했습니다.

이렇게 본다면 가상화폐는 앞으로 메타버스 서비스에서 큰 기회를 가질 수 있을 것으로 예상됩니다. 로블록스의 로벅스의 경우 특정 기업의 신용에 기반으로 하고 있기 때문에 다른 생태계에서 통용되는 데는 한계가 있으며, 그런 점에서는 비트코인이나 이더리움은 이미 전 세계적으로 통용되고 있는 만큼 메타버스에 더 적합한 가상화폐가 될 수 있을 겁니다.

아울러 경제활동에서 또 하나 중요한 것은 자산인데, 이 자산에 대한 소유권 인증도 블록체인 기술을 적용하면 메타버스에서 최적으로 구현할 수 있을 겁니다. 현 시점에서는 메타버스 내에서 토지나 건물을 매입하면 우선 서비스를 구현한 회사에게 비용을 지불하고 소유권 인증은 회사의 장부에 남는데. 이 역시 화폐와 마찬가지로 회사에 대한 신용에 기반하고 있기 때문에 메타버스 내의 자산 규모가 커지는 것에는 현재 한계가 있을 수밖에 없습니다. 만약 이를 이더리움 블록체인에 기재한다면 그 회사 신용과 무관하게 소유권은 확실히 보장될 수 있을 겁니다.

비트코인 초보자를 위한 꿀팁

NTF 뿐만 아니라 가상화폐도 메타버스라는 새로운 가상 세계에서 경제적 활동을 영위하는 데 최적화한 화폐 체계입니다. 최근 로블록스와 네이버 제페토, 부활한 싸이월드 등에서 일어나는 다양한 경제활동에서 가치를 교환하고 가치를 저장하는 등 활용될 수 있는 가상화폐는 무한한 기회를 가질 수 있을 것으로 봅니다.

탈중앙화 없는 코인들은
왜 발행되나요?

지난 2019년 세계 최대 소셜미디어 업체인 페이스북이 전 세계를 깜짝 놀라게 했습니다. '리브라(Libra)'라는 스테이블 코인을 만들겠다고 선언한 것인데, 페이스북 내에 전자 월렛과 페이스북 메신저를 통해 전 세계 어디에나 돈을 보내고 물건 값을 결제할 수 있도록 하는 가상화폐를 뜻합니다. 그러면서 마크 저커버그 페이스북 최고경영자(CEO)는 "높은 은행 문턱을 넘지 못하는 금융 소외계층에게 금융서비스를 제공하겠다"면서 현금이나 신용카드가 필요 없는 시대, 해외에 송금해도 환전이나 송금 수수료가 필요 없는 시대를 만들겠다고 선언했습니다.

이는 하나의 일대 사건이었습니다. 미국을 비롯한 전 세계 재정당국과 중앙은행들이 발칵 뒤집혔습니다. 중앙의 발권당국*, 하나의 통화시스템을 관장하는 정부에 대한 도전으로 받아들인 것입니다. 그리고 이들의 강력한 반발로 인해 페이스북은 리브라 프로젝트를 접었고, 이후 '디엠(Diem)'이라는 이름으로 한 발 물러선 뒤 2년이 지난 지금까지도 프로젝트의 닻을 올리지 못하고 있습니다.

사실 2008년 비트코인을 처음 발명한 사토시 나카모토의 꿈은 화폐시스템을 장악하고 있는 중앙집권 세력을 없애버리겠다는 완벽한 형태의 탈중앙화였습니다. 그리고 한동안 이 업계 내의 많은 전문가들은 탈중앙화를 지고지순한 원칙으로 여겨왔습니다.

그러나 최근 가상화폐와 블록체인 분야에서 나타나는 양상은 그와 정반대입니다. 개인·기업의 자발적인 참여로 거래가 이뤄지고 시장이 성장하는 것을 지향하던 기존 움직임과 달리, 최근에는 중앙에 있는 서비스 주체가 명확하게 드러나고 있습니다. 오히려 탈중앙화를 지양하는 대신 효율적인 개발 주체를 통해 안정적으로 서비스를 제공하려는 생각들을 가지고 있습니다. 성공할지 알 순 없지만, 페이스북의 시도는 바로 이런 자사 서비스와 신사업을 위한 가상화폐와 블록체인이었습니다.

이와 유사한 사례는 국내 대표적인 SNS업체인 네이버 라인(Line)과 카카오에서도 나타납니다. 라인은 글로벌 모바일 플랫폼을 제공하는 라인 블록체인에서 쓰이는 기축 가상화폐인 링크(LINK)를 발행하고 있습니다. 라인 블록체인은 사용자가 아닌 투자자 중점의 블록체인 생태계, 불균형적 토큰 이코노미 및 사용자 환경(UX) 문제점 등 기존 블록체인 생태계의 문제점을 보완해 누구나 참여할 수 있는 서비스 지향적 블록체인 생태계를 구축하고 있습니다. 이에 맞춰 가상화폐인 링크는 자금 조달 목적으로 대중들을 상대로 발행하는 대신에 라인의 특정 서비스를 이용하면 얻을

발권당국
법정화폐를 발행하는 일부터 이를 지급하고 수납, 조절 관리하는 일까지를 맡은 중앙의 주체. 우리나라에서는 한국은행이 이 일을 맡고 있음

수 있는 보상 개념으로만 지급하고 있습니다.

카카오의 클레이튼은 카카오와는 독립적인 퍼블릭 블록체인 플랫폼으로, 빠른 퍼블릭 블록체인을 목표로 하고 있습니다. 이 클레이튼 블록체인 내에서 사용되는 기축 통화가 바로 클레이(KLAY)로, 카카오의 블록체인 담당 자회사인 그라운드X가 발행했습니다. 클레이(KLAY)는 2020년 지닥과 코인원 등을 통해 국내 가상화폐 거래소에 상장되어 거래되고 있습니다.

현재 라인과 카카오가 바라보고 있는 것은 독자적인 블록체인 플랫폼을 구축하는 일입니다. 물론 폐쇄적인 방식은 아니며, 자사가 주도적으로 블록체인 플랫폼은 구축하되 그 플랫폼 위에 다양한 제휴사·협력사들이 참여해 그들이 원하는 서비스를 구축할 수 있도록 돕고, 이를 통해 생태계 순환을 도모한다는 목표를 세우고 있는 것이죠.

궁극적으로는 리브라와 디엠 프로젝트에서 페이스북이 노렸던 것처럼 가상화폐 이용자를 확대하고, 이를 통해 결제 확대로 이어지게 하겠다는 것입니다. 지금 블록체인 상용화에 뛰어든 IT 공룡들은 자사 블록체인 관련 서비스의 확대를 통해 궁극적으로는 결제서비스 확대와 자사 생태계 내에서의 커머스 순환 구조 구축, 나아가 금융서비스 제공을 꿈꾸고 있는 것이라고 할 수 있습니다.

이처럼 글로벌 SNS나 ICT 기업들이 가상화폐 발행에 나선 것은 이미 다수의 이용자를 확보한 데다 SNS를 기반으로 구축할 수 있는 블록체인 생태계가 무궁무진하기 때문입니다. SNS나 넓은 커뮤니티를 기반으로 한 가상화폐는 각종 거래와 송금은 기본이고, 플랫폼 안에서 제공되는 다양한 파생 서비스에 폭넓게 쓰일 수 있다는 점을 기업들도 간파하고 있는 것입니다.

이렇듯 이미 전 세계적으로는 디지털 화폐 전쟁이 벌어지고 있고, 그 전쟁에서의 승자들이 더 넓은 생태계를 차지할 수 있을 것으로 보입니다. 이 싸움은 비단 기업들 간에만 이뤄지는 것은 아니며, CBDC라는 디지털 화폐를 발행하려는 각국 중앙은행들과도 경쟁해야 하는 상황입니다.

그 때문에 대기업들은 자체적으로 가상화폐를 개발하되 그 가치를 안정시키기 위해 달러화 등 법정화폐와 연동시키는 스테이블 코인을 고민하고 있고, 그 스테이블 코인을 구입할 수 있는 토큰을 비트코인이나 이더리움과 일정 교환 비율을 갖도록 한다면 전 세계적으로 통용 가능한 결제수단을 만들 수 있다고 보고 있습니다. 결국 가상화폐의 가치가 네트워크 효과에 의해 가려질 수 있다고 한다면, 결국 비트코인과 이더리움 등 일부 코인을 제외한 대부분의 알트코인들은 이들 대기업 코인들과 경쟁에서 살아남기 힘들 수 있습니다. 이 디지털 화폐 경쟁은 투자자들에게도 위기이자 기회일 수 있습니다.

비트코인 초보자를 위한 꿀팁

자체적인 블록체인 네트워크와 이를 기반으로 한 경제 생태계를 구축하고, 그 내에서 활용될 수 있는 기축통화를 만들려는 글로벌 IT 대기업들의 경쟁은 이미 시작되었습니다. 이는 각국 중앙은행들과의 경쟁이기도 합니다. 이런 생태계를 잘 구축할 만한 기업의 가상화폐를 가려내는 일은 투자자들에게도 기회일 수 있습니다.